牡丹江师范学院学术专著出版基金资助、牡丹江师范学院博士科研启动基金项目"西方空间理论的美学谱系学研究"（编号：MNUB201617）资助

西方空间理论的
美学研究
THE AESTHETIC STUDY OF
WESTERN SPACE THEORY

黄大军 ● 著

中国社会科学出版社

图书在版编目（CIP）数据

西方空间理论的美学研究/黄大军著. —北京：中国社会科学出版社，2019.2
 ISBN 978-7-5203-3878-3

Ⅰ.①西… Ⅱ.①黄… Ⅲ.①空间—美学—研究—西方国家 Ⅳ.①B83

中国版本图书馆 CIP 数据核字（2019）第 002186 号

出 版 人	赵剑英
责任编辑	郭晓鸿
特约编辑	王顺兰
责任校对	夏慧萍
责任印制	戴 宽

出　　版	中国社会科学出版社
社　　址	北京鼓楼西大街甲 158 号
邮　　编	100720
网　　址	http://www.csspw.cn
发 行 部	010-84083685
门 市 部	010-84029450
经　　销	新华书店及其他书店
印　　刷	北京明恒达印务有限公司
装　　订	廊坊市广阳区广增装订厂
版　　次	2019 年 2 月第 1 版
印　　次	2019 年 2 月第 1 次印刷
开　　本	710×1000　1/16
印　　张	19.25
插　　页	2
字　　数	201 千字
定　　价	68.00 元

凡购买中国社会科学出版社图书，如有质量问题请与本社营销中心联系调换
电话：010-84083683
版权所有　侵权必究

目 录

绪 论 …………………………………………………………… 1

第一章 传统西方空间观的认识演进与美学反思 ………… 33

第一节 古代自然哲学中的和谐空间：自然空间观 ………… 34

第二节 近代自然科学对古典空间观的继承与变革：

几何化的物理空间观 ………………………………… 40

第三节 近代哲学的"认识论审美化"与空间观重构：

观念论空间观 ………………………………………… 49

本章小结 ………………………………………………………… 58

第二章 现代西方空间观的人本转向与审美救赎 ………… 60

第一节 开启现代空间观的人学视野：马克思实践空间

观的美学维度及其人学面向 ………………………… 61

第二节 确立现代空间观的城市主题：现代城市空间
观的美学建构与主体救赎 …………………… 84

第三节 筑建现代空间观的生态之维：现代生态空间
观的哲学嬗变与城市规划 …………………… 104

本章小结 ……………………………………………… 125

第三章 当代西方空间理论的本体论重构与感性之维 ……… 127

第一节 元空间的解码与新空间的探寻：当代西方
空间理论的主题研究 ………………………… 128

第二节 从审美乌托邦到异托邦：当代西方空间
理论的美学变奏 ……………………………… 150

第三节 从外部空间到内部空间：当代西方空间
理论的诗学关怀 ……………………………… 168

本章小结 ……………………………………………… 184

第四章 西方空间理论的当代旨归及审美诉求 ……………… 186

第一节 探求多维并存的社会差异空间 ……………… 187

第二节 建构生态存在论的当代生活空间 …………… 194

本章小结 ……………………………………………… 202

第五章　西方空间理论的个案研究与批评实践 …………… 203

　第一节　西方城市理论的空间批评 ………………………… 203

　第二节　中国当代文学中的地方与空间 …………………… 224

　第三节　中国当代影视剧的空间想象与身份认同 ………… 248

　本章小结 ……………………………………………………… 266

结　论 ………………………………………………………… 268

参考文献 ……………………………………………………… 270

后　记 ………………………………………………………… 301

绪　　论

西方空间理论源远流长，尤其在当代获得了迅猛发展。较之此前的空间学说，20世纪70年代以来形成的当代空间理论具有极强的理论自觉与建构意图，形成了基本的理论框架，涌现出一大批核心理论家，呈现出不断发展和完善这一新理论框架的鲜明意图。这使我们能够借助库恩的范式理论将之划分为空间理论发展的一个新阶段。这样西方空间理论就可大致区分为三种具体形态：传统空间观、现代空间观与当代空间理论。传统空间观指的是从古希腊到黑格尔所形成的空间认识传统，其根本特征就是空间思考的形而上学性。现代空间观指的是从马克思直到20世纪中叶所形成的社会空间传统，它是现代哲学革命与城市化的产物。当代空间理论是指从20世纪70年代至今的最新发展，它伴随着资本积累模式的新变化，使理论发展呈现出诸多时代新质与激进特征。

空间属于跨学科范畴，举凡哲学、数学、美学、物理学、天文学、伦理学、社会学、地理学、政治经济学、建筑与城市规划等都是空间研究的应有维度。但在空间认知的道路上，这些学科所起的作用是不均衡的，其中哲学、数学、美学、物理学、天文学属于该研究领域的基础学科，伦理学、社会学、地理学、政治经济学、建筑与城市规划等学科只是在现代以来才开始在空间研究中扮演越来越重要的角色。从这个角度看，美学对于理解空间而言是一门较为基础的学科。美学之所以能够成为空间研究的重要视角，还在于"美"是界定人类生存境界的本真维度之一。我们并没有一个关于"空间是什么"的绝对回答，空间概念总是处于不断地建构的过程中，也就是说我们始终在追问"不同的人类实践，如何创造和使用了不同的空间概念?"① 可见，"空间"及其概念都是人类活动的产物，必须被放置在人类生存背景与生存结构中予以考察。有论者指出："'真'、'善'、'美'是人类生存的三种境界，世界、人以及人与世界的关系既可以是'真'的，又可以是'善'的，也可以是'美'的，就看人们以哪个角度去对待它。然而，值得注意的是，'真'、'善'、'美'三种不同的生存境界并非同一层次、相互并列、漠不相关的三种生存境界，毋宁说，'美'的境界是人的本体论境界，'美'是'真'和'善'所从之出且向之归的根据。"② 这就是说，人类作为空间性的存在物，既需要按照美的规律改造世界，同时也需要按照美的规律改造自身。空间与人交互建构，空间因而是人的无机的身体，

---

① [美]大卫·哈维：《新自由主义化的空间》，王志弘译，群学出版有限公司2008年版，第120页。
② 王国有：《从美与真、善的关系看近现代哲学的审美自觉》，《学习与探索》2009年第6期，第28页。

是衡量生命自由的绝对刻度，这是从美学角度研究空间的第二个优势。此外，从美学角度考察空间具有重要意义也与近代发生的"认识论审美化"①密切相关。这种认识论基础的审美化，让近现代以来诸多思想家的思想体系都呈现出鲜明的美学倾向，康德（Kant）、尼采（Nietzsche）、本雅明（Walter Benjamin）、巴什拉（Gaston Barchelard）、海德格尔（Martin Heidegger）等莫不如是。在此，美学的重要性是不言而喻的，正如有论者所言："与美学相比，没有一种哲学学说，也没有一种科学学说更接近于人类存在的本质了，它们都没有（如美学般）更多地揭示人类存在的内在结构，更多地揭示人类的人格。"② 实际上，整个西方空间理论都在试图通过空间的探讨来抵达人类的自我认识。从这个意义上说，从美学角度透视西方空间理论具有其他视角所不可比拟的特殊优势。

本书的写作目的不是建构一种空间理论或空间美学，而是对西方理论史上涌现的核心空间理论家及其相关理论做出美学上的阐释与评价。故而，锁定具体的研究对象及其思想进路就是本书首先需要解决的问题。从不同研究阶段的关联性上看，西方空间理论在当代的崛起绝不是一个孤立的存在，而是西方空间理论古今演变的最新形态，所以本书的一个重点就是推究当代西方空间问题的话语渊源。因而对西方传统空间观与西方现代空间观的考

---

① ［德］沃尔夫冈·韦尔施：《重构美学》，陆扬、张岩冰译，上海译文出版社2006年版，第45页。
② 张璟慧：《对巴什拉思想轨迹及其他的沉思》，《洛阳师范学院学报》2014年第12期，第33页。

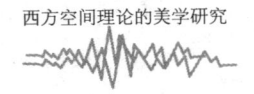

察构成此种研究的重要环节之一。从研究的代表性理论家而言，前现代重点考察毕达哥拉斯（Pythagoras）、柏拉图（Plato）、亚里士多德（Aristotle）、哥白尼（Copernicus）、布鲁诺（Bruno）、开普勒（Kepler）、伽利略（Galilei）、牛顿（Newton）、笛尔儿（René Descartes）、莱布尼茨（Leibniz）、休谟（Hume）、康德与黑格尔（Hegel），现代方面主要以马克思、恩格斯、齐美尔（Georg Simmel）、本雅明、海德格尔以及现代著名的城市规划学者为对象，当代方面主要以列斐伏尔（Lefebvre）、福柯（Foucault）、巴什拉、布朗肖（Maurice Blanchot）、吉登斯（Anthony Giddens）、大卫·哈维（David Harvey）、卡斯特（Manuel Castells）、詹姆逊（Fredric Jameson）、苏贾（Edward Soja）以及当代著名的城市规划学者为对象。下面主要通过梳理国内外研究状况，来进一步确证此种研究的理论意义与创新之处。

一　国内研究概况

（一）围绕城市与空间形成的译介热潮

21世纪以来，国内在译介西方空间理论（集中在当代）方面硕果累累、成就显著，极大地推动了国内对西方空间理论的传播与研究。

在这方面，国内先后推出了一系列"译丛"，体现了中国学者介绍城市与空间理论的学术自觉与不懈努力。这些"译丛"可分为五类：一是空间与城市文化方面的，如包亚明主编的"都市

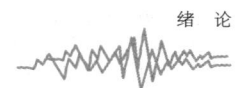

与文化译丛"、孙逊主编的"都市文化研究译丛"、张鸿雁与顾华明主编的"世界城市研究精品译丛",代表作如迈克·迪尔的《后现代都市状况》、苏贾的《第三空间——去往洛杉矶和其他真实和想象地方的旅程》和《后大都市:城市和区域的批判性研究》、瓦尔特·本雅明的《巴黎,19世纪的首都》、哈维的《正义、自然和差异地理学》、列斐伏尔的《空间与政治》、马克·戈特迪纳的《城市空间的社会生产》、艾拉·卡茨纳尔逊的《马克思主义与城市》、多琳·马西的《保卫空间》、丹尼尔·约瑟夫·蒙蒂等著的《城市的人和地方:城市、市郊和城镇的社会学》、罗伯·希尔兹的《空间问题:文化拓扑学和社会空间化》等;二是时空社会学与城市社会学方面的,如景天魁、朱红文主编的"时空社会学译丛",孙逊、杨剑龙、陈恒主编的"城市与社会译丛",代表作如德雷克·格利高里与约翰·厄里的《社会关系与空间结构》、罗伯特·戴维·萨克的《社会思想中的空间观:一种地理学的视角》、R. E. 帕克等的《城市社会学》等;三是地理学方面的,如"当代地理科学译丛",代表作如理查德·皮特的《现代地理学思想》、萨拉·L. 霍洛韦等的《当代地理学要义:概念、思维与方法》等;四是城市规划方面的,如"国外城市规划与设计理论译丛""国外建筑理论译丛""城市·建筑文化系列",代表作如刘易斯·芒福德的《城市发展史》、尼格尔·泰勒的《1945年后西方城市规划理论的流变》、卡斯伯特的《城市形态——政治经济学与城市设计》、布莱恩·劳森的《空间的语言》、凯文·林奇的《城市意象》等;五是关于现代性与后现代

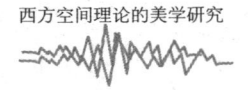

性方面的，如张一兵主编的"当代学术棱镜译丛"，周宪、许钧主编的"现代性研究译丛"，代表作如苏贾的《后现代地理学》、迈克·克朗的《文化地理学》、大卫·哈维的《希望的空间》、朱利安·沃尔弗雷斯编著的《21世纪批评述介》等。其他如"法国思想家译丛""当代法国思想文化译丛""当代世界学术名著"也译介过如莫里斯·布朗肖的《文学空间》、加斯东·巴什拉的《空间的诗学》、段义孚的《空间与地方：经验的视角》等重要的空间理论作品。此外，还有大量单独出版的空间理论译著，如安东尼·C.安东尼亚德斯的《史诗空间——探寻西方建筑的根源》、哈维的《巴黎城记：现代性之都的诞生》、诺伯舒兹的《场所精神：迈向建筑现象学》等，在扩大空间理论翻译的题材、种类、视野方面也成绩斐然。

与此同时，国内还出版了一系列以编（摘）译为主的丛书、理论选本、论丛等著作，这构成国内译介活动的另一生力军。包亚明主编的"都市与文化"丛书（分别于2001年、2003年、2005年出版《后现代性与地理学的政治》《现代性与空间的生产》《后大都市与文化研究》三辑），围绕福柯、列斐伏尔与苏贾设定每辑选题，收录论文与译文，是从事都市与空间研究的基本文献。这类丛书还有孙逊、杨剑龙主编的"都市文化研究"丛书，从2005年至2017年已出版了17辑，收录论文与译文，主题多样、信息量大，特别是该丛书的第5辑《都市空间与文化想象》辟有"都市空间"专栏，集中介绍了西方地理学、城市空间、城市实践、城市社区等相关空间学说。这方面的重要选本与论文集还有薛毅主编的《西方都市文化研究读本》(四卷)与汪民安等主编的《城市文化读本》(2008),前者不仅在第三卷设有"空间与政治"专辑,而且在各卷均涉及空间问题或都市空间问题,是一部资料性强、搜罗广泛的都市与空间理论选本。另外,许纪霖主编的"知识分子论丛"第4辑《帝国、都市与现代性》中的第二部分"都市理论的现代生产",对芒福德、哈维、苏贾、卡斯特、班德尔等人的论著作了选译。张一兵主编的《社会批判理论纪事》(第1辑,2006)刊发了一组关于列斐伏尔的研究专辑,其中列斐伏尔的《〈空间的生产〉新版序言(1986)》一文首次被译介到国内。可以说,这种在选本与论丛中译介城市理论与空间理论的做法现已成为常态。此外,学术期刊上也多有相关译文刊载,如郇建立编译的哈维论文《马克思的空间转移理论——〈共产党宣言〉的地理学》[①]、强乃社译的苏贾论文《以空间书写城市》[②]、李春译的列斐伏尔论文《空间、空间的生产和空间政治经济学》[③]等也已成为该领域的重要研究文献。

此外,台湾学者夏铸九、王志弘编译的《空间的文化形式与社会理论读本》(1993)[④]、徐苔玲与王志弘译的《性别、认同与地方——女性主义地理学概说》(Linda McDowell,2006)、王志弘

---

① [美]戴维·哈维:《马克思的空间转移理论——〈共产党宣言〉的地理学》,郇建立编译,《马克思主义与现实》2005年第4期。
② [美]爱德华·W. 苏贾:《以空间书写城市》,强乃社译,《苏州大学学报》(哲学社会科学版)2012年第1期。
③ [法]亨利·列斐伏尔:《空间、空间的生产和空间政治经济学》,李春译,《城市与区域规划研究》2012年第2期。
④ 该书第一版由夏铸九编译,台湾明文书局1988年出版,1993年修订本编译者增加了王志弘,并由台湾大学建筑与城乡研究所、明文书局出版。

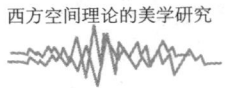

等译的《遇见都市：理论与经验》（西蒙·帕克，2007）等也是业内人士广泛参阅的译著。

从整体上看，西方空间理论家的重要著作以及相关的评论著作正陆续得到译介，这对促成国内空间研究的不断升温功莫大焉。但也存在某些遗憾，比如列斐伏尔的巨著《空间的生产》迟迟不见中译本，他的其他重要著作及对他的研究著作也鲜有翻译，这都是今后翻译工作亟须填补的空白。

（二）国内空间理论研究的兴起及其主题视野

1. 国内空间理论研究的兴起

就国内对西方空间理论的研究情况来看，社会学、哲学、文化研究角度的著述层出不穷、枝繁叶茂，相比之下，美学角度的研究仍处于起步阶段，成果寥寥。这方面的研究散见于美学史、文艺理论教材、文化研究教材、都市研究类丛书、空间理论专著、博硕学位论文以及相关学科的空间评价与文献中。

朱立元、张德兴等编著的《西方美学通史》（上海文艺出版社1999年版）第七卷是国内较早从美学角度介绍、评价当代西方空间理论家的著作，该书在第三十二章用一节的篇幅简单评述了列斐伏尔、米歇尔·德塞托与乌姆贝托·艾柯三位空间理论家的主要观点。2005年朱立元主编的《当代西方文艺理论》（增补版）中，在第一版框架基础上新增"文化研究"与"空间理论"两章，在"空间理论"一章，突出了福柯、列斐伏尔、苏贾三人在当代空间理论阵营的中心地位。陆扬与王毅合著的《文化研究导论》(复旦大学出版社2007年版)、陆扬主编的《文化研究概论》(复旦大学出版社2008年版)两本文化研究教材均辟有专章或专节讨论空间理论。包亚明主编的《现代性与都市文化理论》(上海社会科学院出版社2008年版)是国内较早出现的一部系统化的都市文化研究著作,在这部集体研究的成果中,设有第六章"空间理论"(陆扬执笔)、第七章"卡斯特的网络空间理论"(陆扬执笔)、第八章"都市空间与社会正义"(朱生坚执笔)、第九章"后殖民、文化身份与都市空间的重构"(任一鸣执笔)、第十章"都市空间与女性主义"(任一鸣执笔),另外其他章节也有相关空间阐释。周晓虹、成伯清主编的《社会理论译丛》(第六辑,2012年版)在"专题研讨：空间与社会"栏目中辑入了林晓珊的《空间：一个批判性的理论视角》、陈占江的《权力、身体与空间——福柯空间思想引论》两篇研讨西方空间问题的论文。

2. 国内空间理论研究的主题视野

更系统、更深入的空间理论研究始自2005年以来一系列研究专著、期刊论文、博硕学位论文的出版。总体上看,该领域中空间研究专著的增长点,主要取决于青年学者博士学位论文的出版及其后续研究,如孙江的《"空间生产"——从马克思到当代》(人民出版社2008年版)、冯雷的《理解空间》(中央编译出版社2008年版)、谢纳的《空间生产与文化表征——空间转向视阈中的文学研究》(中国人民大学出版社2010年版)、侯斌英的《空间问题与文化批评——当代西方马克思主义空间理论》(四川文艺出版社2010年版)、李春敏的《马克思的社会空间理论研究》

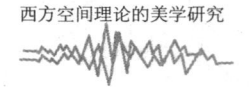

（上海人民出版社2012年版）、宋秀葵的《地方、空间与生存：段义孚生态文化思想研究》（中国社会科学出版社2012年版）、潘可礼的《社会空间论》（中央编译出版社2013年版）、王晓磊的《社会空间论》（中国社会科学出版社2014年版）、张笑夷的《列斐伏尔空间批判理论研究》（社会科学文献出版社2014年版）、张佳的《大卫·哈维的历史—地理唯物主义理论研究》（人民出版社2014年版）、唐旭昌的《大卫·哈维城市空间思想研究》（人民出版社2014年版）、刘进与李长生的《"空间转向"与当代西方马克思主义文学批评研究》（社会科学文献出版社2015年版）、黄继刚的《空间的迷误与反思——爱德华·索雅的空间思想研究》（武汉大学出版社2016年版）、林密的《意识形态、日常生活与空间——西方马克思主义社会再生产理论研究》（中国社会科学出版社2016年版）等。随着空间研究成为一门显学，以空间为视域的硕士学位论文大量涌现，期刊论文近年更是海量增长、不胜枚举。就目前现状而言，国内空间研究主要集中在以下论域或选题。

一是马克思主义视域下的社会空间研究，主要围绕政治经济学的线索加以展开。著作方面如高鉴国的《新马克思主义城市理论》、孙江的《"空间生产"——从马克思到当代》、李春敏的《马克思的社会空间理论研究》、唐旭昌的《大卫·哈维城市空间思想研究》、张笑夷的《列斐伏尔空间批判理论研究》、王志刚的《社会主义空间正义论》、尹保红的《西方马克思主义空间理论建构及其当代价值》、张荣军的《马克思主义空间理论及其当代价值研究》、钱厚诚的《辩证的乌托邦理想：大卫·哈维空间理论的文本解读》、庄友刚的《空间生产的历史唯物主义阐释》等，学位论文方面如刘先颖的《列斐伏尔〈空间的生产〉理论述评》（硕士学位论文，2012）、任荣的《论曼纽尔·卡斯特的新马克思主义城市观》（硕士学位论文，2011）、李彦虎的《马克思主义视野下的空间生产理论和城市空间资本化研究》（硕士学位论文，2013）、许阳的《马克思主义社会空间理论及其现实性研究》（硕士学位论文，2017）等，研究论文方面如张凤超的《资本逻辑与空间化秩序——新马克思主义空间理论解析》（2010）、章仁彪与李春敏的《大卫·哈维的新马克思主义空间理论探析》（2010）、李晓乐与王志刚的《后大都市的全景透析：历史、现状与未来——爱德华·索亚晚期资本主义空间批判思想的一个截面》（2013）、毛娟的《"创造性的破坏"：理解戴维·哈维空间理论的关键词》（2015）、张佳的《新马克思主义城市空间理论的核心论题及其理论贡献》（2017）、卓承芳的《空间视角与后马克思社会批判理论的建构》（2017）、陈慧平的《列斐伏尔的社会空间理论批判》（2017）、赫曦滢的《马克思主义空间理论语境中的当代城市权利研究》（2018）、强乃社的《列斐伏尔视野中的都市空间差异性》（2018）等。

孙江的《"空间生产"——从马克思到当代》，分析了马克思以及马克思以后的空间生产理论，同时提出了对空间拜物教的马克思主义批判，并结合中国空间生产的现实特征探讨了马克思空间生产理论的当代化问题，认为当今空间生产正遭遇生

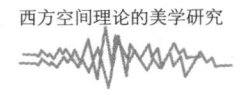

态化、消费化、符号化、艺术化、美学化、信息化等六大趋势。高鉴国的《新马克思主义城市理论》是近年城市社会学领域出现的一本力作，该书以大量篇幅分析了马克思和恩格斯的城市思想，在"城市观与空间观"一章，着重论述了"空间的社会性"问题，对空间内涵、社会空间观、空间与现代性等问题做出了探讨，涉及卡斯特、列斐伏尔、哈维等多位新马克思城市理论家的空间观。李春敏的《马克思的社会空间理论研究》一书，首先对马克思空间观进行了社会学（全球、城市、微观）考察，随后以列斐伏尔、哈维、詹姆逊为例，"从比较研究的视角探讨当代新马克思主义者对马克思社会空间理论的继续、发展和批判"①，接着在"马克思社会空间理论的当代展开"一章，主要探讨了以苏贾、卡斯特、鲍曼、福柯为代表的四种当代空间理论类型，最后从对当代西方社会科学的影响、对当代空间实践以及对当代中国空间生产的影响三方面总结马克思社会空间理论的现实意义。

二是空间理论的文化研究。著作如侯斌英的《空间问题与文化批评——当代西方马克思主义空间理论》、李世涛的《重构全球的文化抵抗空间——詹姆逊文化理论与批评研究》，学位论文如邢程的《爱德华·W.索亚的空间理论探索——文化研究的新视角》（硕士学位论文，2011）、张楠的《瓦尔特·本雅明空间文化理论及其影响研究》（硕士学位论文，2016），重要的期刊论文如

---

① 李春敏：《马克思的社会空间理论研究》，上海人民出版社2012年版，第22页。

黄继刚的《空间文化理论探析》(2008)、刘扬的《德波景观空间文化理论述略》(2011)、车玉玲的《空间变迁的文化表达与生存焦虑》(2013)、陆扬的《论大卫·哈维的空间文化理论》(2015)、黎庶乐的《詹姆逊的后现代超空间理论及其意义》(2016)、刘扬的《列斐伏尔空间文化批判理论的再认识》(2016)等。侯斌英的著作以空间理论的发展为脉络、以人物为节点，依次分析了列斐伏尔、福柯、詹姆逊、哈维、苏贾的空间理论，最后从权力、身体与全球化三个角度探讨了空间理论与当代西方文化批评之间的关系。李世涛的著作以阐释詹姆逊的文化批评为己任，主要关注了如下问题：第一，詹姆逊的后现代文化理论，以及他对后现代时空变化的批判性见解；第二，集中探讨詹姆逊的文化研究方法、他对现代性的回顾与反思；第三，涉及全球化、乌托邦、新马克思主义、左派政治等"变革前景"问题。①

三是空间的哲学建构与空间理论的哲学批判。如吴国盛的《希腊空间概念》②（中国人民大学出版社 2010 年版）、童强的《空间哲学》（北京大学出版社 2011 年版）、王晓磊的《社会空间论》（中国社会科学出版社 2014 年版）、孙全胜的《列斐伏尔"空间生产"的理论形态研究》（博士学位论文，2015）、宋术才的《马克思主义哲学空间观的当代建构》（硕士学位论文，

---

① 李世涛：《重构全球的文化抵抗空间：詹姆逊文化理论与批评研究》，社会科学文献出版社 2008 年版，"代序"第 2 页。
② 该书写于 1991 年，原名为《希腊空间概念的发展》，于 1994 年由四川教育出版社出版，2010 年由中国人民大学出版社再版，正文之后补充了作者后来发表的五篇相关论文作为附录。

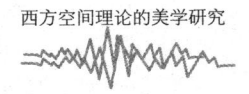

2010)、王蒙的《爱德华·苏贾社会—空间辩证法的哲学批判》(硕士学位论文，2011)、祈健的《戴维·哈维空间转移理论及其哲学意义探析》(硕士学位论文，2011)、张婷婷的《空间转向中现代个体生存确定性之哲学阐释》(硕士学位论文，2016)、冯忆的《爱德华·苏贾的空间理论研究》(硕士学位论文，2017)等。童强的《空间哲学》在第一章以空间类型为线索，对当代西方空间学说进行了缕述与归纳，重点讨论了"空间转向"、地理学的空间、马克思主义空间、社会学的空间、海德格尔的栖居、福柯的差异空间、中国的空间经验七大问题，在这个基础上立足"空间""空间结构""空间的表象与语义""空间感"四个方面建构"空间哲学"，并对现代空间的诸问题给予了深入探讨。王晓磊的《社会空间论》立足空间问题的思想史考察，在得出社会空间的一般规定性之后，从社会空间的实践生成、社会空间的历史演进、社会空间的历史展望三个角度建构社会空间理论，这是当前少数能够突破对西方空间理论的阐释层面，而形成自己的空间理论构架及其观点表述的研究著作。在期刊论文方面，哲学的批判视角也是多数研究者采用的切入方式，特别是在探讨具体理论家的空间思想或者展望一种新空间形态时更是如此，重点论文如高春花的《列斐伏尔城市空间理论的哲学建构及其意义》(2011)、文军与黄锐的《"空间"的思想谱系与理想图景：一种开放性实践空间的建构》(2012)、强乃社的《资本主义的空间矛盾及其解决——大卫·哈维的空间哲学及其理论动向》(2012)、庄友刚的《空间生产与当代马克思主义哲学范式转型》（2012）、倪志安与冯文平的《论马克思"实践的空间"思想》（2014）、吴红涛的《作为方法的空间》（2014）、李红章的《空间下沉的隐喻与逻各斯的重建——论马克思意识形态的批判叙事》（2015）、张笑夷的《列斐伏尔空间批判理论的三元分析范式探析》（2016）、闫婧的《卡斯特的"流动的空间"思想研究》（2016）、孙全胜的《空间哲学的历史沿革》（2016）、刘鹏飞与赵海月的《空间哲学的资本批判维度探赜》（2017）等。

四是马克思主义空间理论的地理学研究。当代空间理论的一个重要学术增长点就是马克思主义的空间化或地理学化。如张佳的《大卫·哈维的历史—地理唯物主义理论研究》（专著）、陈春春的《从文化后现代主义到地理学后现代主义的转变——戴维·哈维的后现代思想研究》（硕士学位论文，2011）、谭雷的《詹姆逊"认知的测绘"美学理论探析》（硕士学位论文，2010）、余乐的《哈维的"时空压缩"理论及其当代文化批判》（硕士学位论文，2011）、刘怀玉的论文《索亚：后现代地理景观的空间本体论批判》（2004）、胡大平的论文《从历史唯物主义到历史地理唯物主义——哈维对马克思主义的升级及其理论意义》（2004）与《哈维的空间概念与历史地理唯物主义》（2017）、殷洁的论文《重申全球化时代的空间观：后现代地理学的理论与实践》（2010）、王刚的论文《回归原初话语：经典马克思主义的空间地理学探析》（2013）、李春敏的论文《大卫·哈维的"历史—地理唯物主义"及其理论建构》（2013）、李晓乐的论文《后现代地理学与历史唯物主义的空间化——测绘爱德华·索亚的空间解释学》（2014）、谢菲的论文《资本不平衡地理发展与空间重构的现代意义探析——从马克思到新马克思主义的解读》（2015）、陶伟等的论文《身体、身体观以及人文地理学对身体的研究》（2015）、熊小果与李建强的论文《"历史—地理唯物主义"的失真——大卫·哈维实证主义地理学视阈下空间理论的局限》（2016）、王志刚的论文《后现代批判地理学：谱系、问题域与未来走向》（2016）等。比如张佳认为"对哈维的历史—地理唯物主义理论的评价应该分为两个方面：一是它有力地推动和深化了对历史唯物主义的研究；二是它通过对马克思辩证法实质的重新阐释而强化了马克思主义的批判价值功能"[①]。王刚则认为"探析经典马克思主义的空间地理学，是扩展和深化马克思主义研究的一个重要方面"[②]，他从资本运行的经济地理学、资本主义的城市地理学、共产主义革命的政治地理学三个角度对经典马克思主义空间地理学的话语主体给予了重构。

五是空间政治思想研究。如任政的《空间生产的正义逻辑——一种正义重构与空间生产批判的视域》（博士学位论文，2014）、刘鹏飞的《大卫·哈维空间政治哲学中的地理不均衡发展理论研究》（博士学位论文，2017）、王继红的《后现代主义空间政治理论研究》（硕士学位论文，2014）、马文洛的《地理

---

① 张佳：《大卫·哈维的历史—地理唯物主义理论研究》，人民出版社 2014 年版，第 9 页。
② 王刚：《回归原初话语：经典马克思主义的空间地理学探析》，《西北农林科技大学学报》（社会科学版）2013 年第 6 期，第 131 页。

学视域中资本霸权与政治反抗的辩证空间——哈维的新帝国主义理论研究》(硕士学位论文,2013)、李晓乐等的论文《环境·正义·阶级——略论戴维·哈维的空间正义思想》(2012)、沈学君的论文《西方社会科学研究中的新领域：空间政治》(2013)、刘红雨的论文《论马克思恩格斯空间正义思想的三个维度》(2013)、高德胜的论文《空间向度的历史审视与当代资本主义的空间政治》(2014)、李秀玲的论文《空间正义理论的基础与建构——试析爱德华·索亚的空间正义思想》(2014)、王贵楼的论文《空间转向与价值发掘：西方当代马克思主义空间政治思想探究》(2014)、胡大平的论文《地理学想象力和空间生产的知识——空间转向之理论和政治意味》(2014)、陈良斌的论文《边缘空间视域下的承认政治》(2014)、刘拥华的论文《空间、权力与寻找政治——以鲍曼为中心的考察》(2014)、王文东与赵艳琴的论文《〈英国工人阶级状况〉中的空间生产与空间正义思想解读》(2016)、吴红涛的论文《空间正义论：康德永久和平思想的地理刻度》(2017)、王志刚的论文《马克思主义空间正义的问题谱系及当代建构》(2017)等。上述文献都旨在"强调空间与社会权力的关系，指出空间是政治权力的有机组成部分，其中充满了意识形态、矛盾与斗争"①，并试图从作为压迫工具与反抗工具之辩证统一的空间范畴中寻找新的反抗契机，从而实现社会公正与空间正义。

---

① 沈学君：《西方社会科学研究中的新领域：空间政治》，《福建论坛》(人文社会科学版) 2013 年第 10 期，第 91 页。

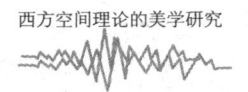

六是空间的伦理、生态及美学（文学批评）研究。目前这方面成果主要集中在期刊论文与硕博学位论文领域。如吴红涛的博士学位论文《空间的德性——大卫·哈维空间理论的美学之维》（2013）、谢欣然的博士学位论文《文学理论的空间转向研究》（2017）、宁鹏飞的硕士学位论文《福柯空间理论及空间美学研究》（2011）、葛静静的硕士学位论文《本雅明空间美学研究》（2012）、赵小玲的硕士学位论文《迈克·克朗"文学空间"理论研究》（2016）、邹敏敏的硕士学位论文《"异托邦"理论的建构——福柯的空间美学思想研究》（2017）、曹艳英的硕士学位论文《苏珊·朗格虚幻空间理论研究》（2017）、谢纳的论文《空间美学：生存论视阈下空间的审美意蕴》（2009）、杨春时的论文《现代性空间与审美乌托邦》（2011）、马汉广的论文《福柯的异托邦思想与后现代文学的空间艺术》（2011）与《论文学叙事的"空间"视角》（2015）、李长生的《景观社会的空间问题——兼论居伊·德波在空间批评中的意义》（2013）、邹诗鹏的论文《空间转向的生存论阐释》（2012）、颜红菲的论文《开辟文学理论研究的新空间——西方文学地理学研究述评》（2014）、曾丽琴的论文《空间理论中的生态美学观——以大卫·哈维与爱德华·索亚为例》（2014）、裴萱的论文《空间美学的建构及其后现代文化表征实践》（2014）与《空间生态正义与生态美学的理论关照》（2017）、吴红涛的论文《空间德性论：当代空间研究的一种反思》（2014）与《人性的诗学——大卫·哈维的自然伦理及其价值刻度》（2015）、黄继刚的论文《空间美学思想的现代演进及其理论面向》（2015）、张昕的论文《"空间实践"与诗学想象——西欧中世纪诗学的空间问题》（2015）、孔真的论文《当代西方叙事理论的空间化转向》（2016）、方英与王春晖的论文《空间与存在：20世纪西方文学理论的空间转向》（2016）、钟仕伦的论文《被遮蔽的空间：马克思文学地域批评思想初探》（2016）、郑佰青的论文《西方文论关键词：空间》（2016）、朱竑与尹铎的论文《自然的社会建构：西方人文地理学对自然的再认识》（2017）、陈浩然的论文《西方文论关键词：地方》（2017）等。吴红涛的博士学位论文所指的"'空间美学'，并非指代那些具体的空间美学装饰行为，也不是那类将'艺术文本'与'空间理论'进行跨界结合的研究取向。准确地讲，本文所要关注的是以'空间伦理'为依托的'大美学'，也即'空间的德性'"。以此为前提，他"试图在哈维理论文本的基础上，充分挖掘哈维空间理论中的美学价值，'借花献佛'式的经由'空间理论'，来抵达和探讨'空间美学'的问题"①。谢纳认为："空间美学探究空间生存性、空间审美性与空间体验性之间的内在关联，为当代美学建构提供了崭新的理论视域和资源。"② 葛静静与宁鹏飞的学位论文主要从生存体验与生存意义的角度开掘了本雅明与福柯空间理论的美学意义。马汉广的文章从福柯的异托邦概念切入，提出异托邦"不

---

① 吴红涛：《空间的德性——大卫·哈维空间理论的美学之维》，博士学位论文，浙江大学，2013年，第Ⅱ页。
② 谢纳：《空间美学：生存论视阈下空间的审美意蕴》，《社会科学辑刊》2009年第4期，第151页。

仅是一种空间哲学，更是一种历史哲学思想"①，并以福柯的话语理论为媒介，深入探讨了异托邦影响与建构下的后现代文学空间的艺术特征。曾丽琴的文章认为生态美学是作为社会科学的空间理论的固有维度，并指出"哈维基于'过程'的辩证法，及索亚的'第三空间'与生态美学突破二元的整体性实践哲学观是一致的。哈维的'特殊的生态社会主义规划'与生态美学有诸多可对话之处，其对'生态匮乏'、'环境保护'等诸种话语的厘辩与分析，为生态美学提供了新鲜视角，将生态美学引向了深入。哈维也深入探讨了关于'地方'、'场所'、'居住'这些生态美学的基本范畴，强调建设'可能的城市世界'的重要性，索亚则更进一步叙述了具体的'城市美学'"。②裴萱的《空间美学的建构及其后现代文化表征实践》是较早将"空间美学"作为理论范畴加以提出并尝试予以建构的一篇文章，该文从"空间转向与美学理论的融合建构""空间美学'生存—体验论'哲学基础及文化表征实践""空间美学与后现代文化表征实践的显性特质"三个方面展开论述，肯定"空间美学将在后现代的历史语境中继续发挥强大的理论包容力与话语阐释空间"。③

从国内研究的关注度来看，当前学界对马恩、海德格尔、梅洛-庞蒂、列斐伏尔、福柯、德勒兹、哈维、詹姆逊、鲍

---

① 马汉广：《福柯的异托邦思想与后现代文学的空间艺术》，《文艺理论研究》2011年第6期，第100页。

② 曾丽琴：《空间理论中的生态美学观——以大卫·哈维与爱德华·索亚为例》，《北方论丛》2014年第1期，第127页。

③ 裴萱：《空间美学的建构及其后现代文化表征实践》，《郑州大学学报》（哲学社会科学版）2014年第2期，第100—109页。

曼、苏贾等人研究得较为充分，而对其他知名空间理论家如齐美尔、本雅明、吉登斯、雷蒙·威廉斯、巴什拉、布朗肖、鲍德里亚、德波等则研究得较为薄弱。再有，当前在硕博学位论文方面将空间理论作为一个现象予以把握的较少，多数研究者以探讨某位具体理论家为主，宏观性强、有开拓性的成果较少。空间的美学研究虽然起步较早，但基本上仍局限于少数几位具有明确的美学见解或体现了鲜明美学风格的理论家，如本雅明、哈维、詹姆逊等，将之作为一个主题进行整体研究的仍鲜有人问津。

二 国外研究概况

国外空间理论的发展与研究主要集中在当代。当代西方空间理论是西方社会文化变迁的历史产物，西方思想界自20世纪七八十年代发生空间理论转向以来，其发展轨迹"主要经历了早期空间的社会定位、中期的文化定位和当代超空间特性研究等三个阶段"[①]，亨利·列斐伏尔（Henri Lefebvre）、米歇尔·福柯（Michel Foucault）、皮埃尔·布迪厄（Pierre Bourdieu）、爱德华·苏贾（Edward Soja）、弗雷德里克·詹姆逊（Fredric Jameson）、大卫·哈维（David Harvey）、米歇尔·德塞都（Michel De Certeau）、吉尔·德勒兹（Gilles Deleuze）、曼纽尔·卡斯特（Manuel Castells）、让·鲍德里亚（Jean Baudrillard）等空间理论家正成为学

---

① 吴庆军：《当代空间批评评析》，《世界文学评论》2007年第2期，第46页。

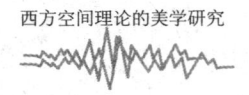

界的重点研讨对象，在理论上则呈现出以文化地理学和城市空间研究为主导的多学科交叉研究局面。近年来，国外研究者对上述空间理论家以及整个当代空间理论现象进行了全方位、多角度的探讨，与国内缺乏批判性、系统性的研究现状相比，国外研究显得更具有建构性与整合性。

（一）宏观研究

主要有如下著作直接对西方空间理论（集中在现代与当代）进行了阐释与评价。亚历山大·柯瓦雷的《从封闭世界到无限宇宙》以天文学为主线，系统探讨近代空间观如何打破传统的封闭时空观而走向近代以来的无限宇宙的转变过程。美国学者波林·罗斯诺著的《后现代主义与社会科学》（Post - modernnism and the Social Sciences）（1992）在"轻视历史，转变时间和篡改地理（空间）"一章谈及后现代的时空转换问题，提及哈维、詹姆逊、福柯等人的空间主张。英国学者史蒂文·康纳著的《后现代主义文化——当代理论导引》（Postmodernist Culture: an Introduction Theories of the Contemporary）（1997），论述了后现代主义文化中的"抵抗的空间"，涉及哈维、苏贾、列斐伏尔等人的空间理论，作者尤其对后现代文化理论中的网络空间及其可能性颇感兴趣。布赖恩·S. 特纳编的《Blackwell 社会理论指南》，在第四编第 15 章以"关于时间与空间的社会学"为议题，从时空社会学角度探讨了空间理论。Georges Benko 与 Ulf Strohmayer 编辑的《空间和社会理论：解读现代性与后现代性》（Space *and Social Theory*：*Interpreting Modernity and Postmodernity*）（1997）从现代性与后现代性的角度探索了空间与社会理论变迁之间的内在关联。迈克·克朗（Mike Grang）主编的《思考空间》（*Thinking Space*），该书2000年出版，汇集了迈克·克朗等学者撰写的16篇文章，按照20世纪空间理论的布展格局，评述了本雅明、齐美尔、巴赫金、维特根斯坦、德勒兹、列斐伏尔、福柯、布尔迪厄、萨义德等人对空间的思考，注重对空间的分类研究以及对每位思想家思想全景的勾勒。迈克·迪尔的《后现代都市状况》（*The Postmodern Urban Condition*）（2000）既是一本重要的城市社会学著作，也是一部重要的空间研究著作，该书不仅在相关章节勾勒了空间理论的发展脉络，亦对列斐伏尔、詹姆逊、苏贾、哈维、格利高里等人的空间理论与地理学思想有着精当的评述。英国学者丹尼·卡瓦拉罗著的《文化理论关键词》（*Critical and Cultural Theory*）（2001）将空间作为文化理论的关键词之一，该书简略梳理了空间的历史沿革，重点关注了西方当代空间理论的变迁，评价了列斐伏尔的空间多维性、福柯的异托邦、芒福德的现代都市空间、德塞托的城市漫游空间，以及赛博空间、后现代建筑等后现代主义空间。英国学者沃尔弗雷斯编著的《21世纪批评述介》（*Introducing Criticism at the 21th Century*）（2002）设置了第8章"空间批评：地理、空间、地点和文本性批评"，由菲利普·E. 魏格纳（Phillip E. Wegner）执笔，开列了一张多学科的空间思想家名单，主要介绍、阐释了列斐伏尔、福柯、詹明信三人的空间见解。作为

"剑桥年度主题讲座"的论文荟萃,弗兰克斯·彭茨等编并于2004年出版的《空间》(*Space*),是一本从空间科学角度评论各学科空间现象的合集,编者注意到空间是复杂多元的,因而书中的话题丰富多样,包括"空间与语言、空间与建筑、虚拟现实、地球图绘、国际政治和星球探险"① 等,展现出空间的多元面相。爱莲心(Robert Elliot Allinson)教授的《时间、空间与伦理学基础》(*Space, Time and the Ethical Foundation*)一书,"基于对康德时空观的批判与扬弃,作者对时间与空间进行了新物理学式的独特阐述,并借此修正与完善了该领域的形而上学。"② Barney Warf 与 Santa Arias 编著的《空间转向:跨学科视野》(*The Spatial Turn: Interdisciplinary Perspectives*)(2008)收录西方多位学者思考当代空间问题的文章,是当前该领域颇具参考价值的一本著作。2009年出版的《空间理论:克里斯蒂娃、福柯、德勒兹》(*Space in Theory: Kristeva, Foucault, Deleuze*)是近来该领域,特别是文化研究领域的一本重要著作,著者 Russell West-Pavlov 以近几十年来法国最具批判性的三位理论家为研讨对象,对于如何思考当代社会中的意义与知识,如何探究我们习惯性言说和思考背后的支配力量,著者认为三人在此类问题上提供了三种不同的空间批判路径,克里斯蒂娃的是心理的、主观的空间,福柯的是知识权力空间,

---

① [英]弗兰克斯·彭茨等编:《空间》,马光亭、章邵增译,华夏出版社2011年版,"导言"第2页。
② [美]爱莲心:《时间、空间与伦理学基础》,高永旺、李孟国译,江苏人民出版社2015年版,"译者的话"第1页。

德勒兹的是作为多种"流"存在的生活空间。Rob Kitchin 与 Phil Hubbard 编著的《关于空间与地方的主要思想家》(*Key Thinkers on Space and Place*)(2010)评述了西方论述空间与地点的 66 位思想家,评价人数之众、包罗之广堪称空间理论研究之最。

另外,还有一些涉及西方当代空间理论的著作,也具有一定的学术参考价值。重要的有如下著作。澳大利亚社会学家德波拉·史蒂文森著的《城市与城市文化》(*Cities and Urban Cultures*)(2003)以现代与后现代城市为主题,论及城市的空间、景观、体验与想象等内容,书中对本雅明、列斐伏尔、德塞托、詹姆逊等人的空间思想进行了引述与评价。Simon Parker 著的《遇见都市:理论与经验》(*Urban Theory and the Urban Experience: Encountering the City*)于 2003 年出版,该书属城市社会学著作,其中第二章"都市理论的基础:韦伯、齐美尔、班雅明与列斐伏尔"、第六章"都市财富:认识资本主义城市"、第八章"四处碰壁:都市世界里的文化、再现与差异"都涉及对空间以及都市空间的论述。Simon During 著的《文化研究:批评导引》(*Cultural Studies: A Critical Introduction*)(2005)在第 3 部分"空间"标题下,探讨了全球化以及区域、国家和地方等空间问题。Doreen Massey 著的《保卫空间》(*For Space*)(2005)分析了现代性、全球化语境中的空间形态以及空间政治等问题。Nikos Papastergiadis 著、2006 年出版的《空间美学:艺术,场所和日常》(*Spatial Aesthetics: Art, Place and the Everyday*)虽然不以探讨西方当代空间理论的美学问

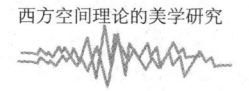

题为纲领，但该书立足全球化语境，从空间美学的角度阐释当代艺术现象的努力，对深化当代西方空间理论的思考不无裨益。2007 年出版的 Susan Kollin 编的《后西方文化：文学、理论、空间》（*Postwestern Cultures：Literature，Theory，Space*）收录了探讨当代西方文化景观、批评实践与空间问题的文章。Scott McQuire 著的《媒体城：媒体、建筑和都市空间》（*The Media City：Media，Architecture and Urban Space*）（2008），该书探讨了媒介化背景下的当代都市空间，有助于深化读者对当代西方网络空间、媒体空间的思考。

（二）人物研究与文本解读

Rob Shields 著的《列斐伏尔：爱与斗争、空间辩证》（*Lefebvre，Love，and Struggle：Spatial Dialectics*）（1999），是英文著作中较早出现的以一本书的篇幅处理列斐伏尔的著作。Lukasz Stanek 著的《列斐伏尔论空间：建筑、都市研究与理论生产》（*Henri Lefebvre on Space：Architecture，Urban Research，and the Production of Theory*）（2011），是目前英语世界中较早出现的系统论述列斐伏尔空间理论的专著。Stuart Elden 著的《理解列斐伏尔：理论及可能》（*Understanding Henri Lefebvre：Theory and the Possible*）（2004）、Kanishka Goonewardena 等编辑的《空间、差异与日常生活：解读亨利·列斐伏尔》（*Space，Difference，Everyday Life：Reading Henri Lefebvre*）（2008）两本著作也都有重点论述列斐伏尔空间理论的章节。莱姆克的《马克思与福柯》一书，在"列斐

伏尔生命的延续"与"著作简介"中评价了列斐伏尔的空间思想。伊恩·布坎南（Ian Buchanan）的论文《列斐伏尔和日常生活空间》（"Lefebvre and the Space of Everyday Life"）阐述了列斐伏尔的日常生活空间理论。Stuart Elden 著的《图绘当代：海德格尔、福柯与空间史的规划》（*Mapping the Present：Heidegger, Foucault and the Project of a Spatial History*）论述了海德格尔、福柯对空间的反思，以及二人前后相继的思想渊源。Jeremy W. Crampton 著的《空间、知识和权力：福柯与地理学》（*Space, Knowledge and Power：Foucault and Geography*）全面论述了福柯的空间与地理学观念。Noel Castree 与 Derek Gregory 编辑的《大卫·哈维：批评读本》（*David Harvey：A Critical Reader*）收录了西方研究者评论哈维论城市、空间、时空方面的论文。德国学者罗尔夫·魏格豪斯著的《法兰克福学派：历史、理论及政治影响》（*The Frankfurt Schcol：Its History, Theories, and Political Significance*）（德文 1986，英文 1994）在"瓦尔特·本雅明—《拱廊街》—研究所和阿多诺"一节用较长篇幅论述了本雅明以拱廊街为核心的城市空间思想。理查德·沃林著的《瓦尔特·本雅明：救赎美学》（*Walter Benjamin：An Aesthetic of Redemption*）（1994）有评价本雅明《单向街》与拱廊街报告的章节。Andrew Benjamin 与 Charles Rice 著的《本雅明与现代建筑》（*Walter Benjamin and the Architecture of Modernity*）（2009）涉及本雅明关于空间政治的论述。Beatrice Hanssen 著的《本雅明和拱廊计划》（*Walter Benjamin and the Arcades Project*）集中探讨了本雅明城市空间学说，具有较大的理论价值。Jeff Malpas 著的《海德格尔和地点反思：关于存在的拓扑学探索》(*Heidegger and the Thinking of Place*: *Explorations in the Topology of Being*) 对海德格尔的空间思想有深入的论述。伊恩·布坎南 2000 年出版了《德塞托：文化理论家》(*Michel De Certeau*: *Cultural Theorist*) 一书，该书论述了德塞托的几个关键性概念，关注了地点与空间问题，被誉为一部"值得关注的佳作"。伊恩·布坎南的论文《异位现象学或德塞托的空间理论》("Heterophenomenology, or de Certeau's Theory of Space") 是一篇专门探讨德塞托空间理论的文章。David Bell 著的《电脑文化的理论家们：曼纽尔·卡斯特与唐娜·哈拉维》(*Cyberculture Theorists*: *Manuel Castells and Donna Haraway*)，围绕两位理论家讨论了赛博空间、流动空间与网络社会等问题。Sean Homer 著的《弗雷德里克·詹姆森：马克思主义、诠释学和后现代主义》(*Fredric Jameson*: *Marxism*, *Hermeneutics*, *Postmodernism*) 在第五章"后期资本主义的空间逻辑"论述了社会性的空间生产与空间的符号学等问题。

从以上文献可以看出，西方学界探讨当代空间理论的著作和论文，在哲学、社会学以及文化研究等领域探讨得比较集中和深入，在对空间理论家的界定上，西方更为宽泛，包罗更广，这都对中国学界反思该现象有重要启示，国外除了关注重要的空间思想家及其理论贡献外，还涌现出一大批宏观性与整体性较强的研究著作，尤其值得关注的是，西方学者还对介于二者之间的一些"中观"选题进行了理论探讨，这种立体化、全方位的空间理论研究为中国学界树立了一个亟待看齐与超越的标杆。此外，西方该课题的研究尽管较为全面和深入，且在空间理论的美学研究方面有所建树，但无可讳言的是在空间理论的美学研究或空间美学建构方面同样薄弱。

三 本书框架及主要理论观点

本书共分五章，其中，绪论部分交代国内外研究概况以及本书的研究内容与价值。第一章追溯西方空间范畴从古代到近代的流变情况，从空间类型学角度透视这种演进所体现的哲学—美学逻辑。第二章主要讨论现代空间观的反传统维度与审美维度，即社会空间观的确立及其三种主导类型，并揭示其之所以被当代空间理论所取代的逻辑必然性。第三章分析了当代西方空间理论的出场路径、批判主题与"新感性"形态，重点考察了这种空间变迁中"去审美化"与"再审美化"的矛盾变奏及具体路线。第四章意在探讨当代空间理论的现实价值与美学意义问题。第五章属于空间理论视域下的个案与现象研究。

第一章"传统西方空间观的认识演进与美学反思"。近代之前是客观美学与自然哲学形塑"和谐空间"的时期，其特征是封闭性、静态性、数学化与等级化。近代则呈现出科学空间观与感性空间观二元对峙的格局，其中科学空间观作为古代自然空间观的延伸，完成了空间"从封闭世界到无限宇宙"的数理审美拓展，它的成熟形态就是牛顿提出的"绝对空间"概念，其特征是背景化、几何化与无限化。近代兴起的感性空间观有两种：一种

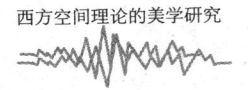

是经验论哲学确立的知觉空间，另一种是康德建立的纯直观空间。这两条路线不仅是对古代自然空间观的颠覆，而且对科学空间观"去人性化"的理论偏颇也有所矫正。

第二章"现代西方空间观的人本转向与审美救赎"。本章着重解决以下两个问题。一是现代空间观的价值取向与空间范式。现代空间观与传统空间观迥然有别，前者不再从客体论或主体论角度抽象地评论空间，而是将社会空间纳入自己的反思视野，实现了空间建构的社会学转向。二是现代空间观的主要类型与特征。梳理现代空间观的三种基本面向——实践空间观、城市空间观与生态空间观。空间的实践之维强调社会空间的互动性与生成性特征；空间的城市之维强调现代空间主要是一种城市空间，它是定义其他空间（自然与乡村空间）的绝对坐标；空间的生态之维强调生态文化与审美文化是克服现代性空间之弊的解决方案。总体上说，现代空间观因为受到时间本体论与历史进步论的"绝对"牵制，并未实现空间研究的系统化与自觉化，它还只是一个被时间话语重重包裹的存在，还处于亟待"空间启蒙"的蜷缩状态，这一理论重任当仁不让地落到了当代空间理论的肩头。

第三章"当代西方空间理论的本体论重构与感性之维"。本章主要探讨当代空间理论的发生、流变、开创意义及其与当代审美文化的辩证关系问题。当代空间理论是一种自主性理论，这表现在它自觉地恢复了时空辩证与时空对等意义上的空间本体论地位，同时对既定空间的批判与对"新空间"的探寻有着明确的理论追求。当代空间理论的范式变换是由列斐伏尔与福柯开启的，前者的"空间生产"理论与后者的"空间权力"理论构成了当代西方空间理论发展的主要资源。如果说，初期的当代空间理论有着"反审美"的某种刻意，那么在接下来的理论家那里此种意向则被更好地"综合"进了现实空间的批判与改造之中，形成从审美乌托邦向异托邦的各种过渡与转变。从某种意义上，特别是在"生活即是审美"的当代审美文化语境中，异托邦将审美变成了构建差异与"新感性"的行动与实践力量，但它不再是现代性意义上的总体性乌托邦，而是由"差异空间学"所倡导的多元化、弥散化的微观政治、身体政治与文化政治，在它那里，抵抗的力量与生俱来，空间拯救来自现实。如果说福柯与列斐伏尔开辟了探讨外部空间的研究路线，那么巴什拉、布朗肖、博尔赫斯以及约翰·伯杰等一批诗性空间的探究者则充分开掘了内部空间的巨大价值，他们的学说不仅构成了当代西方学术"空间转向"的重要组成部分，而且为当代西方空间理论的进一步发展注入了无限的生机与活力。

第四章"西方空间理论的当代旨归及审美诉求"。本章概括了当代空间理论在"新空间"建构问题上的基本共识，以及"审美参与"对之具有的应然价值。当代空间理论家思考的理想空间具有二重规定性：一是空间的社会差异性，二是空间的生态存在论特征。显然，建构多维度的社会差异空间必然指向生态存在论空间的生产，这是当代空间理论之所以立足于日常生活世界的根本缘由。

第五章"西方空间理论的个案研究与批评实践"。本章从个案研究与理论运用角度着眼,重点选择了"西方城市理论的空间批评"、"中国当代文学中的地方与空间"以及"中国当代影视剧的空间想象与身份认同"三个论题,立足于具体问题与文化现象的解读,显示了西方空间理论的应用空间及其阐释效力。

第一章 传统西方空间观的认识演进与美学反思

在西方哲学思想的历史演进中，空间问题一直构成知识界反复陈说的一个基本主题。从古代哲学到近代哲学（科学），人们不断扩展着关于空间的知识与视野。纵览西方传统空间观的建构可知，此间主要呈现出三种空间面向：古希腊哲人构建的自然空间观、近代自然科学确立的几何化的物理空间观、近代哲学形塑的观念论的空间观。在这种观念更替背后，处处彰显着哲学研究纲领的深刻变革。"空间"本质上是一个超学科范畴，人类的哲学、物理学、数学、天文学固然对之起主导框范作用，但美学、宗教、神学、伦理学发挥的认识功能也不可低估。从古希腊哲学到近代科学与近代哲学，由于审美诉求一直与许多哲人的理性思维完美地结合在一起，并对他们的空间观的形成影响至深，故而探讨西方传统空间观的性质与演进，美学维度就是一条不可遗漏的认识途径。这表现为：首先，希腊自然哲学视域下呈现的是一

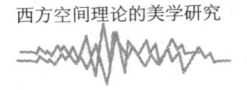

个闭合的、数学化与等级化的和谐空间；其次，伴随着近代空间观"从封闭世界到无限宇宙"的数理拓展，以牛顿为代表的近代自然科学展示了一种背景化、几何化、无限化的绝对空间；最后，在近代哲学领域，由经验论哲学确立的知觉空间，以及康德凭借"认识论审美化"而提出的纯直观空间，一并将近代的哲学空间观推向了审美自觉，亦实现了该研究领域第一次影响深远的人本主义转向。

第一节 古代自然哲学中的和谐空间：自然空间观

一 自然空间观的美学精神

公元前6—前5世纪的古希腊哲学，是整个西方哲学史中最富启发性的部分，它所创建的基本概念与思维模式确立了后世哲学思考的基础。肇始于古希腊自然哲学、集大成于亚里士多德的"希腊空间"就是这样一个思想范畴。在日常生活中人们会产生三种空间经验：广延经验、处所经验和虚空经验，并且会超越具体的空间关系，得出关于空间的一般概念。空间经验的复杂性及其与人类生产生活的相关性，促使人们很早就开始从事空间特性的研究。从知识论角度看，希腊文化传统中的"美智（善）同一"原则,让审美获得了理性授权,形成学科上美学与科学不分的局面。正如有论者所言:"科学是古希腊美学和艺术的语法,似乎美学只有高举科学的大旗,才能走向成功。似乎美学的使命就是追随科学之后,提供关于客观世界的知识体系。"① 因为在希腊哲人那里,美学就奠基于自然哲学之上,且是其有机组成部分,而彼时哲学与科学又交织在一起,甚至被认为是同一个东西,进而使得古希腊美学的方法论取向唯科学马首是瞻。其中一个重要表现就是,由于数学思维一直在希腊哲学(科学)中占据核心地位,而形式关系(度量、形态与比例)又是希腊美学的基础,所以希腊人构造自然哲学的数学法则同样也是他们获取美学知识的准绳,如鲍桑葵(Bernard Basanquet)所言:"在希腊哲学中,数学图形、比率、比例往往被看作是典型的、纯粹的美的代表。"② 可以说,正是古希腊这种"美智同一"的哲学视域,以及二者取径一致的客观主义立场及知识论原则,让这个时期的自然空间观打上了数学科学的鲜明烙印——希腊空间因此呈现为一幅完满的和谐空间图景。

对希腊哲人而言,空间具有物理学与宇宙论的双重含义:前者意在阐明空间(虚空)存在与否,并力图说明空间是什么;后者致力于建构科学宇宙论,图绘"宇宙空间"的结构与特征。但这两个方面并非平行发展、各自为政的,而是呈现出联袂而行、

---

① 赵红梅:《客观主义:古希腊美学的方法论原则》,《湖北大学学报》(哲学社会科学版)1999年第1期,第33页。

② [英]鲍桑葵:《美学史》,彭盛译,当代世界出版社2008年版,第30页。

彼此开启的复杂关系。在希腊空间概念史上，毕达哥拉斯学派（Pythagorean School）、柏拉图（Plato）、亚里士多德（Aristotle）是三个里程碑式的节点，他们一道构成了希腊和谐空间思想的主流。毕达哥拉斯学派奠定了数学化、几何化的空间认知立场，提供了第一个审美化的宇宙空间图景；柏拉图首次赋予空间以哲学内涵，他的宇宙目的论"导致了道德上和美学上令人满意的宇宙论图景"①；亚里士多德的空间观去除了柏拉图空间观的神秘主义外衣，并从物理学视角凸显了空间、物质、运动三者间的有机联系，他的"两球宇宙论"精细、完美，代表了希腊空间研究的最高水平，"为中世纪绝大部分的宇宙论思想和相当多的文艺复兴时期的宇宙论思想提供了起点"②。

二 自然空间观的三种样态

毕达哥拉斯学派肯定虚空存在，指出虚空是由球状宇宙之外的无限嘘气被吸入宇宙而形成的。虚空（嘘气）区分着自然物，并与自然物一起构成宇宙。而"无限的嘘气"则表明了在有限宇宙之外存在一个无限空间。毕达哥拉斯关于虚空的探讨，一直回响在早期原子论者（The Atomists）、伊壁鸠鲁学派（The Epicureans）、斯多亚学派（The Stoics）的空间学说中，来源于希腊的空间无限观也被视为近代新天文学的先驱。在柏拉图之前，毕达哥

---

① ［英］劳埃德：《早期希腊科学：从泰勒斯到亚里士多德》，孙小淳译，上海科技教育出版社2004年版，第77页。
② ［美］托马斯·库恩：《哥白尼革命：西方思想发展中的行星天文学》，吴国盛、张东林、李立译，北京大学出版社2003年版，第76页。

拉斯学派无疑是希腊天才中最关注美的哲人，他们作为希腊早期客观美学原则最早、最重要的阐释者与立法者，主张"整个有规定的宇宙组织，就是数的对应性存在及数的和谐系统"①。与柏拉图、亚里士多德的宇宙论相比，毕达哥拉斯学派的宇宙模型不仅具有"原型"意义，而且充满美学智慧。我们可将该派的宇宙论总结如下：有生命的宇宙是一个球状体，宇宙机体靠呼吸"气"存活；十是圆满的数字，宇宙一定有十大天体；诸天体围绕"中心火"做匀速圆周运动并形成多个同心圆；宇宙系统按谐音的比率排列，星体发出和谐的天体音乐。正如有研究者所指出的，"毕达哥拉斯学派为了强调宇宙空间的和谐、圣洁、完美，不仅用最美的图形和最圆满的数来描述宇宙空间，而且更重要的是引入了声乐理论。这画龙点睛式的一笔，给宇宙注入了灵气，赋予其生命和活力，是毕达哥拉斯学派和谐空间思想的精华"②。

柏拉图认为空间是"介乎本质世界与流变的、可感的事物的世界两者中间的某种东西"③，它参与宇宙的创生，是容纳生成过程的场所，它先于物体而存在，同时又是它们的天然接受者，"任何存在的事物必然处于某处并占有一定的空间，而那既不在天上又不在地下的东西根本就不存在"④。亚里士多德曾对柏拉图的这一空间思想给予高度评价：当别人在谈论有空间这东西存在时，

---

① 陈也奔：《黑格尔与古希腊哲学家》，黑龙江人民出版社2006年版，第30页。
② 潘可礼：《社会空间论》，中央编译出版社2013年版，第23页。
③ [英]罗素：《西方哲学史》（上卷），何兆武、李约瑟译，商务印书馆1963年版，第193页。
④ [古希腊]柏拉图：《柏拉图全集》（第3卷），王晓朝译，人民出版社2003年版，第304页。

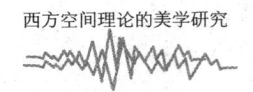

他已经在力图说明它是什么了。柏拉图是一个毕达哥拉斯主义者,他称上帝是一位几何学家,坚持认为"天文学是精确的数学科学"①,在将算学、几何学奉为先验原理之后,他发展了毕达哥拉斯学派数学化的宇宙论。柏拉图把宇宙设计成了一个球状、永恒、自转的有福的神(生灵),灵魂弥漫于整个世界,以世界灵魂为中介,神以四种几何体元素——水、火、土、气为基质,模仿永恒原型,将宇宙创造为一个以数学为结构、目的论为指导的生物有机体,在这个唯一的、排除虚空的宇宙中,地球、月亮、太阳、金星、水星、火星、木星、土星和最外层的恒星,按照神安排好的大小各异的圆形轨道,以各不相等的速率在宇宙空间内合乎目的、井然有序地做循环运动,因而宇宙就是神的一件符合生命之链的、有智慧的完美作品。这是柏拉图审美宇宙论的形而上内涵,正如有研究者所指出的:"宇宙目的论就是指向美的产生。"② 柏拉图的空间观从属于他的唯理主义哲学,他对空间(宇宙空间)的形而上学建构,将早期希腊的原始宇宙论推向了科学化、体系化的高度,其后的欧多克斯(Eudoxus)与卡里普斯(Callippus)又以此为框架完善了同心球数学体系。正是在这个意义上,柏拉图完成了终结泛神论空间、开启科学主义空间的过渡工作。

亚里士多德是古希腊形而上学空间观与科学宇宙论的集大成者。亚里士多德的空间观创立于对前人观点的批判与总结,在知

---

① [英]劳埃德:《早期希腊科学:从泰勒斯到亚里士多德》,孙小淳译,上海科技教育出版社2004年版,第83页。
② [英]怀特海:《观念的冒险》,周邦宪译,译林出版社2012年版,第292页。

识建构上，注重观察与具体经验研究的重要价值。亚里士多德不是孤立地谈论空间，而是立足于空间、物质与运动间的三元辩证关系，从物理学、宇宙论的角度思考有关空间方面的问题。他将空间特征总结如下：物体皆存在于空间之中，空间之中也总是包含有物体；空间是运动赖以存在的条件，只有运动物体才内含于空间；空间有两类——万物置身其中的共有空间与个别物体所处的特有空间；空间既不是质料，也不是物体广延，而是可与事物分离而自存的某种东西；此外，他还对虚空做出了否定。最后，亚里士多德将空间定义为"包容着物体的界限"[①]。对这位哲人而言，宇宙是一个有限的球体，是天球外表面之内的部分，天之外则一无所有，地球位于中心，静止不动，周围以同心圆的形式环绕着水、气、火以及天体，天体由以太构成，保持永恒不变的圆周运动，宇宙内由以太填满，并由一系列同心球壳层层嵌套而成，运动来自第一因（一位不动的推动者）的推动，以及同心球壳间的传导。总体上看，这是一个由月下初级世界至月上天体世界有序排列的等级宇宙论。这个宇宙方案有两大特色：一是在继承柏拉图宇宙的基本结构与数学方法的同时，明确将宇宙中心的殊荣给予了地球，最终确立了既能提供满足人类心理需要的世界观，又能拯救日常现象的"两球宇宙"论；二是将毕达哥拉斯—柏拉图的数学宇宙体系转变成一个机械体系，让希腊宇宙论得以呈现出纯科学的面貌。威尔·杜兰特（Will Durant）指出："亚里士多

---

① ［古希腊］亚里士多德：《亚里士多德全集》（第 2 卷），徐开来译，中国人民大学出版社 1991 年版，第 94 页。

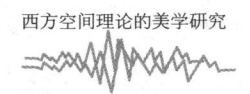

德的一个伟大之处,在于他的心胸足够宽广、勇气足够强大,是以能够涵盖和整合希腊思想的两个方面,即物理和道德;他追溯老师之前的历史,抓住了苏格拉底之前的希腊科学发展的脉络,运用更坚实的细节和更多变的角度,将此前积累下来的所有知识成果汇集成了一个完整而气势宏大的科学体系。"① 显然,亚里士多德的空间论与宇宙论之所以在古代影响巨大,很大程度上即归因于此。

第二节 近代自然科学对古典空间观的继承与变革:几何化的物理空间观

由希腊学者确立的自然空间观,具有审美和认识的双重属性,打上了美学科学化与科学美学化的鲜明烙印。在这一思想传统中,美学与哲学、科学一道拥有抵达必然性领域的优越性,美学也享有追求真理的自主权。近代科学空间观起步于对希腊空间观的继承与反思,并经由哥白尼(Copernicus)、布鲁诺(Bruno)、开普勒(Kepler)、伽利略(Galilei)等一系列科学巨人的卓越建构,最终在牛顿(Newton)那里获得了空前的综合与提升,开辟了人类空间思考的新纪元。从亚里士多德空间观到牛顿空间观,虽然

---

① [美]威尔·杜兰特:《哲学的故事》,蒋剑峰、张程程译,新星出版社2013年版,第61页。

近代的科学主义思潮使空间观探究由思辨转向实证成为必然，但空间研究的主要内容却基本保持不变。这表现为空间研究的客观主义立场没有改变，美学科学化（数学化）的知性原理没有改变，空间观与宇宙论并举的观念也没有改变，而曾经在希腊哲人思想深处支配其思考的带有神秘主义色彩的美学原则，也以近代实证而非古典思辨的形式再度开花结果，成为科学空间观建构的一个颇具特色的方面。按照近代经验主义哲学家的观点："美不是一种主观的感受，而是某种促使思想联结而最终进入我们最深层次的情感。"① 近代空间研究的数学审美理念就具有调和各种思想倾向，开启和建构新空间模型的科学价值。从学科体的重心上看，"近代科学本身就是数学的"，"它把追求数学真理看作是根本任务"②。在这种数理原则的指导下，客观主义美学与近代自然科学携手同程、齐头并进，并使一系列有关宇宙论、空间观的表述都呈现出美学科学化（科学美学化）的显著特征。本着这样的行动纲领，近代科学家以宇宙论为突破口，从旧的宇宙无限论或虚空（空间）无限论中汲取灵感，借助神学与形而上学的力量，开启了打碎一个有限的数理审美空间、重建一个无限化的审美宇宙的时代课题。近代科学空间观是由信仰主义与科学理性这两股时代思潮交织、汇流而成。这两种认识空间的途径都与美学密切相关。

---

① ［英］罗杰·斯克拉顿：《现代哲学简史》，陈四海、王增福译，南京大学出版社2013年版，第117页。
② 王海琴：《近代西方科学之数学特征研究》，博士学位论文，复旦大学，2007年，第31页。

一 近代信仰主义与空间观建构

先看近代信仰主义与空间观建构之间的美学联系。之所以将信仰主义者们构造的近代空间观指认为审美主义的，是因为该时期最具代表性的人物，如布鲁诺、摩尔（Henry More）、巴罗（Barrow）、马勒伯朗士（Malebranche）、拉弗森（Raphson）等人，均从强烈的宗教感情出发，大都坚定地支持无限空间（宇宙）观，并将之视为上帝完美、全能的体现。库恩（T. S. Kuhn）指出："科学变化即从一种'范式'变为另一种范式是一种神秘的转变，这种转变不受、也不可能受理性规则的支配，是完全属于发现的（社会）心理学范围之内的。科学变化是一种宗教变化。"① 近代无限概念的历史确立以及无限空间观的形成就可从该原理得到说明。

第一，希腊人的无限概念及无限宇宙观的历史命运。无限在古希腊具有特定含义，"无限只是潜能上的存在"，"不会有一个实现意义上的无限"②，实现了的东西在它之外理应什么也没有，而不能是在它之外还有什么，否则它就是不完满、不确定和形式欠缺（无限在古希腊还未获得正面含义），一个在它之外没有什么的东西是完全的和整体的，整个宇宙就如此这般，如果它短缺什么或可以增加什么的话，就不是全体的了，这样的完全的东西

---

① ［英］伊·拉卡托斯：《科学研究纲领方法论》，兰征译，上海译文出版社1999年版，第13页。
② ［古希腊］亚里士多德：《亚里士多德全集》（第2卷），徐开来译，中国人民大学出版社1991年版，第75页。

必有一个终结，这是希腊人关于宇宙的有限性论证。因为潜能的无限是质料，不具备形式上的确定性与可知性，所以，力图用理智把握宇宙的希腊哲学拒斥无限宇宙论。

第二，近代无限概念的确立与希腊无限宇宙论的复兴。无限的近代含义是由基督教哲学奠基的，在神圣灵光中，无限成为上帝丰饶、全能的见证。它直接导致了两个结果。一是古代无限宇宙论的意义得以彰显和继承。古代无限宇宙论是由毕达哥拉斯（Pythagoras）、麦里梭（Melissos）、阿尔基塔（Aristarchus）、伊壁鸠鲁（Epicurus）、卢克来修（Lucretius）等人提供的，其中阿尔基塔的论证最为著名，他提问道："如果我到达（宇宙的）外边即恒星天层，我能还是不能向外伸出我的手或手杖？"① 在16世纪，无限宇宙论者布鲁诺就认真对待并重复过这条古典的反驳："如果有人把手伸出天的表面将会发生什么？"② 二是近代哲人立足宗教虔信，由无限上帝直接推出无限空间，并将无限空间或广延提升至形同上帝的高度，最终将空间绝对化、神圣化为"上帝的行动框架"③。布鲁诺明确指出："为了能够完美和配得上造物主这一称号，上帝的创造就必须包含一切可能的东西，即无数个单个的存在物、无数个地球、无数个星辰和太阳——因此我们可以说，上帝需要一个无限的空间以便能将这个无限的世界放入其

---

① 吴国盛：《希腊空间概念》，中国人民大学出版社2010年版，第26页。
② ［法］亚历山大·柯瓦雷：《从封闭世界到无限宇宙》，张卜天译，北京大学出版社2008年版，第41页。
③ 同上书，第200页。

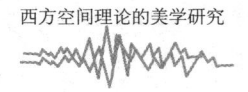

中。"① 摩尔将上帝空间化,"断言无限虚空的真实存在是一切可能存在的真正前提,而且甚至将其视为非物质实在(因而也就是精神实在)的最佳和最明显的例子以及形而上学的首要(虽然不是唯一的)主题"。② 拉弗森则"通过把无限等同于最高的完美,以及把广延本身转变成完美",不仅从逻辑和形而上学方面将空间归因于上帝,更将空间神圣化、审美化为上帝本质的体现。③ 牛顿则从信仰角度断言了"绝对时空的存在以及它们与上帝的必然关联"④,并称"无限空间就好比是无所不在的上帝的感觉中枢"。⑤ 由上可知,因为无限是造物主完美性的最高体现,所以,为了维护上帝的全在与永恒,信仰主义者必然会从形而上的高度求证宇宙的万有与无限,并在客观上对科学家们探索这个主题起到某种激励作用。

二 近代科学理性与空间观建构

再看近代科学理性与空间观建构之间的美学关系。近代科学视域下的空间观建构,其探究的深度与广度一直与数学审美原则相得益彰、互为表里。总体上看,科学空间观的发展是伴随近代物理学(天文学)的阶段性变革而逐步确立起来的,所以,近代物理学发展所包括的三个阶段——天上物理学发展阶段、地上物

---

① [法]亚历山大·柯瓦雷:《从封闭世界到无限宇宙》,张卜天译,北京大学出版社2008年版,第47页。
② 同上书,第124页。
③ 同上书,第179页。
④ 同上书,第202页。
⑤ 同上书,第216—217页。

理学发展阶段、天体和地面物理规律的综合阶段，构成了我们据以考察空间观沿革的思想背景。

在以天文学革命为内容的第一阶段，科学空间观的哲学启示主要来自对古希腊柏拉图—毕达哥拉斯主义的复兴与变革。这个阶段科学家们主要以解决行星运动问题为己任，涌现出哥白尼、第谷（Tycho Brahe）、开普勒等一批空间革命的伟大先驱。其中哥白尼与开普勒贡献最为突出。两人都是古希腊数学宇宙论的忠实信徒。哥白尼是近代天文学革命的伟大发端者，他的"地动说"有意回避了宇宙到底有限还是无限的议题，称那是留给自然哲学家的工作，但实际上，在这个不是以地球而是以太阳为中心的球形宇宙框架中，原有世界的幅度已大为扩张，同时，行星问题在此获得了"第一个精确而简洁的解法，而且，随着一些其他因素的加入，它最终导致了一个新的宇宙论"①。哥白尼体系虽然带有神学目的论色彩，但他维护上帝完善，证明宇宙和谐对称的方式却是纯数学的，所以，对哥白尼而言，"数学审美的重要性不仅是方法论方面的原因，更为关键的是它与数学设计信仰的根本勾连。对天球不规则运动的消解以及对数学审美的追求体现了上帝的完美性"②。开普勒是历史上数理天文学的先驱，他继承了哥白尼的日心说，在创建新天文学的道路上迈出了决定性的一步。开普勒的工作建立在如下三条原则之上："一是哥白尼的日心说；二是坚

---

① ［美］托马斯·库恩：《哥白尼革命：西方思想发展中的行星天文学》，吴国盛、张东林、李立译，北京大学出版社2003年版，第133页。
② 王海琴：《近代西方科学之数学特征研究》，博士学位论文，复旦大学，2007年，第39页。

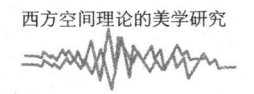

信第谷观测资料的准确性;三是毕达哥拉斯神秘的数学和谐。"①在近代科学实证精神的感召下,为了更好地与经验观测相符合,他不断修正和突破希腊数理天文学在审美上的某些"金科玉律"(如行星做圆周匀速运动),出色地解决了"由于行星天球表观运动和运动原则不相符合引起的"②古老难题("柏拉图问题")。关于世界有限与否的疑问,开普勒认为恒星天球以下是有限的,之上是否无限,天文学不能提供证明。但开普勒坚信不疑的是,"无论是否有限,这个世界必须体现出一种几何样式"③。可以说,开普勒三大定律的创立,即行星沿椭圆轨道环绕太阳运动,太阳则位于椭圆轨道的一个焦点上;在相等时间内,"矢径"(由行星到太阳连一条线)所扫过的面积相等;行星绕太阳运动的椭圆轨道的半长轴的立方与它的公转周期的平方成正比,就是此种数学宇宙论的最深刻和最有力的表达。据此,开普勒不仅重建了宇宙的内在和谐,亦证明了上帝的全能与智慧。

在以地上物理学发展为议题的第二阶段,伽利略的天文学贡献主要体现在两大方面:一是利用望远镜观测天体,为地动说提供经验证据,并使天文学步入仪器时代;二是发展新的地上物理学,给地动提出一个合适的物理学基础,雄辩地论证了哥白尼地动说的正确性。伽利略的宇宙论贯彻了他的"实验科学"立场,

---

① 杨建邺:《物理学之美》,北京大学出版社2011年版,第20页。
② 王海琴:《近代西方科学之数学特征研究》,博士学位论文,复旦大学,2007年,第17页。
③ [法]亚历山大·柯瓦雷:《从封闭世界到无限宇宙》,张卜天译,北京大学出版社2008年版,第71页。

即不能由科学实验所证实或证伪的论断,不能被列入科学研究领域,于是伽利略悬置了有关宇宙有限还是无限的疑问,尽管作为一名空间几何化观念的倡导者,他具有在逻辑上肯定无限世界的坚实理由。伽利略是一位因复兴柏拉图主义而在哲学史上占据重要地位的人,他在新物理学领域提出了一种数学的本体论,并在认识论上坚持理性与数学优先的原则。他对哥白尼学说的宣传与捍卫,对数学自然观念的认同以及对科学仪器的应用,无不令近代天文学革命大为深化,但在另一方面,他却是"17世纪最坚定支持天体运动的圆周性和均匀性原理的天文学家之一,他没有把他的反传统的智慧和勇气延伸到这个问题上。也正是因为这一点,使他没有把他的地面上的运动学规律扩展到天体运动上"①。这使其在天文学上的贡献逊色于开普勒。

在天体和地面物理规律的综合阶段,牛顿提供了科学空间观的成熟表达。这一重大成果的取得与"牛顿的综合"②及"牛顿革命"③密不可分。"牛顿的综合"是指牛顿对自然(物理)现象与知识命题的深度整合,以及对近代科学传统的广泛熔铸;"牛顿革命"是指牛顿系统阐述"自然法则"和理解世界的过程中所持的科学方法及其所获得的创新成果。在牛顿的空间观研究中,科学、数学与形而上学的联合具有突出特征,依靠这种综合性的知识立场,牛顿不仅克服了经验主义空间研究的保守性——对宇

---

① 杨建邺:《物理学之美》,北京大学出版社2011年版,第23页。
② [美] I. B. 科恩:《牛顿革命》,颜锋、弓鸿午、欧阳光明译,江西教育出版社1999年版,第174页。
③ 同上书,第58页。

(空间)是否无限的问题,牛顿之前的科学家要么简单悬置,要么讳莫如深;也剔除了信仰主义空间研究的狂热性——布鲁诺、摩尔等人的宇宙无限论缺乏经验观察作支撑;同时,"牛顿强调数学——尤其是几何学——在新的物理科学中的作用"①,这一研究信念使他能够站在几何化的审美立场上,以开放、辩证的姿态面对古代与近代的空间观遗产,最终坚定地站在宇宙无限论一边,并给予这一学说以经验主义的科学佐证,这是牛顿空间观何以可能的认识论基础。牛顿将空间分为两种:一种是"绝对的、真实的和数学的"空间,另一种是"相对的、表面的和普遍的"空间。② 具言之,绝对空间具有不动、永恒、三维、连续、均匀、各向同性、无限延展等几何化特征,是一种独立自存的自在空间、背景空间,也是上帝全在性、全能性的至高体现。绝对空间具有先验实在性,它在逻辑上先于所内含的对象,并构成事物的规定和存在条件,因而又可归入自然界的本体特征之列;相对空间是绝对空间的某种可动部分或量度,它"依附于物体,与物体一起穿过绝对空间"③。从运动上考察可知,"绝对运动是一个物体从某一绝对位置向另一个绝对位置的移动,相对运动是从某一相对位置向另一相对位置的移动"④。因而,"绝对运动是相对于绝对

---

① [挪威]G. 希尔贝克、N. 伊耶:《西方哲学史——从古希腊到二十世纪》,童世骏、郁振华、刘进译,上海译文出版社2004年版,第198页。
② [英]牛顿:《自然哲学的数学原理》,赵振江译,商务印书馆2006年版,第7页。
③ [法]亚历山大·柯瓦雷:《从封闭世界到无限宇宙》,张卜天译,北京大学出版社2008年版,第147页。
④ 同上书,第148页。

空间的运动，一切相对运动都暗含了绝对运动"①。整体上看，牛顿空间不仅关涉时空、力学与运动，还将其表述为一个物理因果性的完整体系，它的形成离不开近代哲学、逻辑推理、科学、宗教学的历史演进与整体影响，更离不开牛顿对原有诸科学路径与学术遗产的创造性综合，尤其与他在研究上对寻找"自然哲学之数学原理"的科学目的论的有力贯彻紧密相关。故此，近代科学空间观在牛顿这里达到了认识和逻辑演进的一个新高度，他通过让经验主义的相对空间为理性主义的绝对空间奠基，几何化的空间为无限化的空间奠基，世俗性的日常空间为神圣性的抽象空间奠基的方式，终结了近代初期有限空间与无限空间的论战，实现了各种空间学说与不同研究路线的联合，完成了从封闭空间向无限宇宙的数学审美改造，确立了绝对空间的时代高度，并使之成为人类空间研究历程中的一座难以逾越的高峰。

第三节　近代哲学的"认识论审美化"与空间观重构：观念论空间观

从古希腊空间到近代的牛顿空间，这是客观空间观获得极大发展的黄金时期，它是一种单纯从客体角度来思维对象的认知路

---

① ［法］亚历山大·柯瓦雷：《从封闭世界到无限宇宙》，张卜天译，北京大学出版社 2008 年版，第 150 页。

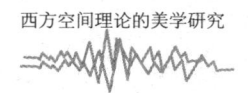

线,虽然成就巨大,但一直饱受近代哲学的批判性质疑。近代哲学围绕知识起源问题,呈现出研究立场上的"向内转",近代哲人对理性与感觉的强调不仅让新哲学的建构获得了逻辑起点,同时也为空间观建构开辟了新的方向,这表现在,近代哲学不再将空间视为脱离主体的纯粹客观的存在,而是根据主观条件、从人的立场出发来谈论空间,这是近代哲学空间观获得突破的认识论前提。从近代唯理论者笛尔儿(Descartes)、斯宾诺莎(Spinoza)、莱布尼茨(Leibniz),到经验论者洛克(Locke)、贝克莱(Berkeley)、休谟(Hume),再到康德(Kant),近代哲学空间观日益与科学空间观分道扬镳,呈现出由实体空间向观念论空间,再向纯直观空间演进的思想轨迹,这一主观主义路线构成了空间观研究历程中第一次影响深远的人本主义转向。

一　从唯理论空间到经验论空间

笛尔儿对空间观的主体奠基不在于他对空间的具体阐明,而主要取决于这种论断所牵涉的哲学命题与所做出的哲学前提。就空间观本身而言,笛尔儿属于客体空间论阵营,因为他将空间等同于物质,并赋予物质世界以无限性、唯一性、无虚空性与几何化等特征。但就支撑上述观点的思想基础而言,显然给出的是一个思维主体。笛尔儿哲学奠基于"我思",而"我在""上帝存在"与客观世界存在等命题,都来自对该确实性的逻辑推导,因而存在的证据与真理的标准都依赖主体。笛尔儿认为,世界(上帝)是由广延实体与思维实体构成的,广延和思维分属两个领域,完全对立，具体落实到身心关系上，也是如此。根据这种"心物二元论"原理，"笛尔儿特别关注的是让自然科学对自然界自由地作机械的解释"①，这是笛尔儿支持一个机械论空间的原因；另外，笛尔儿又坚持精神概念对于物质概念的优先性、确实性，他的空间观立场固然是唯物的，但"笛尔儿在讨论身心关系上的出发点是'我思'，他以主体意识的活动来论证自我的存在，无疑是把'思'或'意识'当作证明万事万物存在的前提条件"。② 从这个意义上说，笛尔儿有别于古代自然哲学或近代科学探究空间的纯客观维度，而是潜在地将主观与身体纳入其中，这为后来者开掘空间的主体内涵开辟了道路。

自笛尔儿之后，哲学空间观进入了以"普遍性"与"个性"③为操作层面的审美建构阶段。前者以唯理论者莱布尼茨的空间学说及其"预定和谐原则"为代表，这是康德之前近代哲学领域中最有影响力的一种空间理论；后者以经验论者洛克、贝克莱、休谟等人的知觉空间及其感觉主义为代表，它是18世纪以降各种非理性主义空间学说的哲学源头。

唯理论者莱布尼茨的空间观是在与牛顿学派的主将克拉克进行论战的过程中得到阐释的。他对绝对空间给予了有力驳斥，提出了自己关于空间的相对主义论断。"如果空间是绝对的，而且在

---

① ［美］梯利、伍德：《西方哲学史》（增补修订版），葛力译，商务印书馆1995年版，第315—316页。
② 王晓磊：《论西方哲学空间概念的双重演进逻辑——从亚里士多德到海德格尔》，《北京理工大学学报》（社会科学版）2010年第2期，第116页。
③ ［英］鲍桑葵：《美学史》，彭盛译，当代世界出版社2008年版，第134页。

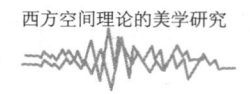

个体之间的空间关系之外具有实在性,那整个宇宙只有通过不可辨识的变化的空间才能运动。但是,那要考虑作为整体的宇宙的位置。为什么宇宙应该位于这个领域而非那个领域?这个问题是没有答案的。根据假设的空间本性,两种排列方式之间就没有可辨识的差异了。因此,不存在任何关于现实性的解释,而这违反了充足理由原则。所以,空间必须存在于对象之间的空间关系的整体中。"① 可见,莱布尼茨将空间视为现象共存的秩序与规律,而非牛顿那个虚空的广延性或物的容器。那么,空间的非实体性与关系性特征的哲学根源是什么呢?按照莱布尼茨的意见,"我们所感知的空间关系实际是单子的某些样态"②。莱布尼茨的单子论继承了笛尔儿的观念论原理,单子是有知觉、永恒、独立、差异、不可分、无广延、有等级且数目无限的力,是构筑宇宙的精神基质,众多单子之所以能够有序运行,是因为由单子的等级性、连续性可推出存在一个最高、最完善的上帝单子,上帝是确保宇宙和谐运行的初始者与第一因,这就是莱布尼茨以单子为本源的宇宙目的论思想与预定和谐原理。因为单子无空间属性,"空间作为一种关系体系只能是一种表象……当我们感知按照空间方式组织的事物时,我们没有感知到它们的真实存在,但空间仍然从一种纯粹的幻觉中被区分出来"③。因此,有了预定和谐的先验奠基,莱布尼茨的空间呈现为规则、和谐的现实

---

① [英]罗杰·斯克拉顿:《现代哲学简史》,陈四海、王增福译,南京大学出版社2013年版,第76—77页。
② 同上书,第77页。
③ 同上。

表象（或审美表象），它虽不决定于物体的分布，却使共存物的分布成为可能。

经验论者洛克、贝克莱、休谟等人的知觉空间与他们的感觉主义思维立场紧密相连。从某种意义上说，是牛顿这位经验论的忠实拥护者超越任何一位经验论哲学家建立了形而上学的经验空间观。但洛克等人的空间学说也自有其不可替代的理论魅力，这是因为他们将空间思考的主体维度严格限定在感知觉层面，让空间概念成为一个可以深入主观内部的经验存在与美学存在，"时空观念由外在的自在存在被转入到人自身的自觉领域，实现了从外在自然向人自身的转换，这一转换开启了空间观念的全新的视角"①。鲍桑葵指出："从本质上说，知觉内容的性质就是与美学相关的事，就像从本质上说，认识的性质就是与逻辑学有关的事一样。"② 从这个意义上说，近代经验论者在空间研究领域充分发挥了美学的感性认知功能。在空间观上，洛克反驳笛尔儿的观点，主张物质与空间并不同一，承认真空存在的可能；同时，他也不赞成牛顿关于空间的实体论说明，断定"空间不是一个真正的实体，而是仅仅具有让物质客体存在的可能性"③。在认识论上，洛克驳斥了天赋真理说，将感觉与反省作为知识来源，据此他认为空间这个一般观念，来源于对距离这个简单的感觉观念的重复。

---

① 张贺：《西方空间观念的演变逻辑》，硕士学位论文，苏州大学，2013 年，第 18 页。
② ［英］鲍桑葵：《美学史》，彭盛译，当代世界出版社 2008 年版，第 145 页。
③ ［美］格瑞特·汤姆逊：《洛克》，袁银传、蔡红艳译，中华书局 2012 年版，第 39 页。

贝克莱也是一位绝对空间观的否定者，他从视觉和触觉入手，深入探讨了空间知觉的特征与原理，指出各种知觉经验都具有相对性，由此"不可能得出物质实体客观存在的结论"①。而根据他的唯心主义的经验论，"空间只能是一种由诸观念联结而成的复杂的被体验物，是一种被感知的主观现象"②。休谟的空间论集中表述于他的《人性论》一书。休谟认为人类知识的有效性在于观念应是对象的恰当表象，这样形成的诸观念及其知识关系才能应用于对象之上。休谟指出空间观念是通过视觉和触觉被给予心灵的，通过对"空间无限可分"论的归谬，以及关于一个有限的心灵是不能得到一个充分和恰当的"无限"概念这一原则的贯彻，他澄清了空间的有限性，出示了自己的空间定义，"空间和时间观念不是个别的或独立的观念，而只是对象存在的方式或秩序的观念"③。如上所述，观念论空间观的持有者们，根据知识源于经验这一基本共识，大都承认一个有限的空间概念，并借助心理学路径划定的认识领地，开启了解构绝对空间与实体空间的批判之旅，深化了人们对空间的相对主义思考，最终形成绝对空间与相对空间、客体空间与主观空间、无限空间与有限空间、理智主义空间与感觉主义空间两大阵营分庭抗礼的局面，有力地推动了空间观由正题向反题的辩证演化，并"规定"了哲学在下一步的工作议

---

① 冯雷：《理解空间：现代空间观念的批判与重构》，中央编译出版社2008年版，第46页。
② 刘胜利：《空间观的"哥白尼革命"——康德对传统空间观的继承与批判》，《科学文化评论》2010年第3期，第56页。
③ ［英］休谟：《人性论》（上册），关文运译，商务印书馆1980年版，第53页。

程，即如何将潜存于这一二元论两难中的空间观"合题"挖掘出来，该任务最后是由康德承担并加以完成的。

二　从纯直观空间到思辨性空间

康德是近现代"认识论审美化"思潮的开创者与奠基者，他提出的纯直观空间就是这一"知性革命"的结果。审美与认识的沟通与联合，是一个纵贯哲学史、科学史乃至整个文化史的古老话题，"对于我们人类来说，每一种真理——不仅仅在它的感性起源阶段，而且在它的全部过程，都拥有一种审美的因素或成分"[①]。鲍姆加登（Baumgarten）曾如是表示。这也是在不同历史阶段、不同思想派别的哲人那里"空间的审美化"命题都赫然凸显的根本原因。康德的批判哲学实现了认识论的"哥白尼革命"，他通过对经验论中的怀疑论与唯理论中的独断论进行双重超越，改变了认识必须取决于客体的传统，建立起从主体方面确定认识如何可能的先天原则，于是普遍的认识被归结为"自我构造力的一种表现形式"[②]。这一新的认识原理与逻辑体系是由《纯粹理性批判》提供的，在该书中审美首次获得了先验意义上的认识论授权。对此，韦尔施（Wolfgang Welsch）解释道："根据康德的'思想方法革命'，我们知道'事物的先验性完全是因为我们自己将它输入进了事物之中'，

---

① [德]沃尔夫冈·韦尔施：《重构美学》，陆扬、张岩冰译，上海译文出版社2006年版，第49页。
② [美]维塞尔：《席勒美学的哲学背景》，毛萍、熊志翔等译，华夏出版社2010年版，第170页。

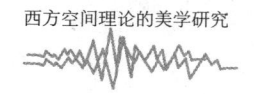

而我们输入其中的是'审美的'框架,即作为直觉形式的时间和空间。唯有在空间和时间之中,客体才能首先为我们把握。我们的认知和现实所能达到的限度,一如这些直觉形式的延伸程度。就此而言,美学作为这些直觉形式的理论,换言之,作为超验的审美理论而非艺术理论,对于康德来说,就成为认识论的基础所在。"① 具体而言,先验认识论原理的基本构成要素就是时间与空间,它们是"两种作为先天知识原则的感性直观纯形式"②,其中,空间是一种外直观,时间是一种内直观。首先,康德将空间作为一个形而上学的先天概念加以把握,如其所言:"1. 空间不是一个从外部经验抽象得来的经验性概念。2. 空间是作为一切外部直观的基础的一个必不可少的先天表象。3. 空间不是一个关于一般事物的关系的推理概念,或者如人们所说是一个普遍概念,而是一个纯直观。4. 空间被表象为一个无限的被给予的大小。"③ 其次,康德立足于空间表象的纯直观,将空间作为一个先验概念加以阐明,从而证明只有排除实体论与关系论的空间观,才能使几何学作为一种研究空间问题的先天综合知识成为可能,这也是其他先天综合知识成为可能的条件。可以说,康德空间论主要是在批判牛顿和莱布尼茨的空间学说的基础上建立起来的:其继承性的一面体现在,"康德仍然

---

① [德]沃尔夫冈·韦尔施:《重构美学》,陆扬、张岩冰译,上海译文出版社2006年版,第28页。
② [德]康德:《纯粹理性批判》(注释本),李秋零译注,中国人民大学出版社2011年版,第53页。
③ 同上书,第54—55页。

和牛顿、莱布尼茨一样，认为空间是一个单一、同质、无限、连续、各向同性的统一整体"①；而其变革性（较之莱布尼茨）的一面则体现在，"莱布尼茨的空间首先是一种客观形式，其次才是奠基于其上的主观形式。康德的空间完全倒转了这个奠基秩序。它首先是主观形式，其次才是奠基于其上的客观形式。先验观念性先于经验实在性，并使得经验实在性成为可能"②。康德之后，黑格尔（Hegel）继承了康德关于空间就是纯形式的观点，并根据自己的理念论哲学，赋予空间双重含义：它既是自然的纯抽象实在，又是自然事物的基础，"空间是非感性的感性与感性的非感性"③。黑格尔空间观的另一优点在于，他从思辨哲学观出发，认为物质与空间相互依存，空间与运动密切相连，时间与空间不可分割，这对于破除僵化、非辩证的传统空间思维无疑具有重要作用。不过，近代哲学由康德所提纯的空间思维的审美化在黑格尔那里已经大大稀释。因而可以说，康德树立了近代"认识论审美化"视域下哲学空间思考的新范式，他的纯直观空间对审美路径下的空间反思具有终结意义，是西方空间概念发展史上的一座丰碑，他的伟大智慧与创造品格是永远惠泽学界的宝贵的精神财富。

---

① 刘胜利：《空间观的"哥白尼革命"——康德对传统空间观的继承与批判》，《科学文化评论》2010 年第 3 期，第 65 页。
② 同上书，第 67 页。
③ ［德］黑格尔：《自然哲学》，梁志学、薛华、钱广华、沈真译，商务印书馆 1980 年版，第 42 页。

本章小结

本章重点从美学视角梳理了从古希腊到德国古典哲学这一漫长历史时段空间观的发展概况。在古代自然哲学视域下，以毕达哥拉斯、柏拉图与亚里士多德为代表的哲学家们建立起一个闭合的、数学化与等级化的和谐空间，它是古希腊美学的范本与体现，在客体论的意义上构成了近代科学空间的先导。近代的启蒙文化确立了主客二元论的思维结构，古希腊的客体论空间观随之分裂为两条路线：一是近代科学空间观，二是近代哲学空间观。近代科学空间以哥白尼、布鲁诺、开普勒、伽利略与牛顿为代表，他们打破了有限宇宙的概念，确立了无限宇宙的权威。牛顿的绝对空间概念就是这一空间探索的集大成者，他赋予绝对空间以背景化、几何化与无限化的特性，将客观审美空间扩展到了极致。近代哲学空间主要包括经验论哲学确立的知觉空间与康德的纯直观空间两种。知觉空间强调主观感觉对空间的生成作用，具有鲜明的人本主义色彩，与古希腊的客体论空间及其近代科学空间观截然对立。康德将空间视为人类的认知框架，具有整理外部世界的先天能力，于是自他开始，认识论就被审美化了。总体上看，近代空间观分属客观美学与主观美学两个阵营，二者的分裂关系是该时期主客二元论原则的具体体现，由于这个时期的主体概念只是理性主体，所以科学空间观占据主导地位，感性空间观处于被湮没的边缘。从近代空间观的共有缺失上看，它的两大分支都独立于社会关系之外，这严重限制了其理论建构的范围与视域，该局面伴随着资本主义城市化与工业化的迅速发展，在现代才被彻底打破，传统空间观也才告一段落。所以，通过缕述前现代空间观的历史演进状况可知，这一历史时期在空间阐释上的成就与局限同样醒目。就建设性而言，它形成了自己独有的空间认知模式，即面对空间，要么从客体的、直观的角度去理解，要么从能动的、主体的方面进行抽象，这一时期确立了科学化空间与人本化空间相对峙的格局，凸显了美学及形而上学与传统空间观之间互为条件、不可分割的建构、生成关系，实现了空间观由古代向近代的理论位移，同时也彰显了美学观由客观主义向主观主义的运动及逻辑转换。就传统空间观的理论困境而言，该时期的空间二元论倾向（科学与人本的对立）及形而上学特征，不仅导致客体空间长期得势而主体空间备受压抑的不对称局面，而且严重地阻碍了空间向人、向社会的现实生成与精神回归，这是传统空间观之所以呈现单向性、非人化与非辩证性的重要原因。

第二章　现代西方空间观的人本转向与审美救赎

西方现代空间观的出现与近现代工业化与城市化的快速发展密切相关，后者产生的各种空间力量与空间问题是激发新型哲学范式孕育和成形的原动力。这种脱胎于现代性内部的空间哲学从发轫伊始就面临着一种时空二元论的挑战与压制，这样的一道哲学分水岭至少在马克思那里已初露端倪。伴随着现代资本主义对生产力的极大解放，古代历史循环论庇佑下的时空统一观被现代历史进步论催生的时空对立观所取代，它产生的直接后果就是时间上升为构造哲学—社会学理论的主导维度，空间则下降为一个非生产性的沉默的维度。这导致现代空间观始终是一个被压抑性的存在，既缺乏纯粹的问题意识，也没有明确的理论纲领，这使我们从时间理论的躯体上将其剥离出来具有很大的风险与难度。但从总体上看，现代空间观还是形成了驱动日后当代空间理论爆发的丰富话语资源。我们可以将之区分为三种基本面向——实践空间观、城市空间观与生态空间观。其总体特征是实现了空间反思的人本主义转向，确立了社会空间在空间研究中的主导地位，形成了从生态与审美角度批判与重构资本主义现实空间的基本策略，上述努力为人类颠覆和反抗资本逻辑，最终实现无剥削、无异化的潜在未来确立了新的斗争路线与解放目标。

第一节　开启现代空间观的人学视野：马克思实践空间观的美学维度及其人学面向

关于空间观的研讨，马克思之前的理论家们要么深陷纯物理、纯机械的困局，要么沉溺于纯观念、纯精神的囹圄，虽然构造了一个又一个庞大而精致的空间观体系，如亚里士多德空间观、牛顿空间观与康德空间观，但囿于他们在哲学观上不能挣离形而上学迷误，即只关注"哲学中的问题"而不关注现实问题，致使这些"思想的闪电"只能闪耀人类的精神天空而无法照亮现实大地。相比之下，马克思空间观的伟大之处在于，他并不试图殚精竭虑地构建空间哲学体系，而是本着"'从实践理解问题'（包括空间问题）的理路"①，面向"人—人的异化（非人）—异化的人

---

① 倪志安、冯文平：《论马克思"实践的空间"思想》，《黑龙江社会科学》2014年第4期，第11页。

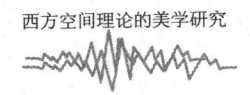

向真正的人的复归"① 这一人的发展预设,通过对以往各种空间观的自觉扬弃,形成了有关"实践空间观"的基本思想。具体来说,马克思的实践空间不是狭义的自然空间、物理空间或知觉空间,而是整个人类生存空间与历史文化空间,是一种由人的实践理性所贯穿,并被人的实践活动所建构和改变的社会空间。以此为精神主线,马克思凭借历史唯物论眼光,从哲学观、城市观与劳动观等层面开掘了实践空间观的美学意蕴及其社会政治内涵,真正从"社会人"角度开启了现代空间观的人学视野,实现了空间观的现代转型与深刻变革。可以说,这场由马克思引爆的思想地震,图绘了此后空间研究的基本题旨。直至今日,"马克思的幽灵"依旧笼罩着整个空间研究领地,给人以历久弥新的思想启迪。在这个意义上,马克思比现代以来的任何一位空间理论家都更多地影响了20世纪空间观的发展历程。

一 从哲学观看实践空间观的感觉主义根源

根据哲学史经验,人类空间观的每一次重大跃迁都与彼时哲学观(科学观)的根本转向密切相关。马克思的哲学理论堪称新时代历史地平线上的辉煌地标,这一巨大思想成就的取得与马克思高度的理论自觉与理论自信密不可分,它集中体现为马克思对哲学形而上使命的悬置和对形而下担当的确认,这包括两个方面。一是马克思将哲学从自我创造、自我转换的范畴繁衍与逻辑思辨

---

① 元晋秋:《〈1844年经济学哲学手稿〉与〈资本论〉之间的人学关联考辨》,《武汉理工大学学报》(社会科学版)2014年第5期,第858页。

中拯救出来，从具体问题出发重建哲学对象，重塑哲学功能，强调哲学改造现实的力量及可能。反对思辨哲学与体系化哲学是马克思的哲学主旨，当一切旧哲学从理念、实体或绝对精神出发进行建构时，马克思关注的则是历史的人与社会的人的生存境况，指出"哲学家们只是用不同的方式解释世界，问题在于改变世界"①。二是改变哲学的提问方法，从政治经济学的实证层面切入人学主题，从对资本主义发展理论的总结中提炼有关人类自由与解放的革命策略与政治方案。正如有论者所言："马克思的哲学在形式和内容上不同于从天国来到人间的哲学。马克思的哲学存在于对历史事件的深入分析和描述上，存在于对现实的经济关系的分析中，存在于对社会历史发展进程的分析中。"②

（一）哲学观与实践空间观之间的人学关联

毋庸讳言，马克思没有明确提出过实践空间观的概念，但这并不等于马克思哲学缺少空间维度，实际上，在马克思确立的实践唯物论的哲学思想中逻辑地蕴含了实践空间观的基本内容及其人学规定。马克思新空间观之所以能与一切旧空间观划清界限，根本原因在于二者哲学理路的不同，而直接原因则要归结为彼此人学观念的迥异。马克思空间观以历史唯物主义为本源维度，以人的真实本质与具体特性为突破口，实现了空间与主体的内在统

---

① 《马克思恩格斯文集》（第 1 卷），人民出版社 2009 年版，第 502 页。
② 叶汝贤、王晓升：《马克思的哲学观与马克思哲学的核心主题》，《现代哲学》2007 年第 4 期，第 6 页。

一、空间与社会的历史统一，为人类从空间视角真正解决人和自然之间、人和人之间的矛盾提供了科学方法论与理论依据。

马克思对人的真实本质的思考，是以"人化自然"空间的原初境域以及它的高级形式——共产主义为对象进行阐释的，其结论构成了马克思批判与重建人类社会空间的基本原则。关于空间议题，黑格尔与费尔巴哈均有过颇具影响的论证。马克思新空间观的建构是与扬弃前人成果同步进行的。黑格尔从颠倒的世界观——绝对理念出发，将空间视为理念外化的一种肯定形式与概念自身运动的结果，在此，真实的东西是观念，自然界不过是它的异在的形式，是对抽象的确证。马克思曾言："唯心主义是不知道现实的、感性的活动本身的"，只是"把能动的方面抽象地发展了"。① 显然，这对于评价黑格尔的抽象空间也是切中肯綮的。与黑格尔相反，费尔巴哈则走向了另一极端。可以说，费尔巴哈空间观是与马克思距离最近的一种空间学说。其合理之处在于，它不仅坚持了唯物主义空间论的客观性原则，主张"空间和时间是一切实体的存在形式"②；而且实现了自然空间观的人本学转向，即在由"自然"与"人"这两个实体构成的世界中，"自然"对"人"的先在性，已让位于"人"对"自然"的建构性。与"只见物，不见人"的西方古代朴素唯物主义与近代机械唯物主义空间观相比，这无疑是认识上的一次重大进步。但费尔巴哈的

---

① 《马克思恩格斯文集》（第1卷），人民出版社2009年版，第499页。
② [德]费尔巴哈：《费尔巴哈哲学著作选集》（上卷），荣震华、李金山译，生活·读书·新知三联书店1959年版，第109页。

空间学说也有其致命缺陷，正如马克思所指出的，费尔巴哈"把人只看做是'感性对象'，而不是'感性活动'"，"他从来没有把感性世界理解为构成这一世界的个人的全部活生生的感性活动"①，因而其对人的界说仍停留于理论领域，停留在抽象的"人"的层面。所以，"当费尔巴哈是一个唯物主义者的时候，历史在他的视野之外；当他去探讨历史的时候，他不是一个唯物主义者"②。

与上述批判一道，马克思同时出示了唯物史观视域下的人学理路与空间谋划。首先，马克思从实践的角度理解人与自然空间的生态关联与历史关联，得出"人化自然"空间就是社会空间这一科学论断。在马克思看来，全部历史的首要前提必须以人的个体存在为条件，它直接表现为"个人的肉体组织以及由此产生的个人对其他自然的关系"③。在这个意义上，人是普遍性的自然存在物。其普遍性是指人把整个自然界作为直接的生活资料与活动对象，自然成为人的无机的身体，人是自然的一部分，自然是人化的自然，"人化自然"空间在本质上就是人与自然相互改造、交互建构的实践空间、主客统一空间。所以，决定该空间关系属性的不是表层的自然性而是深层的社会性，正如马克思所指出的："只有在社会中，人的自然的存在对他来说才是人的合乎人性的存在，并且自然界对他来说才成为人。因此，社会是人同自然界的

---

① 《马克思恩格斯文集》（第1卷），人民出版社2009年版，第530页。
② 同上。
③ 同上书，第519页。

完成了的本质的统一,是自然界的真正复活,是人的实现了的自然主义和自然界的实现了的人道主义。"① 其次,马克思又从"人作为社会性的和有意识的自然存在物"②的角度诠释人的本质与历史,将共产主义作为人类实现个体感性与自由的社会和政治行动的目标,是人类的存在意义在其中得以自由绽放的本真历史境域。人类空间关系经历了"非异化—异化—去异化"的社会历史过程,人在共产主义中不仅获得了认识自由,而且获得了实践自由,因而共产主义是审美的人、完整的人得以存在的未来维度,是"人之存在方式"获得批判性重构的必由之路,因此马克思高度评价了共产主义革命对实现人的全面自由的个性所具有的伟大意义:"它是人向自身、也就是向社会的即合乎人性的人的复归,这种复归是完全的复归""它是人和自然界之间、人和人之间的矛盾的真正解决,是存在和本质、对象化和自我确证、自由和必然、个体和类之间的斗争的真正解决。它是历史之谜的解答,而且知道自己就是这种解答"③。

(二) 哲学观与实践空间观之间的审美关联

马克思不仅在具体的历史社会分析的意义上厘定了"人的本质"的哲学内涵,而且,他又依据历史唯物主义原则,对主要的

---

① 《马克思恩格斯文集》(第1卷),人民出版社2009年版,第187页。
② [匈]乔治·马尔库什:《马克思主义与人类学:马克思哲学关于"人的本质"的概念》,李斌玉、孙建茵译,黑龙江大学出版社2011年版,第30页。
③ 《马克思恩格斯文集》(第1卷),人民出版社2009年版,第185—186页。

空间要素——"对象、现实、感性"① 给予了重新诠释，创造性地确立了感觉的本体地位与正面价值，从而赋予他的实践哲学以及实践空间观以鲜明的审美主义色彩。

自德国古典哲学以降，审美要么"作为解决哲学问题的途径"而存在，要么"作为哲学建构的基础和核心"② 而存在，作为一位改写现代哲学篇章的思想巨人，美学同样深刻地参与了马克思哲学的构建。马克思与美学之间的不解之缘，始自青年时期对世界文学的爱好与阅读，以及个人的浪漫主义创作经验，此间诞育的现代性审美文化人格"有意义地促成了他一生中寻求解决的根本问题的形成"③。随后，当他放弃文学转向黑格尔哲学时，一度沉迷其中的他不禁慨叹："我们已陷进黑格尔的学说，无法来摆脱他的美学观点。"④ 而在写作博士论文时期，马克思虽然还是一个纯粹的黑格尔学派的唯心主义者，但他对伊壁鸠鲁"原子偏斜"理论所蕴含的个体自由及其"自我意识哲学"的伸张，不但积极地肯定了伊壁鸠鲁关于感性知觉作为真理准绳的重要意义，而且将辩证法深入贯彻到原子与空间、现象与本质、时间与空间等一系列矛盾范畴之中，形成了自己关于感性时空论的独特解释，即人的感性活动既是与时空观同一的纯粹形式、主动形式，亦构成现象世界的本质与源泉。据研究，马克思撰写的经济学核心著

---

① 《马克思恩格斯文集》（第1卷），人民出版社2009年版，第499页。
② 王国有：《从美与真、善的关系看近现代哲学的审美自觉》，《学习与探索》2009年第6期，第24—25页。
③ 黄力之：《颠覆与拯救：现代性审美文化批判》，上海人民出版社2014年版，第46页。
④ 《马克思恩格斯全集》（第40卷），人民出版社1982年版，第652页。

作,都不同程度地融入了他此前研究德国美学家弗里德里希·费希尔的美学经验。上述感性哲学的成熟标志,集中体现于《1844年经济学哲学手稿》与《关于费尔巴哈的提纲》两部文献。由此,马克思完成了对黑格尔与费尔巴哈的批判,将感性知觉进行了历史唯物主义的审美改造,强调感性是"实践的、人的感性的活动"①"对象性的活动"②。这样,马克思就将人的感性活动确立为全部知识的基础,并以此为契机开启了重建伦理、历史、政治、理性等社会文化形式的批判工作。对此伊格尔顿曾一针见血地指出:"对于马克思来说,感觉是构成人类实践的前提,而不是一种沉思的器官;它能够成为沉思的器官只是因为它已经是人类实践的前提。"③

基于上述讨论,马克思的实践空间就是人的感性活动空间。审美不仅是它的内在规定,也是它的建构前提与必然归宿,原因有以下三点。第一,从物种规定性上讲,人具有按照美的规律来构造的类特性。人和动物有本质区别,动物物种受到生物学—生理学结构的恒定局限,它与生命活动直接同一,具有纯自然性与生产的片面性;而人的生产生活则是自由的有意识的,人不只是单纯的自然存在物,更是一种普遍性与个体性相统一的社会存在物,因而他的生产是世界历史性的、真正普遍的与全面的活动。不仅如此,马克思还进一步从自在生产还是自为生产的类特性角

---

① 《马克思恩格斯文集》(第1卷),人民出版社2009年版,第501页。
② 同上书,第499页。
③ [英]特里·伊格尔顿:《美学意识形态》(修订版),王杰、付德根、麦永雄译,中央编译出版社2013年版,第180页。

度对其给予了美学廓清:"动物只是按照它所属的那个种的尺度和需要来构造,而人却懂得按照任何一个种的尺度来进行生产,并且懂得处处都把固有的尺度运用于对象;因此,人也按照美的规律来构造。"① 第二,从哲学人类学角度讲,人的本质的展开过程,同时也是人的感性的丰富性的主体建构过程。马克思认为"社会人"的感觉与"非社会人"的感觉是大相径庭的,如其所言:"只是由于人的本质客观地展开的丰富性,主体的、人的感性的丰富性,如有音乐感的耳朵、能感受形式美的眼睛,总之,那些能成为人的享受的感觉,即确证自己是人的本质力量的感觉,才一部分发展起来,一部分产生出来。因为,不仅五官感觉,而且连所谓精神感觉、实践感觉(意志、爱等),一句话,人的感觉、感觉的人性,都是由于它的对象的存在,由于人化的自然界,才产生出来的。""五官感觉的形成是迄今为止全部世界历史的产物。囿于粗陋的实际需要的感觉,也只具有有限的意义。"② 第三,从政治经济学角度讲,异化劳动导致人与自然、人与劳动产品、人与他的类本质、人与人之间关系的全面异化,它的典型症候就是感觉的非人化,所以真正的解放在于扬弃私有财产、实现共产主义,达到"人的一切感觉和特性的彻底解放"③。鉴于此,马克思将政治解放与感觉解放等同起来,并以重建世界与人之间的自由本真的审美关系为终极诉求,预言了共产主义社会对人类

---

① 《马克思恩格斯文集》(第1卷),人民出版社2009年版,第163页。
② 同上书,第191页。
③ 同上书,第190页。

感觉解放与主体解放的生产力保障与政治承诺。

二 从城市观看实践空间观的政治美学内涵

马克思新空间观的实践品格，不仅在于它对人的概念进行了历史批判与哲学重建，更在于它开辟了从城市角度研究社会阶级产生和消亡的崭新视野。诚然，马克思和恩格斯从未撰写过有关城市的专著，但他们的分析大部分都集中在自己所处的19世纪工业社会，这使马恩的历史、社会和国家学说凸显出鲜明的城市维度，这一理论旨趣可由《德意志意识形态》《英国工人阶级状况》《论住宅问题》《1857—1858年经济学手稿》以及《资本论》等马恩经典著作得到确证。就马克思、恩格斯对资本主义所进行的空间批判而言，不论是宏观的全球、中观的区域还是微观的城市内部空间，都直接或间接地与对城市的地点分析及历史分析密切相关。可以说，马恩对资本主义社会全方位的批判史，就是一部凝缩19世纪社会政治—经济结构变迁的城市史。刘易斯·芒福德说过，"城市在其完整的意义上便是一个地理网状物，一个经济组织体，一个制度的过程物，一个社会战斗的舞台，以及一个集合统一体的美学象征物"①。马克思的实践空间观正是在城市的层面上具象化了其对资本主义制度的控诉与揭露，发现了人类从阶级社会向无阶级社会过渡的历史逻辑与人性奥秘，并从政治美学的高度建构了普适性的人类价值体系，为人类最终成为自由王国的

---

① ［美］刘易斯·芒福德：《城市文化》，宋俊岭、李翔宁、周鸣浩译，中国建筑工业出版社2009年版，第507页。

永久居民指明了奋斗方向。因此，只有对马恩的城市观与城市空间理论给予先行重建，我们才能更好地理解马克思新空间观变革的逻辑必然性及其具体内容。

（一）城市观与实践空间观之间的历史形构

在历史唯物主义视域中，实践空间观的历时性建构具现为人类的城市文明史与城市形态史。因为马克思懂得推动历史发展的内在力量只有在长时段中才能起作用并被把握，倘若从经济体系、社会组织、文化特征与行为模式等综合因素考量，这种能够历时数个世纪甚或更长时段而依然形态稳定的历史单位就非城市莫属。于是，马克思依据城乡建构形态这一人类空间尺度将历史划分如下："古典古代的历史是城市的历史，不过这是以土地财产和农业为基础的城市；亚细亚的历史是城市和乡村无差别的统一（真正的大城市在这里只能干脆看作王公的营垒，看作真正的经济结构上的赘疣）；中世纪（日耳曼时代）是从乡村这个历史的舞台出发的，然后，它的进一步发展是在城市和乡村的对立中进行的；现代的历史是乡村城市化，而不像在古代那样，是城市乡村化。"① 马克思不仅从城市角度梳理了人类发展的历史脉络，而且围绕城乡对立这一空间议题，着重阐述了资本主义工业城市产生、发展与消亡的历史命运。首先，马克思肯定了工业城市在发展生产力方面的伟大贡献。在资本主义条件下，工业化与城市化相互

---

① 《马克思恩格斯全集》（第46卷）（上册），人民出版社1979年版，第480页。

促进,"工业经济需要的正好是城市可以提供的:工厂、仓库、商店和办公室、交通网络、大型劳动力市场和消费者市场等物质基础设施。相应地,工业化改变了城市的面貌、内部结构和功能"。① 城市以其先进的社会分工模式、卓越的科技创新能力、巨大的空间"聚集效应",立足于对乡村与边缘的空间剥夺,凭借大工业创造的交通工具和现代的世界市场,最终将自身树立为经济生产与意识形态生产的绝对中心,极大地提高了资本主义生产力发展水平。其次,提出了消灭城乡对立、实现空间正义的理论构想。在马克思看来,资本主义无法从内部解决城乡对立问题,因为保持这种空间差异乃是它维系自身再生产的前提条件。只有铲除这一现象赖以存在的历史根源——工农业水平不够高以及个人屈从于社会分工的生产力现状,才能实现以城市和乡村的和谐统一为前提的人类理想的社会空间形态。显然,解决这一根本难题只能依赖于无产阶级砸碎旧世界、创造新世界的革命诉求与历史自觉。

马克思对城市空间的重视,不仅体现于上述关于人类史的"历时态"分析,还体现在他对世界历史的形成及其资本主义空间扩张所做的辩证把握上。马克思看到资本主义工业城市所赖以存在的基础来自"地理扩展、空间重组和非均衡地理发展"② 所导致的空间革命。具体地说,地理扩展是通过地理大发现以及

---

① 〔美〕保罗·诺克斯、〔美〕琳达·迈克卡西:《城市化》,顾朝林、汤培源等译,科学出版社2009年版,第50—51页。
② 〔英〕戴维·哈维:《马克思的空间转移理论——〈共产党宣言〉的地理学》,郇建立编译,《马克思主义与现实》2005年第4期,第23页。

交通运输手段的革新实现的，空间重组是通过经济力量和政治力量使生产力和劳动力在空间上得到重新布展实现的，非均衡地理发展是通过建立殖民地摆脱经济危机的"空间转移"策略实现的。凭借上述地理手段与空间生产，资产阶级建立了世界市场，发展了大工业，形成了世界交往，使人类生存的空间结构由分散孤立趋向统一集中，使民族的片面性和局限性得以克服，使资产阶级能够按照自己的意愿重建世界，使农村从属于城市，使野蛮从属于文明，使无产阶级从属于资产阶级，使东方从属于西方。在高度肯定资本主义全球化为人类创造了巨大的生产力的同时，马克思又看到这一资本主义空间革命在客观上也为实现共产主义提供了物质基础与活动场所。这表现在如下三个方面。首先，大工业创造的现代交通、技术手段，能够在普遍交往的意义上形成地理空间的联合与阶级联合。其次，共产主义是世界性的革命，需要世界性的活动场所。资产主义生产力的普遍发展，开拓了世界市场，这为无产阶级登上政治舞台奠定了空间基础，因为"无产阶级只有在世界历史意义上才能存在，就像共产主义——它的事业——只有作为'世界历史性的'存在才有可能实现一样。"[①] 最后，资本主义的世界历史性，令资产阶级与无产阶级的对立扩展到了整个世界领域，基于同一的生存处境与阶级利益，无产阶级必然会萌生建立世界性联合体谋求自身解放的历史主体要求。

---

① 《马克思恩格斯文集》（第1卷），人民出版社2009年版，第539页。

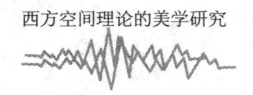

(二) 城市观与实践空间观之间的阶级形构

鉴于大工业城市在推动资本主义发展过程中所起的显著作用，马恩都不约而同地在文本中对之给予了特别关注。如果说，马克思是从无产阶级改造资本主义社会空间的宏观层面，论证了人的感性解放与政治解放的同一性，从而使马克思政治理论具有了丰厚的美学意蕴；那么，恩格斯的《英国工人阶级状况》与《论住宅问题》两部著作则打开了研究工厂城市的微观视域，从建筑形式与生活状况的角度探讨了工人阶级的形成及其历史命运，这两部文献堪称借助城市形态批判来达到社会现实启蒙的政治美学著作。

首先，城市不仅是空间分化的载体，而且是阶级形成的容器。无产阶级的存在要以世界历史的形成前提，而世界历史的形成标志则是大工业城市的出现，从自然形成的古代城市到近现代工（商）业城市，社会分工的扩大与发展始终是主导一切的决定力量，无产阶级正是这一物质前提（城市水平）发展到较高阶段的产物。物质劳动和精神劳动的最大一次分工造就了城市和乡村，一部人因而变成有局限的城市动物，另一部分人则变成有局限的乡村动物，这种城乡分离还可被视作资本脱离地产独立运动的开始；中世纪城市在行会之间和行会内部较少或基本没有分工，城市资本是自然形成的等级资本；分工的进一步扩大是生产和交往的分离，其标志是商人阶级的产生与工场手工业的出现，它产生了现代资本并消除着空间障碍；大工业的产生及其分工的普遍性让城市成为资本积累的重要载体，这时一切资本都变为工业资本，一切自然关系都变成货币关系，它使人成为世界之网中的存在，成为世界公民，最终，"当每一民族的资产阶级还保持着它的特殊的民族利益的时候，大工业却创造了这样一个阶级，这个阶级在所有的民族中都具有同样的利益，在它那里民族独特性已经消灭，这是一个真正同整个旧世界脱离而同时又与之对立的阶级"①。至此，城市的权利才会通达空间正义，并经由社会革命而为无产阶级所行使和真正占有。

其次，城市面貌是阶级对立的空间表达。有论者指出："恩格斯的著作使马克思的一般主张以及他对资本主义制度的控诉具体化。同时，它也揭露了经济体制是如何破坏和摧毁人类居住地点的。"② 在《英国工人阶级状况》这部被人誉为"早期优秀的城市著作"③ 中，恩格斯发现工业资本主义一方面制造着贫富悬殊的阶级对立，另一方面又将这种阶级关系铭刻于城市规划与建筑形式之上。资本主义城市建筑的第一个特征是隔离。这表现在工人区和资产阶级住宅区被严格分开，工人阶级的贫民窟被划分在一块完全孤立的地区，是城市中最糟糕的地方，中等的与高等的资产阶级则将整齐的街道与优美的郊区据为己有，因而穷人区的贫困潦倒与富人区的金碧辉煌形成鲜明对照。资本主义城市建筑的第二个特征是伪善。恩格斯告诉我们，虽然大城市展现给人的是

---

① 《马克思恩格斯文集》（第1卷），人民出版社2009年版，第567页。
② ［美］安东尼·奥罗姆、陈向明：《城市的世界：对地点的比较分析和历史分析》，曾茂娟、任远译，上海人民出版社2005年版，第12页。
③ 同上书，第11页。

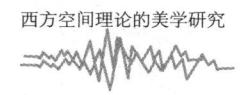

一副或壮丽雄伟，或美丽如画的迷人外表，但它们都有一个或几个挤满了工人阶级的贫民窟；工人的房子常常隐藏在旧城、大街后面、大杂院、大小胡同，或尽量为资产阶级所看不到的肮脏不堪的地方，免得刺激资产阶级的眼睛和神经。资本主义城市建筑的第三个特征是杂乱。工人住宅区较少有规划，大多杂乱无章、形同迷宫，格局狭小、内部拥挤、卫生状况差，空气不流通，生存条件极端恶劣，环境甚至还不如猪圈。不仅如此，生活质量的低下，还导致了工人阶级感官、感觉的粗糙与退化，人际关系的孤独、冷漠，以及日常生活的道德堕落。这就是恩格斯为我们描述的当代一切社会运动的真正基础和出发点——工人阶级的状况。正是在"这样的阶级分化的城市空间中，工人逐渐'意识到了他们组成了一个独立的阶级，并且有他们自己的与资本主义财产所有者相对立的利益、政策和视角。总之，他们意识到了他们肩负着民族的真正力量和其未来进步的希望'"①。

三　从劳动观看实践空间观的人性拯救契机

劳动观是马克思哲学大厦的基础和拱心石。马克思的历史唯物论哲学试图在实践空间观的框架内解决人性异化与救赎的理论与实践问题。在马克思看来，劳动是世界历史的创造力量，是个人与自然、个人与社会互动交往的纽带，它的建构性品格根源于自身内蕴的自由自觉的生命活动本质，这种活动的积极内涵只有

---

① ［美］艾拉·卡茨纳尔逊：《马克思主义与城市》，王爱松译，江苏教育出版社 2013 年版，第 146 页。

人能够在对象化世界中直观自身时方才有效，而在人类的大多数历史时间它却是以违背人的类本质的形式存在的，因而马克思说，"在国民经济的实际状况中，劳动的这种现实化表现为工人的非现实化，对象化表现为对象的丧失和被对象奴役，占有表现为异化、外化"。① 因此，为了消除异化、保证公平，重建劳动者与自然界及其人类社会之间的双向互惠关系，就必须实现空间经济与空间政治的双重变革，这样才能彻底肃清既有的政治与社会结构，将社会空间革命引向胜利。只是在这个时候，人的实践活动才被称为自由的实践，人与世界之间才能建立全面、自觉的审美关系，也只有立足这个劳动生产力前提，劳动才会由奴役人的手段升华为解放人的手段。马克思的伟大之处即在于，他既深刻地分析了劳动改造人性的二重化本质，又指出了在资本主义条件下化解上述社会矛盾的政治—经济学路径，其无与伦比的智慧与思想至今仍熠熠生辉。

（一）劳动观与实践空间观之间的经济规制

从劳动的角度讲，整个人类史就是一部自由劳动与异化劳动此消彼长的斗争史。自由劳动是建立在人与世界共生共在基础上的自为性、自主性活动，它主要存在于资本主义社会以外的历史形态；异化劳动是以资本统治为前提的非人性、强制性劳动，它是自由与劳动相对立的极端形式，是马克思对资本主义社会展开

---

① 《马克思恩格斯文集》（第1卷），人民出版社2009年版，第157页。

政治经济学批判的突破口。劳动异化是生产力发展到一定历史阶段的产物,也必将随着生产力的高度发展而消失。马克思详尽地阐述了劳动异化的根源、形式以及解决方案。从根源上看,劳动本身具有二重性,只有那些合乎美的规律、合乎人的目的的创造性实践才指向人的自我实现;反之,那些导致人的实存与本质相背离的行为就是异化劳动。异化劳动是私有制社会的必然产物,且与后者的关系就是一个硬币的两面,因为此时的劳动不再是人的本质力量的确证,而是资本实现增值的一种手段和工具,劳动不再为劳动者所拥有,而是为他人所占有,劳动不再是人与世界的和谐,而是人与全部对象化活动的断裂,劳动不是幸福的允诺,而是被压迫阶级痛苦的渊薮。马克思具体论述了异化劳动的四种表现——劳动者和劳动产品相异化、劳动者和劳动活动相异化、劳动者同人的本质相异化、人和人相异化,可见,"异化劳动的表现所揭示的实际上是私有制下、特别是资本主义私有制下生产关系的内容"。[①] 实际上,资本主义社会就是一个不断通过制造对立、加剧异化来维系自身生存的社会体制。从资本主义生产方式确立伊始,它就生产了属于自己的实践空间,并使整个社会的生产都服务于剩余价值的生产,在这里,"工人已经完全丧失了劳动空间的独立性,被并入资本的生产过程之中成为资本的要素"[②],

---

① 赵家祥:《〈1844年经济学哲学手稿〉和〈神圣家族〉中的生产关系思想》,侯惠勤主编《马克思主义基本原理研究(第2辑)》(2012),中国社会科学出版社2013年版,第379页。
② 孙乐强:《〈资本论〉与马克思的空间理论》,《现代哲学》2013年第5期,第7页。

工人劳动空间和生活空间的内在同一性发生断裂，受到资本的双重奴役，工人与资本家之间的尖锐对立构成了社会关系的基本空间格局。

马克思不仅对异化劳动做出了理论澄清，还从经济运行角度探索了克服该社会症结的方法与路径。马克思首先界定了两种人类生活时间概念——劳动时间和自由时间：对于雇用工人而言，劳动时间是指从事物质生产活动所耗费的时间，自由时间是指劳动时间之外供人自由发展的休闲时间。在资本主义生产方式下，工人的劳动时间包括两部分——必要劳动时间和剩余劳动时间，前者是生产劳动力商品价值的时间耗费，后者是被资本家无偿占有的劳动时间。整个资本剥削过程，就是在以工资形式作掩护最大限度地占有劳动者的劳动时间，同时千方百计地挤占工人阶级的自由时间。由此产生的社会结果是，工人既没有足够的时间，也没有充足的财力去满足除生存之外的其他高层次需求，这使人类从必然王国抵达自由王国的社会进步遥遥无期。马克思为此所做的说明和开出的药方是："自由王国只是在必要性和外在目的规定要做的劳动终止的地方才开始；因而按照事物的本性来说，它存在于真正物质生产领域的彼岸……在这个必然王国的彼岸，作为目的本身的人类能力的发挥，真正的自由王国，就开始了。但是，这个自由王国只有建立在必然王国的基础上，才能繁荣起来。工作日的缩短是根本条件。"① 又指出："时间是人类发展的空间。

---

① 《马克思恩格斯全集》（第46卷），人民出版社2003年版，第928—929页。

一个人如果没有自己处置的自由时间，一生中除睡眠饮食等纯生理上必需的间断以外，都是替资本家服务，那么，他就还不如一头载重的牲畜。"① "整个人类的发展，就其超出对人的自然存在直接需要的发展来说，无非是对这种自由时间的运用，并且整个人类发展的前提就是把这种自由时间的运用作为必要的基础。"②可见，马克思将自由时间视为变革人类生存空间的根本手段。显然，这样的人类发展空间只能是未来的共产主义社会，在这个理想空间，由于实现了财产公有，按需分配，全员劳动，技术革新，劳动已不再是异己形式，而是成为人的内在需要，整个社会的平均劳动时间定会随之大为缩短，个人和社会的自由时间必然大大延长，这使阶级对立的基础得以消除，劳动经历漫长的异化道路终于回归人自身，并成为人的自由全面发展的真正开端。

（二）劳动观与实践空间观之间的政治规制

马克思从经济角度为我们展现了理想社会的空间形态，昭示了资本主义必然为共产主义所取代的生产根基与人性逻辑。根据马克思的阶级斗争理论可知，"在经济总过程中发展的某一阶段产生了不同的社会阶级，它们根据自己在这一过程中所参加的份额而有其特殊的经济利益，都试图在政治活动中实现自己的经济利益；又因为阶级的相互斗争……自然而然地在政治领域内展开决

---

① 《马克思恩格斯选集》（第2卷），人民出版社1995年版，第90页。
② 《马克思恩格斯全集》（第47卷），人民出版社1979年版，第216页。

战，这是一种政治斗争。"① 也就是说，经济矛盾虽然是人类社会历史发展的根本动力，但在阶级社会中，它则以更具体的阶级斗争的方式显现出来。较之人类以往出现的历史形态，资本主义社会的异化劳动最为严重，阶级矛盾空前激化，其直接表现就是经济危机恶性循环，资本家攫取利润的各种手段最终都导致对劳动者的过度剥削，并促使工人阶级从自身阶级地位出发形成自觉的历史变革意愿。对此，吉登斯指出："资本主义是一种内在不稳定的体系，它建立在彼此敌对的基础之上，并只能通过最终将损害它自身的变迁来解决。这些矛盾首先来源于其阶级性质：来自资本家与雇佣工人之间不对称的关系。资本主义生产方式的运转最终将不可避免地导致这一体系的崩溃。""资本主义的发展造成了一种客观的社会变化，在与无产阶级日益增长的阶级意识的相互作用下，创造了一种必须通过革命性实践来改变社会的积极意识。广大工人阶级大众的相对贫困，'后备军'的物质困苦，以及危机期间工资的迅速下降和失业率的急速上升，所有这些都成为潜在革命的温床。"②

而无产阶级的政治实践要想成功，就必须创造属于本阶级的行之有效的斗争方式与实践空间。从过程上看，这必然是一个由初期的经济斗争逐步发展为政治斗争的革命步骤。从斗争策略上看，革命主体需要根据具体的历史情境因地制宜地选择合适的斗

---

① ［德］亨利希·库诺：《马克思的历史、社会和国家学说：马克思的社会学的基本要点》，袁志英译，上海译文出版社 2006 年版，第 399 页。
② ［英］安东尼·吉登斯：《资本主义与现代社会理论：对马克思、涂尔干和韦伯著作的分析》，郭忠华、潘华凌译，上海译文出版社 2013 年版，第 76—77 页。

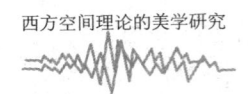

争方式。从斗争途径上看，应采取由经济斗争、政治斗争、思想斗争相辅相成，而又以政治斗争为中心的革命模式。与人类以往的阶级斗争相比，无产阶级斗争不再以阶级的重新划分与重新组合为目的，而是要凭借斗争消除阶级对立，最终消灭阶级存在。由于资产阶级掌握强大的国家机器，阶级本性决定他们不会自动放弃政权，因此马克思认为，社会革命固然会在特定条件下存在采取和平发展的可能性，但从总体方向上看，却是不得不用革命的暴力反对反革命的暴力。马克思指出，"正是这种政治革命导致了社会的进化，导致了对资产阶级社会的全盘改造。在经历了一场无产阶级政治革命之后，资本主义的生产关系和整个社会关系将被彻底清除"[①]。就革命条件的成熟度而言，具有世界历史意义的无产阶级革命，只有在先进的国家同时发生时才可能成为现实。而在共产主义社会建立之前，还存在一个过渡环节——社会主义社会。共产主义既不是人类社会的形态，也不是人类发展的目标，"它是人的解放和复原的一个现实的、对下一段历史发展来说是必然的环节。共产主义是最近将来的必然的形态和有效的原则"[②]。马克思曾言，迄今一切有国家组织的社会史都是阶级斗争史，显然共产主义就是对这一政治传统的伟大终结，它必将使人们从目前社会分工的必然性中解放出来，并以自身无可比拟的优越性为人类个体及整体的明天开辟广阔的发展空间。正是在这个意义上，

[①] 陈宇宙：《理解马克思：从〈中学毕业作文〉到〈哲学的贫困〉》，光明日报出版社2012年版，第229页。
[②] 《马克思恩格斯文集》（第1卷），人民出版社2009年版，第197页。

马克思说:"革命是历史的火车头。"①

综上所述,时代主题的嬗变与哲学使命的转型,让传统空间观的现代转向成为必然。马克思的实践空间观是个人的天才创造与时代任务深度遇合的结晶。该理论不仅终结了纯粹理性主宰空间观的话语霸权,确立了实践理性对空间问题的主导与框范,而且将空间学说与历史现实、空间解放与人的解放密切融为一体,其唯物辩证的方法论对于克服传统空间观中的主客分立倾向具有重要意义。马克思实践空间观首先从哲学基础角度解决了以往空间观远离现实、疏忽人性的抽象化顽疾,将空间转变为人化空间与社会空间,并从感觉与审美的角度论证了这种转型的人性逻辑与内在合理性;其次,马克思实践空间观贴近现实的理论品格能够促使其关注人类社会历史进程中的城市这一重要的历史文化现象,实现了对城市空间的宏观—微观分析与辩证把握,同时又从城市生活状况角度对无产阶级走上政治舞台的历史必然性做出了合理解释,一定程度上彰显了建筑空间美学的政治批判意义;最后,马克思实践空间观从劳动角度指出了空间异化与人性异化的社会根源,并从政治经济学高度为人类自身谋求感性解放与政治解放指明了出路。从这个意义上说,实践空间观是我们正确把握马克思哲学精髓,开掘其当下意义的重要路径。

---

① 《马克思恩格斯文集》(第1卷),人民出版社2009年版,第456页。

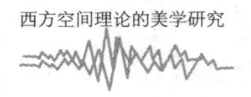

第二节 确立现代空间观的城市主题：现代城市空间观的美学建构与主体救赎

19世纪40年代，西方现代哲学与现代空间观冲破了近代认识论思维范式进入了新的人类学思维范式。马恩的实践空间观率先向旧空间传统发难，依循理论面向实际的原则，从社会实践活动出发拉开了现代空间观变革的理论大幕。此后，齐美尔、本雅明等理论家在空间阐发方面都不约而同地与之形成某种张力与对话关系，二人不再以明晰的历史感和自觉的宏大叙事为旨归，而是将探索的目光从社会历史领域转向都市生活空间，通过对现代大都市的文化研究，彰明了空间意义上的现代性图景及其文化危机，树立了属于现代空间观的另一种批判形态——城市空间观。进而，二人在创建全新的研究范式、重审现代性内涵、构设城市阅读策略，以及克服现代空间的非人化、实现主体救赎等方面，进行了卓有成效的理论探讨与极具启发性的话语建构。

一 现代性空间维度与观看之道

从马恩的实践空间观到齐美尔、本雅明的城市空间观，哲学视域下的现代性建构经历了从以历史—社会为中介到以城市—建筑为中介的深层转向，凭借这种从宏观到微观的视域转换，现代性的时间维度自行消解、空间维度渐次彰显,这为人们重新理解与把握现代性的总体范畴、主体结构与乌托邦维度,防止理论的抽象化,防止线性的决定论等基本主题提供了新的阐释契机。同时,由于空间意义上的现代性具有丰富的共时性维度与多元文化轨迹,是一个容纳价值规范、文化精神、主体意识、制度安排、社会组织类型等在内的现实总体,所以,这种"星丛"式的现代性关联必定会将研究者推向一个更开放、更多元的话语范式与解释视野。基于如上立场,我们发现,齐美尔与本雅明在现代性的追问中相继以文化社会学或文化哲学为中介,立足具体的空间感知与城市体验,在马恩开辟的城市哲学传统中率先突围,"把探究的视野从经济、技术等几个关键性因素扩展到政治、文化、价值、日常生活的诸多历史因素"①,成为第一批从空间角度自觉革新现代性哲学话语、探索其实际命运的思想巨擘。

首先,就社会与理论的双向互动关系看,现代性研究之所以发生空间转向,既是社会历史条件变革的结果,又是现代哲学在文化批判与文化构建中自觉行使"反思的"自反性权力的具体表现。就前一个方面看,从马克思、恩格斯到齐美尔与本雅明,恰好对应于资本主义发展史上的两个历史阶段——"第一次工业革命"与"第二次工业革命"。这两次工业革命不仅加速了世界都市化的历史进程,而且带来了整个社会生活方式的革命性变化。按照马克思的现代性发端于"乡村城市化"的观点,城市无疑是

---

① 衣俊卿:《现代性的维度》,黑龙江大学出版社、中央编译出版社2011年版,第36页。

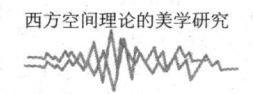

我们理解现代化事件的首要对象。马克思、恩格斯面对的是资本主义早期阶段出现的新型工业城市，其中英国的伦敦和曼彻斯特就是此类城市的典型代表，其特征是城内遍布着工厂、仓库、船坞、账房和高架轻轨，城市混乱而嘈杂，人们如蚂蚁一般在烟雾中艰难前行，这样的城市是一座座闪烁着邪恶之光的黑暗之城与生产之城。而齐美尔与本雅明置身的城市属于垄断资本主义时期的世界大都市，如当时的柏林和巴黎，此类资本主义城市是商品的圣殿和消费的天堂，是充满奢华和愉悦的光明之城、梦幻之城。不同的城市阶段及发展水平不仅承载着特定的时代主题与社会内容，而且从根本上决定着哲学家介入该话题的方式与方向。此乃城市形象在上述两代理论家笔下判然有别的根本原因。

这还可以从如下两方面得到具体阐明。一是不同历史阶段的哲学使命不同。马克思哲学的开创意义在于，将研究方法建立在"总体的统一性"与"世界的物质性"[①] 这两个基本原则之上，突破意识哲学疏离现实的思维局限，将哲学关注的重心转向社会进程，并以生产方式的线性分析为突破口，实现对历史与现实的总体把握。上述哲学定位说明，马克思主义的理论优势在于建构科学化与普遍化的宏大历史理论，而不在于具体解释问题重重的城市现象[②]，它在本质上还停留于时间哲学的范畴。齐美尔与本雅明的哲学，进一步发展了马克思关于从抽象上升到具体的哲学方法

[①] 黄凤祝：《城市与社会》，同济大学出版社2009年版，第75页。
[②] ［美］艾拉·卡茨纳尔逊：《马克思主义与城市》，王爱松译，江苏教育出版社2013年版，第27页。

论，采用了从碎片到总体的现代性研究路径，展示了"更为复杂更为丰富的历史进程和多元差异的现实"①，呈现出反目的论、关注差异性和个体性、立足日常生活、侧重偶然与个案等微观哲学特征，呈现出对马克思哲学明显的自反性关联，正是凭借现代哲学这种内在的自新能力，齐美尔与本雅明发展了一种直接切入城市现实、伸张空间权力的批评模式。二是不同时期城市问题的历史重要性不同。整个现代时期，一个最显著的社会现象就是城市人口的集中。恩格斯曾以 250 万人口的伦敦为对象，阐述人口大规模集中所产生的巨大威力。"250 万人这样聚集在一个地方，使这 250 万人的力量增加了 100 倍；他们把伦敦变成了全世界的商业首都。"② 可以说，在垄断资本主义时期，都市生活已经在现代社会中占据支配性地位，日新月异的城市化所带来的深重的城市问题，无论就其深度还是广度而言，都较自由资本主义时期更为令人瞩目。从这个意义上说，虽然在马恩时代，工业城市的政治经济发展水平还不足以让城市成为独立的分析对象，但到了垄断资本主义时期，哲学思考城市、感知城市空间的时机则已然成熟。

其次，现代性研究之所以发生空间转向，还与哲学家的主体素质与研究个性密切相关。日本学者北川东子将哲学家划分为听觉·旋律型和视觉·图像型两类，指出前者"是在事物的发展性

---

① 衣俊卿：《现代性的维度》，黑龙江大学出版社、中央编译出版社 2011 年版，第 7 页。
② ［德］恩格斯：《大城市》，薛毅主编《西方都市文化研究读本》（第一卷），广西师范大学出版社 2008 年版，第 318 页。

的展开中思考的",后者主要关心事物的类型与分类。① 根据这个标准,马克思与恩格斯可归入听觉—旋律型的哲学家之列,理由是城市与地理虽然在马克思主义中有所现身但并不占据思维的主导;而齐美尔与本雅明则属于视觉—图像型的哲人——因为二人不以连续性、整体性与确定性为哲学目标,而以并置性、碎片性与不确定性为着眼点,让现代性分析在视像与意象、形式与风格、场所与建筑之间盘桓。在现代总体性哲学一统天下的思想语境中,后一类哲人的出现无疑具有极为特殊的理论及现实意义,其独具的视觉—图像型知识人格与城市型智慧,既拓展了社会批判的界面与空间,亦"为现代主义的进一步发展注入了一个趋于合理的'后现代转向'"②。

约翰·伯格(John Berger)指出:"我们观看事物的方式,受知识与信仰的影响。"③ 齐美尔与本雅明在城市经验、知识人格与写作风格等方面体现出惊人的一致性,正是这些主客观因素的多维聚合将二人的哲学思考导向了城市与空间领域。二人都出生于德国的犹太人家庭,父辈均有着从事实业或经商的社会背景,1858年出生的齐美尔与1892年出生的本雅明虽然属于两代人,但二人的城市记忆却有着相通之处:他们都将处于世纪转换期的大都市柏林作为精神母体与灵感之源,这个柏林既是齐美尔笔下20

---

① [日]北川东子:《齐美尔:生存形式》,赵玉婷译,河北教育出版社2002年版,第48—49页。
② 王才勇:《现代性批判与救赎:本雅明思想研究》,学林出版社2012年版,第20页。
③ [英]约翰·伯格:《观看之道》,戴行钺译,广西师范大学出版社2005年版,第2页。

世纪前 20 年的柏林,也是本雅明笔下 1900 年前后的童年时期的柏林。1900 年前后的 20 年里,"经济的扩张和技术的革新,正从物质与精神两个方面,实实在在地变革着欧洲每一个主要的大城市"①,柏林凭借最为彻底、最为迅速的变化赫然跻身当时最现代化的都市行列。这在城市形态与城市面貌上体现为快节奏的日常生活、压倒性的泛滥以及占据绝对优势的视觉性体验,凡此不仅堆积成了二人强烈的柏林体验,而且为其开启哲学思考提供了不竭源泉。从知识人格上看,齐美尔与本雅明都是漫游多学科领域,难以明确归类的学术通才,哲学在他们那里不仅成了体验的场所,更是当之无愧的"哲学文化"或文化哲学。正是这种文化理论家的身份认同,让二人能够凭借多学科交汇、多角度透视、多维度支撑、多层面建构的姿态理解现代性的丰富性问题。形象地说,如果说传统哲学家要么只听"人的心跳声",要么只听"概念的心跳声",要么只听"文献的心跳声",那么他们两人所致力的就是去听"事物的心跳声"。② 显然,这和以往以理性主义与因果逻辑为主宰的现代哲学大异其趣,他们的新哲学更关注相对主义与结构性关系在历史认识中的优先权。所以有研究者指出:"在齐美尔的哲学当中,变迁啦、连续—非连续的时间轴等几乎并不成为问题。对称的结构、空间的分配等视觉性的层面才是重要的。"③

---

① [德] 毛姆·布罗德森:《本雅明传》,国荣、唐盈、宋泽宁译,敦煌文艺出版社 2000 年版,第 1 页。
② [日] 北川东子:《齐美尔:生存形式》,赵玉婷译,河北教育出版社 2002 年版,第 13 页。
③ 同上书,第 49 页。

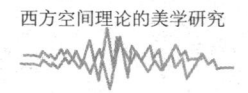

同样,"空间、瞬间和非连续性"①,也是本雅明对巴黎拱廊街、魏玛共和国、柏林童年的城市记忆展开现代性探究的主导原则。此外,二人非学院派的写作旨趣——如随笔性文体、印象主义与蒙太奇思维等,也在否定线性决定论,克服总体的同质化,以及关注感性与当下的意义上,积极地促进了空间从"幕后配角"向"前台主角"的转变。

二 现代性"体验空间"与城市美学

马克思恩格斯的实践空间观与齐美尔、本雅明的城市空间观之所以不同,并不仅仅在于他们对空间的重视程度有别,更取决于彼此观看空间的独特方式。具体来说,马克思恩格斯是以科学的方式把握空间,而齐美尔、本雅明则是以美学的方式把握空间。科学主义的社会空间观诉诸实证与理性,审美主义的空间观依赖感性与直觉。以前者为基础,马克思建立了自下而上的"生存—实践"论的空间观;以后者为依据,现代城市理论家发展了自外而内的"生存—体验"论的空间观。就哲学功能而言,实践空间观是一种改造世界的空间观,它面向未来、关注效果;体验性空间观直观当下、强调方式,它意在解释和说明现存世界。就方法论而言,前者表现为整体观,后者则转向还原论。较之马克思的实践论哲学,城市空间观的体验哲学似乎开了历史倒车,但其实不然,原因有二。其一,体验性空间观是对实践空间观的深刻反

---

① [德] 本雅明:《莫斯科日记·柏林纪事》,潘小松译,东方出版社 2001 年版,第 223 页。

思，较之马恩哲学大尺度的历史推演，小尺度的解释在克服认识的简单化与线性化方面具有独特优势；其二，体验性空间观本身也是实践的，因为"从实践哲学角度看，体验就是在实践中考察世界，在实践中改变世界，在实践中助长生命"①，所以这种哲学理念是一种可被归入"精神实践"或文化实践的思想范畴。

众所周知，美学在近代被界定为一门关于感性认知的学科，当齐美尔与本雅明从体验的角度宣明自己的哲学立场时，实际上就把城市空间哲学的认识论基础彻底审美化、艺术化了。关于体验为何构成二人最基本的哲学路径，弗里斯比的解释是，"以各自不同的方式，齐美尔、克拉考尔和本雅明都关注人们感受和体验资本主义剧变所产生的社会和历史存在的新的方式。他们的中心关怀是表现为过渡、飞逝和任意的时间、空间和因果性这三者的不连续的体验——这种体验存在于社会关系的直接性中，包括我们与都市的社会和物质环境之间的关系，以及我们与过去的关系。"② 由此可见，二人从心理学路径把握现代性，除了有都市生活经历、文化性格等因素的先在影响外，一个重要原因就是他们对波德莱尔（Charles Baudelaire）的现代性认同。波德莱尔认为："现代性就是过渡、短暂、偶然，就是艺术的一半，另一半是永恒和不变。"③ 显然要捕捉和表达这样的现代性经验，就"要更密切

---

① 杨道宇：《体验：人类生命的存在方式——基于体验的实践性与时间性分析》，《北方论丛》2012年第4期，第130页。
② ［英］戴维·弗里斯比：《现代性的碎片：齐美尔、克拉考尔和本雅明作品中的现代性理论》，卢晖临、周怡、李林艳译，商务印书馆2003年版，第7—8页。
③ ［法］波德莱尔：《波德莱尔美学论文选》（第2版），郭宏安译，人民文学出版社2008年版，第439—440页。

地关注现代经验中强烈的情感和相对的性质"①。对此，齐美尔与本雅明树立的认识模式是，从文化社会学的角度切入，重塑断片与整体的辩证关系，重估美学与哲学的认知功能，凭借对新哲学、新美学的开拓与建构，达到对现代日常生活意义的深层领悟，以及对大都市景观主义的人性觉解。

有研究者指出："本雅明对现代生活各种特定形式和能量的敏锐把握，似乎大多得自齐美尔。"② 然而，这种趋同更多的是指本体论、风格论层次上的，而非具体的方法论与价值论层次上的。从趋同性角度说，本体论及风格论的趋同是指二人分析现代性的起点不是历史总体或社会总体，而是现实的片段或原子式的世界存在，且都采取了美学的或艺术的研究策略及路径。齐美尔就认为从真正意义上说，整体不可接近，也不会作为整体发挥作用，整体乃是人类精神的构造物，唯一真实的只是片段，片段相互联系，片段是整体的缩影，碎片的悖论性使齐美尔处于"被瞬间所束缚"而又需"对整体做出反应"的矛盾境地。③ 本雅明则在齐美尔哲学中找到了自己的哲学根源，这就是致力于探究现代生活中的附生现象、高度关注未曾被吸纳的边缘与断片、留意日常时空中那些短暂即逝的经验。在此，碎片不能代表总体，只能为抵达总体保留通道，较之齐美尔，他的断片式的哲学走得更远，也

---

① ［英］布赖恩·特纳：《Blackwell 社会理论指南》，李康译，上海人民出版社 2003 年版，第 432 页。
② 同上书，第 436 页。
③ ［日］北川东子：《齐美尔：生存形式》，赵玉婷译，河北教育出版社 2002 年版，第 19 页。

更为彻底和美学化。

从方法论与价值论的差异性角度说,同是发展和建构断片美学,齐美尔从审美心理主义走向了印象主义,高扬了生命哲学的价值诉求;本雅明则从审美现象学走向了超现实主义(或文学蒙太奇),对商品与技术控制下的资本主义城市空间给予了辩证审查。齐美尔宣称:"自己在方法论上倾向于社会互动当中偶变、具体、短暂易逝的东西,倾向于与客观结构相对的主体经验。"[①] 齐美尔将碎片化的社会视为一件艺术品,将我们生活的社会体验为一个由"各种感觉共同作用的、有各种不同感觉的平衡支撑的相互世界"[②],形成了以对人类个体之间的社会互动形式为中心关怀的社会认知模式与生命哲学诉求。如果说齐美尔立足现实分析,那么本雅明的碎片哲学则对历史维度给予了充分关注。本雅明一方面汲取超现实主义关于并置的生产与拼贴实践的理论资源,将注意力停驻于现实中的垃圾、瓦砾与碎屑等空间意象及其特殊的经验时刻;另一方面援用犹太教由过去启明现在的观念,把历史塑形为纯粹的形骸,并通过"辩证意象"——利用蒙太奇技巧将"几个描述某种文化现象的短句和词组凝缩在一起"[③] 的观看方式,"强调破坏、断裂、非同时性的时刻以及多样的时间维度"[④],

---

[①] [英]布赖恩·特纳:《Blackwell 社会理论指南》,李康译,上海人民出版社 2003 年版,第 432 页。
[②] [日]北川东子:《齐美尔:生存形式》,赵玉婷译,河北教育出版社 2002 年版,第 131 页。
[③] [英]安吉拉·默克罗比:《后现代主义与大众文化》,田晓菲译,中央编译出版社 2006 年版,第 131 页。
[④] 教佳怡:《本雅明"辩证意象"概念的美学情境》,《学习与探索》2013 年第 9 期,第 37 页。

这种"空间性时间"（多琳·马西语）不仅能够连接历史与当下，亦为理解历史可能性提供了契机，具有终结线性时间观、批判历史进步论的独特优势。

现代性空间体验之所以能在艺术与审美的维度上成熟和升华，是因为其根基早已在生活与历史的维度上得以结晶和深化。不论是齐美尔还是本雅明，其现代性批判首先就是指现代大都市批判，并由此形成了二人独具特色的城市研究模式，以及对都市文化与空间关系的辩证把握。总体上看，齐美尔面向当下，侧重于对特定的现代都市性格及其社会化形式的分析，同时提出了空间社会学的基本原理、要素及构架，成为现代空间哲学范式当之无愧的创立者；本雅明则致力于现代性史前史的研究，并通过对现代建筑与城市生活空间的意象化考察，展开资本主义现代性的文化批判，成为现代空间哲学范式不遗余力地发展者。

在"空间社会学"的建构中，齐美尔指出空间的价值在于社会意义，在于心灵对空间构成的划分和概括，并具体阐述了"划分界限和距离，固定性和毗邻"[①] 等空间品质对于社会形态以及人类内部结构的重要意义。凭借空间感知的心灵化视角，齐美尔以社会互动关系为基础深入探讨了大都市性格的两面性。从消极角度说，大都市纷至沓来、瞬息万变的感官轰炸与快节奏的社会生活，以高强度的刺激造成人的意识压力与精神紧张，为应对外部环境威胁，大都市人形成了理智至上、计算性格、傲慢冷漠、

---

① [德]齐美尔：《社会是如何可能的：齐美尔社会学文选》，林荣远编译，广西师范大学出版社2002年版，第310页。

矜持保留等防御机制与个性特点；从积极方面说，大城市依靠规模让人际交往更多元、社会结构更开放，让各种对立思潮得以汇集和发展，这为人的个性发展与自由人格的形成提供了可能，尽管这种自由的本质含义仅局限于在生活中表现出每个人的特点以及不同于他人的差异。

如果说齐美尔城市空间理论的辩证性来自他作为"一名社会科学家或社会哲学家的批判姿态的客观性"[①]，来自对大都市不是谴责或原谅而仅仅是理解的中立态度，那么，本雅明依靠辩证意象的哲学方法论，通过建筑体验与现代人心理特征的展示提供了另一种辩证把握城市生活现象的途径与可能。

巴黎拱廊街研究是本雅明辩证观看的主战场，辩证意象的方法论在现代性史前史的考古中得到了具体的文本实践。"拱廊街"是19世纪资本主义的标志性建筑。依靠辩证意象的文化观相术，本雅明取径客观角度，将这一工业时代的奢侈品建构为一个断裂、静止的商品世界的梦幻原像，一种混合着各种对立因素与矛盾事物的多维空间图景，一种并置古代与现代、新奇与同一、梦幻与觉醒的"可辨识性"的当下。正是借助这个停滞、凝结的特殊时刻，弥赛亚时间不仅征服了历史时间，而且孕育了激发集体无意识、复活过去意象、凝聚乌托邦渴望、爆破历史真理、实现终极救赎的宝贵契机。本雅明研究城市及现代性史前史的另一个题旨，就是展现"震惊"这一都市人特殊的智性与心理体验。首先，震

[①] 陈戎女：《西美尔与现代性》，上海书店出版社2006年版，第98页。

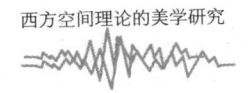

惊是作为城市空间体验而存在的，是指"人群中的人"在大城市中遭遇层出不穷、变换频仍的新场景、新现象时所形成的快速反应及应对能力，它既是对传统主体的终结，又是迈向现代主体的起点。其次，震惊是作为机械复制时代艺术的总体性规定而存在的。与传统灵韵艺术对应膜拜价值不同，现代复制艺术对应展示价值，"从独一无二的本真性到可无穷复制性，从有距离的审美静观到无距离的直接反应，从个体的品位到群体的共同反应，从永恒性到可修改性"①，这种由传统到现代的艺术嬗变，以艺术创造性与自律性的丧失为代价，确立了艺术大众化这一崭新的现代艺术生产及消费体制，满足了大众"渴望艺术成为可以接近可以占有的对象"② 这一民主化诉求。

三 现代空间的非人化与主体救赎

从马克思恩格斯到齐美尔与本雅明，现代性的危机与救赎一直构成现代性理论家试图破解的时代难题。自从马恩哲学开辟了现代空间观的人学视野以来，"空间"问题就被转变为"人的问题"、社会关系问题、"实践的问题"以及与人类"经验的透视"息息相关的问题。旧的马克思主义理论秉持对进步和科学的合理性的信仰，以文化乐观主义的姿态建构了否定资本主义异化空间的社会批判及政治实践理论。相反，在齐美尔、本雅明活跃的世

---

① 周宪：《20世纪西方美学》，高等教育出版社2004年版，第99页。
② 黄应全：《西方马克思主义艺术观研究》，北京大学出版社2009年版，第225页。

纪之交，历史和文化的悲观主义正上升为时代的主导情绪，有研究者将这幅危机图景表述为，"大众民主将会使真正的政治自由走向腐化；技术和实用科学将系统地使人的精神发生退化；工业资本主义将会把共同体的社会文化架构撕成碎片；而所有这些发展趋势最终都将会导致生命力被销蚀，艺术和礼仪走向衰落，导致西方的末日不可避免地来临"，"人们争论的唯一题目不是现代西方是不是注定要灭亡，而是为什么会灭亡"。① 齐美尔与本雅明就是这一文化危机论阵营中的主要成员。二人均将文化批判的枪口直指现代空间的非人化，并试图从空间现代性角度说明造成西方文化压抑特性与无生命本质的深层原因，从而探求克服现代性危机、实现主体救赎的可能路径。

对于导致现代空间非人化现象的根源，齐美尔与本雅明有着不同的"文化的解释"。

齐美尔的文化危机论包含两个层面。首先，本体论层面的根源在于生命之流与生命形式（文化形式）之间的矛盾运动。齐美尔认为，生命要实现它无穷流动的本质就要永不停息地同自己的产物（文化）进行斗争，这种生命同形式的潜在对抗或公开决裂，"很快就在各个领域内表现出来；并终于发展成为一种综合的文化危机"②，其顶点就是核心文化观念的丧失。如有论者所言："现代社会的危机源于核心文化观念的丧失，现代社会不再是用一

---

① [美]阿瑟·赫尔曼：《文明衰落论——西方文化悲观主义的形成与演变》，张爱平等译，上海人民出版社2007年版，第317页。
② [德]齐美尔：《现代人与宗教》，曹卫东等译，中国人民大学出版社2010年版，第25页。

种核心文化观念代替另一种文化观念，从而推动社会的发展与进步。支配现代文化发展的内在逻辑是一种否定性冲动力，现代文化所奉行的原则是形式反抗形式、生命反抗形式。"① 其次，认识论和价值论层面的根源在于主观文化滞后于客观文化的发展节律。齐美尔对人类的两种文化类型作了区分，一类是以文化形态呈现的客观文化（"物文化"），另一类是内化于人类精神生命中的主观文化（"人文化"）。齐美尔发现，19 世纪之前这两种文化之间是和谐的、均衡的，但 19 世纪期间发生了客观文化压倒主观文化的情形，特别是在物文化（空前发达的货币经济是其主导形态）的强势增长面前，"个体的心灵却唯有在进一步远离它并以相当低的速度发展之时，才能拓宽自己在形式上和内容上的修养。"②

本雅明的文化悲观主义则包含神学与哲学的双重维度。在现代性的诊断方面，本雅明以其神学上的叩问区别于其他现代理论家。理查德·沃林表示："似乎有两种喀巴拉教派起源的神话再次出现在本雅明的思考之中，两者相辅相成，对理解他的'作为目的起源'观念至关重要。"③ 一种是生命树和智慧树的神话。在人类离开伊甸园之前，人神统一的原初世界是由生命树来统治的；亚当将原罪带给人类之后，一个人神分裂的世界就由智慧树来统治了。而现代社会无疑就是这种理性背离神性的极端

---

① 周来顺：《文化危机与双重救赎——齐美尔视域中的现代性危机理论研究》，《学海》2013 年第 2 期，第 156 页。
② [德] 齐美尔：《货币哲学》，许泽民译，贵州人民出版社 2009 年版，第 450—451 页。
③ [美] 理查德·沃林：《瓦尔特·本雅明：救赎美学》，吴勇立、张亮译，江苏人民出版社 2008 年版，第 39 页。

产物与堕落形式。另一种是神圣语言与人类语言的神学解读。根据喀巴拉教派的著述，语言有三个层次，分别对应于人类的三种生存之境：创造性的神圣语言（上帝的语言）构筑着人神对话的基础，伊甸园中人类的名称语言具有认知与关联的纯粹性与原初性，人类堕落后的不纯语言，其主客对立、"胡言乱语"状态彰显了人类世俗化的文化症候。"'理想'的往昔与'忧郁'的现代形成对应"，"这一关于人类堕落的神学叙事本是针对远离天堂的人类世俗史而言的，不过本雅明将这种叙事与人类社会从前现代向现代变迁的叙事重合起来，以抛弃天恩的视角来分析现代社会的症候"。① 另外，从哲学角度看，本雅明文明衰落论的形成，是与他解构历史连续性与历史进步论及其二者赖以存在的线性时间观密不可分的。传统马克思主义的历史叙事是一种由启蒙文化支撑的世俗性、理性化的激进哲学，对历史连续性的肯定以及对人类社会必然进步的确信，从根本上排除了任何有关倒退、断裂、多元、微观的历史质态，显然，这样的理性乌托邦与历史乐观主义是令人怀疑的。如本雅明所言："人类的历史进步观念与人类经历一个在同质的、空洞的时间中的进程观念是不可分割的。对这样一个进程观念的批判必定是对任何进步观念进行批判的基础。"②

齐美尔与本雅明不仅对现代空间的非人化根源进行了究诘，

---

① 刘琳：《废墟上的英雄主义：论本雅明思想中的现代立场》，《哲学研究》2014年第5期，第70页。

② Walter Benjamin, *Illumination*, New York: Shochenbooks, 1969, p. 261.

亦从自身哲学立场出发提出了解决现代性危机的独特构想。齐美尔哲学的救赎力量来自他的生命哲学，本雅明的救赎美学则根源于其犹太教救世主义，但理论工具的不同并不妨碍二人救赎路线的趋同或一致，即他们都力图通过宗教与审美的双重维度来克服现代性危机，实现对资本主义现实空间的结构改造与历史主体的生命救治。

首先，在如何实现救赎的问题上，二人都具有极力开掘宗教的本源意义与整合力量的一面。对于宗教的现代性问题，齐美尔抱之以生命哲学的救赎立场。对齐美尔而言，宗教固然面向个体灵魂与超验者之间的关系，但它发生于个体心性这一事实，说明它在本质上应是一种内在行为，而非某种客观实体或外在的东西。齐美尔于是立足生命概念，通过区别宗教与宗教性，将解决宗教的现代性困境与克服现代主体危机联系在一起，建构了富于生命活力与社会整合功能的"后宗教"方案。"后宗教"强调的是作为生命的内在形式规定的"宗教性"，它是"宗教人"把这种生命本身当作一种形而上学价值来追求，并对超验的宗教内容加以取代的精神产物，其特有的生命力量"具有极强的整合性，从而克服由现代社会分工和现代性危机所导致的碎片化趋向，克服由此所导致的对人的完整性的肢解"，"并进而完成核心文化观念的重构，完成主观文化与客观文化从激烈的对抗走向互补的融合"①。较之齐美尔对"后宗教"的设计

---

① 周来顺：《文化危机与双重救赎——齐美尔视域中的现代性危机理论研究》，《学海》2013年第2期，第161页。

与倚重，本雅明的宗教救赎理念则贯穿其全部哲学的始终。本雅明作品中的弥赛亚救赎思想具有鲜明特征。一是依据喀巴拉教派的创世神话认为，自从上帝的器皿破碎以来，"救赎就意味着向仅仅暗含在原初天堂状态中的内容的复归"①，这构成本雅明"起源即目标"的救赎理想；二是凭借马克思主义与神学的结盟来构筑"拯救性批判"（哈贝马斯语）的哲学新面向。在本雅明看来，我们每个人都带有一点弥赛亚式的力量，它关乎我们的过去和历史，拯救因而成为一种内在于人类历史的修复力量，它借助弥赛亚时间实施拯救，这是一个不指向未来的某个特定时刻，而只与"当下"相关的瞬间拯救行为。"本雅明强调，把历史对象从历史的连续体中爆破出来是单子结构的内在要求，'这个结构正是在被爆破出来的对象上第一次清楚显现，显现所采取的是历史冲突的形式，这构成了历史对象的内在蕴涵（也可以说是其内脏），历史的各种力量和利益都以被削弱的规模进入其中。正是由于这个单子结构，历史才从内部找到了对其前史和后史的表征'。"②

其次，二人对现代性空间的把握渗透着强烈的审美救赎色彩，尤其体现在他们对资本主义艺术空间的聚焦与评价上。齐美尔重点考察了大众审美与现代艺术的空间生产。在他看来，大众审美代表了现代社会审美转型的生活广度，现代主义则体现了现代审

---

① ［美］理查德·沃林：《瓦尔特·本雅明：救赎美学》，吴勇立、张亮译，江苏人民出版社 2008 年版，第 40 页。
② 谢兆树：《神学与马克思主义之间的张力——本雅明历史批判思想的检视与反思》，《学术界》2014 年第 12 期，第 165—166 页。

美救赎的生命深度。大众审美的身体根源在于感知方式与心理结构上的社会变化,如其所言,"随着文化的日益发展,各种感官的远距离作用就日益减弱,它们的近距离作用则日益增强,我们不仅在变得目光短浅,而且从根本上讲在变得感觉短近;但是由于这种更短的距离,我们正在变得更为敏感"[①]。齐美尔从感觉论层面对现代社会生活品质的把握,落实在他对社会人格结构中的"合作形式"与"交往形式"的审美分析上,这可以从作者对时尚、交际、饮食、空间、贸易展等各种社会生活形式的阐释中得到印证。齐美尔不仅从社会生活层面定义了现代人格的审美质态,亦从现代艺术角度肯定了审美乌托邦对现代性空间的超越与拯救功能。距离这一空间范畴成为齐美尔衡量艺术先进与否的关键因素,由于距离感是主体认识(观照)客体的前提条件,所以,与事物零距离的自然主义在艺术魅力上要逊色于与事物保持距离的风格化艺术,为此,追求创作距离与艺术自律的现代主义艺术就备受作者青睐。

与齐美尔相比,本雅明并没有捍卫纯粹的审美救赎概念,身为早期西方马克思主义的代表人物,他与法兰克福学派的社会—文化批判理论并不同步。总体上看,本雅明对现代性的两种形态——先锋派(现代主义)与大众文化,持辩证立场。比较而言,他认为先锋派基于主体,偏重理性,与现实相对立,采取形式与内涵相分离的表达方式,转向审美乌托邦,因而是

---

① [德]齐美尔:《社会是如何可能的:齐美尔社会学文选》,林荣远编译,广西师范大学出版社2002年版,第333—334页。

一种专注于质的建构；大众文化则系之于客体，偏重感性，只承认现实，追求感知层面的一致性、共同性，"只关注对象是否具有效果"①，因而是一种量度建构。先锋派的救赎指向批判理性、批判主体的确立与建构，代表了文化发展的正确方向。但本雅明的赞同并不是毫无保留的，正是在洞悉法兰克福学派精英主义文化艺术观之软肋的基础上，本雅明既没有对法兰克福学派同人的观点简单苟同，也没有像齐美尔那样对现代主义的崛起报之以绝对认同，而是采用辩证方式加以观审，这种文化价值观在作者力图申明大众文化主体的历史合法性时也有着鲜明体现。关于大众文化的价值属性问题，他与齐美尔的大众文化论有着更多的思想相似，而与法兰克福学派从"文化工业"和"肯定的文化"等角度提出的消极的大众文化论则泾渭有别。本雅明的倾向是，"大众文化对于人的自主理性虽有其破坏性，但对于感性活动却有其强大的建构力"②。因此，这种适合新兴工业制度的大众艺术，以其广泛的都市基础与受众范围，推动着人类感知方式的时代变革。从这个意义上说，它"既作为解放的标志，又作为解放的促进因素，是处于人类解放一边的"③，具有助推无产阶级革命、释放社会生产力的历史进步价值。

---

① 王涌：《现代性、先锋派与大众文化——由本雅明引发的思考》，《文艺理论研究》2013年第6期，第168页。
② 同上书，第169页。
③ [美]诺埃尔·卡洛尔：《大众艺术哲学论纲》，严忠志译，商务印书馆2010年版，第176页。

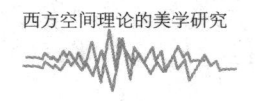

第三节 筑建现代空间观的生态之维：现代生态空间观的哲学嬗变与城市规划

西方现代空间观的一个划时代贡献就是，它不再独立于社会之外抽象地讨论空间，而是凭借对社会空间（城市与乡村）的深刻解读，实现空间观的重大转型。此种问题域的重置，不仅开辟了西方现代哲学介入现实、改造世界的全新境界，而且扩大了哲学与相关学科的内在关联。在这方面，西方现代空间哲学与西方现代城市规划联系紧密，即二者都以社会现实为基础，关注点一致——以"作为生活空间的城市"①为对象，而且提问方式也相通——均致力于解决我们怎样更好地与城市相伴，以实现社会正义与生态正义。可以说，马恩以来最具洞见的西方城市理论与空间哲学几乎都与城市规划错综交织。这种跨学科、跨领域的深层对话与相互图绘，在现代生态空间观的构筑中体现得尤为明显。

一 现代生态空间观的哲学演历：从"祛魅"到"返魅"

从精神维度上看，古代与现代的根本之别在于前者归属于一个交织着宗教与神性的"附魅"世界，后者则开启了一个由

---

① ［德］迪特马尔·赖因博恩：《19世纪与20世纪的城市规划》，虞龙发等译，中国建筑工业出版社2009年版，第6页。

科学与理性所主宰的"祛魅"世界。在自然居主导地位的人类早期阶段，人的生存范围狭窄、活动地点孤立、生产能力低下，在发展层次上还处于马克思所说的"人的依赖关系"① 阶段，这一切决定了人对自然的认识呈现"整体性、有机性与神秘性的总体特征"，"这是科学理性思维尚未充分发展和完善的产物"，"是带有原始宗教信仰特征的朴素直观和非理性思维的表现形式"②。而由文艺复兴经启蒙运动再到工业革命的过程，正是西方从精神和制度两方面确立理性统治与人类中心的现代化阶段，它的根本特征就是世界祛魅，即把巫魅魔力、宗教信仰与传统权威从世界中排除出去，实现从古代世界观到近现代世界观的根本转变。在"以物的依赖性为基础的人的独立性"③ 阶段，原本充满神性与灵性的活的自然，在现代人类的过度开发与征用面前，沦为纯粹的客观性与"理性暴政"的祭品。正是因为深谙从笛尔儿演化到黑格尔的"启蒙的悖论"，后黑格尔时代的哲学家，如马恩、齐美尔、本雅明与海德格尔等，都一致拒绝"启蒙运动的敲诈"，并从哲学与现实的双重维度深挖启蒙异化的历史文化根源。这表现在自马恩以降，以社会活动与社会关系为本体的空间观建构，呈现出终结现代形而上学，批判资本主义异化空间，统一人与自然、乡村与城市，以此建构生态空间观的鲜明旨向。

---

① 《马克思恩格斯文集》（第 8 卷），人民出版社 2009 年版，第 52 页。
② 牛庆燕：《一种生态觉悟：从自然之"附魅""祛魅"到"返魅"》，《学术交流》2010 年第 12 期，第 33 页。
③ 《马克思恩格斯文集》（第 8 卷），人民出版社 2009 年版，第 52 页。

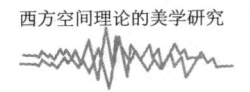

现代生态空间观贯穿于整个西方现代历史进程，它是一种反人类中心说或弱人类中心说。当笛尔儿、康德、萨特（Sartre）与功利主义者从人类特性中发现了价值根源，而对理性、自由、"最大多数人的最大幸福"等大加赞美之际，另一些哲学家依旧遵循智者和苏格拉底（Socrates）出现之前的原始宇宙论，并不给予人类在实在中以特殊地位，而是认同"地球上的人类和非人类生命的安康繁荣都有其自身的价值（或称'内在价值'，'固有价值'）"①。如颇受西方深层生态学家青睐的17世纪哲学家斯宾诺莎（Spinoza），就主张从实在本身而非人的角度来看实在，由此判定，"人类拥有的尊严与自然界中其他存在物一样，不多也不少"②。不过，现代生态空间观之所以被推向历史前台，根本原因还在于启蒙现代性的"理性至上"论缺乏批判性的自我觉悟，无法在自身框架之内解决生产异化、阶级矛盾、生态危机等制度与文化困境。从这个意义上说，资本主义工业社会仅仅是"半现代的"，只有当它从自身内部发展出日益健全的生态现代性，才不会僭越"现代"。所以，从反思性意义上理解，西方现代生态空间观是一种利用生态视角重构资本主义城市（社会）空间的批判性话语。

套用马克思关于异化与去异化是同一历史过程的说法，可以说生态空间观与启蒙空间观也走着同一条道路。这表现在，

---

① ［美］唐纳德·帕尔玛：《西方哲学导论：中心保持不变吗？》，杨洋译，上海社会科学院出版社2009年版，第312页。
② 同上书，第318页。

在世界祛魅中连同孩子一起泼掉的——如自然、宗教、有机性等被理性霸权所驱逐或压制的东西，在世界返魅中又以有利于环境因而也更加有利于人类的路线被扬弃和回收。在此，现代空间理论家将此种哲学批判与资本主义社会现实（或社会的整体发展过程）联系起来，真正做到了思维与存在的同一、社会与自然的相契以及神圣与世俗的交融。这一现代性空间维度的生态觉悟肇始于马恩，后经齐美尔、本雅明的丰富，最终成熟于海德格尔。

作为西方现代生态空间观的奠基者，马恩的主要贡献在于凭借"社会—自然辩证法"[①]原理，将"人化自然"空间（或社会空间）建构为一个既符合生态规律，又凸显人类与自然在结构上相互改造的合作空间，借此取消主客斗争、克服自然的异化。从这个意义上说，马恩的"人化自然"空间是有机主义和一元论的，它通过辩证法的植入，在一个科技与功利化的世界中还原了自然的真相与价值，让现代生态空间观的建构获得了坚实的逻辑起点。在现实层面，马克思坚信只有共产主义运动才能实现这一人类的伟大理想与生命追求。然而，"人化自然"空间（或实践空间）的生态性并不是生态平衡主义的，毋宁说它本质上还是一个社会化、人性化的概念。这是因为，首先，马克思并不认为自然是价值的源泉，而这却是深层生态学家所崇奉的金科玉律；其次，马克思认为现今已不存在一个"客观的""第一"自然，只

[①] ［美］戴维·佩珀：《生态社会主义：从深生态学到社会正义》，刘颖译，山东大学出版社2012年版，第122页。

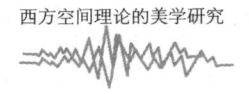

存在人类在"第一"自然中创造的"第二"自然，所以他主张控制自然对社会的有用性来坚持"自然的人性"。由是观之，马恩固然在资本主义制度下为生态学杀出了一条血路，让自然界焕发出"感性的光辉"，却没有涉及对宇宙万物的宗教感与神圣感，这是马恩的生态空间学说的美中不足之处。

继马恩之后，西方现代城市空间理论家完成了生态空间观的第二次思想飞跃，即从宗教现代性角度实现了从"无神论"空间向"有神论"空间的哲学回归。历史上的各种神学既可能是生态的，也可能是反生态的。前者以古代（近代）泛神论为代表，后者以犹太—基督教为典型。泛神论坚持大自然的神圣性，人与外部环境是"我—你关系"的性质，"这种信仰使得人们能够用敬畏和尊重来指导他们对大自然的行为"[①]。犹太—基督教作为刚硬的一神论，奉行等级性的世界秩序，其他存在物被置于"人的"统治之下，在伦理上支持对大自然的随意掠夺，属于地道的人类中心论。与马克思对宗教的绝对拒斥不同，城市学家齐美尔与本雅明都认同宗教救赎的文化合理性。然而，经过他们改造过的新宗教，虽源自犹太—基督教传统，却在内在精神上与后世的生态神学或此前的泛神论有着更多的"家族相似性"。具言之，在用宗教消解现代空间的非人化方面，齐美尔以体现生命内在形式的"后宗教"来克服现代生活的碎片化，而本雅明则根据犹太教的弥赛亚观念形成了他的救世主义历史意识，"他把

---

① [美]纳什：《大自然的权利：环境伦理学史》，杨通进译，青岛出版社2005年版，第105页。

共产主义作为使人类从暴力历史中解放出来的现实弥赛亚力量"①。可以说,从马恩对神秘主义解释的拒斥,到齐美尔宗教拯救的生命哲学路径,再到本雅明从现实角度对弥赛亚精神的敞开,一度被理性主义扫地出门的宗教与神学就这样打着世俗化的名义卷土重来。

在"人向自然生成"的西方现代空间图谱中,海德格尔将生态空间观的建构推向了新的高度。海德格尔的空间观历经前后两个阶段:此在的生存论空间与原始空间。此在的空间性是此在的存在方式之一,此在以"在世界之中存在"为先决条件,但世界并非先于此在而存在,毋宁说世界因"此在"的展开而成其所是,此在凭借逗留而"在世界之中",形成人与世界共在的生存结构,并在相互依存中与其他存在者打交道,促逼此在给出位置,此在的空间化活动即源于此。较之前期空间观对时间性的依附,时空对等成为海德格尔后期空间观的新结论。这种空间观转型与海德格尔从本真性的栖居角度对空间给予重审有关。在海德格尔看来,"筑造的本质是让栖居"②,而栖居则是终有一死者在大地上的存在方式,天、地、神、人四重整体的本质因栖居而得到保护,条件是栖居始终逗留于物,就此而言作为"四方"之一的"人"乃是存在的看护者。从物是对四重整体的聚集来说,物就是位置,它通过聚集提供场所,再由场所设置出

---

① 纪逗:《本雅明对马克思唯物史观的独特阐释》,《哲学研究》2014 年第 6 期,第 28 页。
② [德]海德格尔:《演讲与论文集》,孙周兴译,生活·读书·新知三联书店 2011 年版,第 169 页。

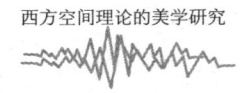

空间,栖居则使之自行开启,进而,"在天地神人的相互嬉戏中,在共属一体的游戏空间中,物与终有一死者各居其位置。在这种互相让……自由的场地中,物各成其所是,终有一死者亦成其本身"①。如上所述,如果说前期海德格尔空间观贯通的是世内存在者(所有生物及实体)有机联系、众生平等的内在价值,那么他的后期空间观则强调惟当人以神性方式"测度他的栖居,他才能够按其本质而存在(sein)"②,并按其所属而守护,这进一步深化了前期动态、有机的生态平衡主义精神,并让整个世界闪耀着理想与救赎的神性光辉,这无疑是海德格尔空间哲学尽显生态性格的独特魅力。

二 现代生态空间观的形下面向:城市规划与自反现代性

现代生态空间观在形构人类的居住方式及其社会生活关系方面,包括"形而上"与"形而下"两个维度。前述主要讨论了它的认识论与价值论基础(同时也涉及少数哲人的社会改造途径),即哲学世界观这一形而上层面;下面我们将重点集中于城市规划这一现代生态空间观的主要实践领域,展开其形而下层面——空间实践及其方法论的研讨。正如西方生态空间的哲学建构萌生于资本主义的社会危机与文化矛盾,西方现代城市规划的产生与发展也与应对城市现代化悖论密切相关。如果说,

---

① 张浩军:《回到空间本身——论海德格尔的空间观念》,《西南科技大学学报》(哲学社会科学版)2008年第1期,第54页。
② [德]海德格尔:《演讲与论文集》,孙周兴译,生活·读书·新知三联书店2011年版,第205页。

共同的社会基因从现实根源上决定了哲学与城市规划两个学科的内在因缘与相互关联,那么,"现代性的内在反思性(reflexivity)及其现代性的自我批判自我修复机制"[①],则是激发生态空间思维与孕育城市自我调适功能的思想根源。鉴于此,要明确现代生态空间观的多重内涵,就必须对如下两条线索加以追踪:一是作为一项政府职能、一种职业实践或一项社会活动的城市规划对于哲学的空间化/生态化进路意味着什么;二是在现代性转向过程中,如何评价现代城市规划在解决城市问题时所形成的方法论和实践模式。

从时间上看,现代性空间转向与现代城市规划的出场大致同步,即在19世纪末前后。然而,总体上看西方现代空间理论家与规划理论家的意识形态立场及其对资本主义命运的认识却并不完全相同。就分歧来看,前者认为社会危机不可避免,解放之路在于瓦解资本主义,尤其是马克思主义空间哲学;后者认为城市规划能够实现社会正义与城市的高效运作,城市问题可以在资本主义体制内加以解决。不过这并不妨碍两者有着共同的文化诉求,即他们都直面资本主义生产体系和统治制度的"合法化危机",都趋向于以生态空间模式(直接手段或最终结果)作为解决社会问题的概念与方案。正因如此,空间理论家与规划理论家在反思现代性的工作中,呈现出既斗争又认同,既此消彼长又纠结缠绕的复杂格局。

---

① 衣俊卿:《现代性的维度》,黑龙江大学出版社、中央编译出版社2011年版,第11页。

首先，对现代资产阶级城市规划的批判性反思，是西方现代哲学实现生态空间转向的内在动因之一。在马克思主义哲学中，恩格斯的《论住宅问题》是一篇批判资产阶级住房改革问题的经典文献。在恩格斯看来，解决工人住宅短缺问题不能够依靠资产阶级，无论是资产阶级在大城市郊区建设的联排式住宅还是独户小住宅都不是革命性的解决方案，它只是资产阶级改良主义维持社会秩序的虚伪手段。住宅问题的解决需要与消除城乡对立关系这一中心问题结合起来，其根本之途在于通过社会革命消灭剥削赖以存在的资本主义生产方式。如有论者所指出的："他也说道，住宅问题远远不止与工人阶级有关，而是有着普遍的社会重要性；最后他说，住房所有权的观念不仅不会影响资本家的利益，还会成为阻碍劳动力流动并使之成为系统敲诈勒索的工具。"[①] 恩格斯的方案是，废除资本主义生产方式，以自然为语境，"使人口尽可能地平均分布于全国"，即"以小社区的形式来把都市分解在农村里"[②]，从而取消大城市。在批判现代主义规划方面，本雅明深入评析了19世纪50—60年代奥斯曼（Haussmann）的巴黎改建工程。巴黎空间的奥斯曼化，创造了由林荫大道、公共设施、公园绿地、自来水和下水道系统以及独特的巴黎中心区等组成的城市现代化景观。这既是一个由新经济与新技术创造和主导的商品化空间，又是一个排除了革命可能的统治空间（通衢大道便于士兵

[①] ［意］曼弗雷多·塔夫里、弗朗切斯科·达尔科：《现代建筑》，刘先觉等译，中国建筑工业出版社2000年版，第20页。

[②] ［法］亨利·列斐伏尔：《恩格斯与乌托邦》，薛毅主编《西方都市文化研究读本》（第一卷），广西师范大学出版社2008年版，第403页。

迅速调集镇压起义），本雅明称其为"文明的物化表现""文明本身的幻境"①。并进一步指明，在这个制度化的新空间类型中，世界被它自己的幻象——"现代性"所统治，它之内，不存在使人解放、使社会更新的真正的新奇与时尚，即便进步观念也莫不如此，"只要幻景在人类中间占据着一席之地，人类就将遭受一种荒诞的痛苦"②。关于城市文化与农村的对抗关系，本雅明通过马赛郊区告诉我们，"城市使用饱含爆破和'炮弹碎片'的恶言，向农村内地进行商业扩张，好似城市无法容忍农村萎靡单调的被动顺从，而必须几乎运用军力和暴力来使之臣服"③。本雅明在此流露的"反城市"主题与生态悲观主义溢于言表。与前两位理论家有别，海德格尔探讨如上问题的方式是纯哲学的，他从栖居本质切入，认为栖居的真正困境绝不是惯常意义上的住房匮乏，因而不在城市规划及其相关举措可解决的范围之内，而是需要人类思考无家可归状态，学会栖居。换言之，这是一个由人来实现其本质的丰富性的觉醒行为，是需要人通过归属大地而实现的一种审美化生存。

其次，西方现代城市规划对资本主义空间的生态重构，与西方现代哲学的空间批判交相变奏，二者共同开辟了现代性反思的多样性维度。从思维上看，现代与古代的区别在于，前者是反思

---

① ［德］本雅明：《巴黎，19世纪的首都》，刘北成译，上海人民出版社2006年版，第33—34页。
② 同上书，第34页。
③ ［英］西蒙·帕克：《遇见都市：理论与经验》，王志弘、徐苔玲译，群学出版有限公司2007年版，第24页。

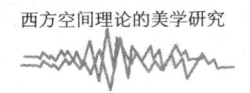

性的，体现为以当下为导向的自我修正及设计能力，即结构自反性；后者是非反思性的，体现为以过去为定向的因袭能力，即文化保守性。现代城市规划诞生于19世纪末20世纪初，自其独立伊始，就致力于改善都市生活条件，应对工业化和资本剥削造成的恶性社会后果，并不断地打破和形成新的规划传统。从这个意义上说，它不是文化保守主义的，而是批判进取与理想主义的，"是一种社会制度化了的社会生活本身的内在机制和动力"①。如果说，现代空间哲学是从"反城市"角度走向了生态空间观，那么许多现代规划学者则从"城市与景观"的依存关系中寻得了同样的灵感与答案。

在城市发展史上，风景与城市的变化关系，"经历了危害自然、驯服自然和破坏自然，直至今日保护自然等几个过程"②。到19世纪末，城市化致使生态破坏日益严重，居住环境的非人化成为社会改革重点，这使人类立足生态理性重建人与自然的和谐关系提上议程。由此起步的西方现代城市规划，尽管派别林立，但都在反对大城市局限、建立理想城市的方向上重视和融入了生态元素。其中影响最大的要数花园城市运动、城市美化运动和现代化运动，"这三种思想形态在许多方面有冲突，但都对高密度、紧密编织城市进行谴责并且相信19和20世纪初的建筑几乎很少有

---

① 李庆霞：《现代性的反思性与自反性的现代化》，《求是学刊》2011年第6期，第24页。
② ［德］迪特马尔·赖因博恩：《19世纪与20世纪的城市规划》，虞龙发等译，中国建筑工业出版社2009年版，第5页。

建筑价值"。①

霍华德（Ebenezer Howard）的"花园城市"是一个综合城市与乡村优点，以步行为尺度，经济上自给自足的绿色规划方案。"花园城市"占地6000英亩，其中农业用地5000英亩，城镇用地1000英亩，人口的规模上限32000人，其平面形式为圆形：中心是公共花园，其外被一圈公共建筑环绕，这些建筑之外对着一个更大的中央公园，环绕中央公园的是一圈玻璃拱廊或者水晶宫殿，再往外开始布置居住区、工业带与环形铁路，最外围是永久绿带，整个城市被6条放射状的林荫大道贯穿。再由多个这样的卫星城组成社会城市。霍华德如此解说田园城市的无限魅力："是的，问题的关键是如何让人们回复到土地——我们美丽的土地，它以天空为华盖，和风拂之，煦阳照之，雨露泽之——自然给予人类的这一神圣的爱的体现——真正是一把万能的钥匙，因为它是开启一扇大门的钥匙。通过它，即使大门几未开启之时，仍然可以看到它在不加节制、过度苦役、不停焦虑和极度贫困等问题上投下大片光明——政府干涉的真正范围，是的，甚至是人与上帝权力的关系。"② 通过英国的莱奇沃思、汉普斯特花园市郊、韦林花园城等多个"花园城市"的实际建造，"花园城市"理念深入人心，成为国际性运动。但正如罗伯特·菲什曼（Robert Fishman）所评论的："田园城市变成了保留资本主义的一个手段，而非对资本主

---

① ［美］马克·吉罗德：《城市与人：一部社会与建筑的历史》，郑炘、周琦译，中国建筑工业出版社2008年版，第379页。
② ［英］彼得·霍尔、科林·沃德：《社会城市：埃比尼泽·霍华德的遗产》，黄怡译，中国建筑工业出版社2009年版，第17页。

义的一个和平替代。"①

城市美化运动发源于美国。这项任务的中心人物丹尼尔·伯纳姆（Daniel Burnham）将城市规划目标确立为"透过纯粹与高贵作品，建立一个永恒展现的美"。"他的手法是重新拉直街道改为宽广的林荫大道，并以公共设施作为焦点。设置市政厅、政府建筑物、剧院、图书馆、博物馆等记录人类文明进展的场所。并在这些建筑物前面安置雕像与喷泉，全部都采用最优美的古典复兴样式。同时，他以参考巴黎的做法，规定统一的屋檐线，且建筑物必须面向这些大道。"②该项运动的另一代表人物奥姆斯特德（Frederick Law Olmsted）坚信城市是很精彩的可以改进的场所，好的城市乃是思想、文化与充满乐趣的生活融合之地。与田园城市规划者厌恶大城市不同，该运动的成员则喜欢大城市，他们的出发点是人，根本目标就是摒弃拥挤的城市与不自然的城市，使之变成卓越、宽敞的城市，力求让较少的人能够使用较大的空间，这使他们关于建立公园与低密度开发的倡导与花园城市理论家保持了一致。

在"未来城"的规划中，最具轰动效应的是两个乌托邦建设方案：勒·柯布西耶（Le Corbusier）的光辉城市与赖特（Frank Lloyd Wright）的广亩城市。光辉城市构想的全新景象是，城市人口达到300万，摩天大楼作为垂直景观，增加开放空间，

---

① ［英］彼得·霍尔、科林·沃德：《社会城市：埃比尼泽·霍华德的遗产》，黄怡译，中国建筑工业出版社2009年版，第33页。
② ［加拿大］爱德华·瑞夫：《现代都市地景》，谢庆达译，田园城市文化事业有限公司1999年版，第85页。

宽阔的通衢大道、铁路、飞机场等大型交通运输设施位于摩天大楼之间的核心区，生活在巨大的玻璃塔中的人们，能够呼吸新鲜空气，享受阳光，勒·柯布西耶将之冠名以"垂直花园城市"。这种强调环境难题的技术解决之道，是一种"弱的"生态现代化（城市美化运动也属此列），它与"强的"生态现代化（如花园城市和即将论及的广亩城市）一并组成了城市生态化的互补结构。赖特的"广亩城市"构想了一个"有机简化"的自然城市，它与高层、机械主义的"光辉城市"相对立，地景宽阔、民主，甚至不像是城市，每个人可拥有数英亩的家园，广大的区域内分散着小农庄、工业小房子、小工厂、大市场与偶尔矗立的摩天大楼等不同建筑物，保持亲近大自然的机会，为避免平庸，没有商业活动，属于低密度开发的典范。赖特希望广亩城市能够合理使用机器，达到使人类生活更自由、更幸福以及更有趣的理想与目标。

可以说，上述三种现代城市规划概念及实践，尽管在整体上可区分为"城市化"与"反城市化"两股思潮，但它们的起源与目标并无不同，即都在为了让城市更人性化、更美化、更生态化这一宜居理想而不懈努力，不论其方式是现代化的还是反现代化的，实际上，都构成了推动城市现代性自我发展的否定环节，都是现代性这棵参天大树所结出的硕果，都是推动现代城市规划转向的核心力量。正如有论者所指出的："只有在这种开放的视域中，我们才有可能在某种程度上触摸到生活世界中具体的现代性，接触到摆脱了理性的总体性和线性决定论的

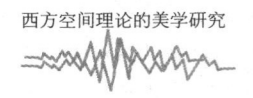

现代性。"①

三 现代生态空间观的症结及启示：世界观与知识论

西方现代生态空间观以"秩序中他者"的角色，构建了现代性的悖论结构与存在方式，并使我们的生活世界由人类中心论转向了人类生态学、由技术理性走向了文化生态学。然而，现代性的危机与出路具有同一性与同源性，致使现代生态空间观的建构与现代性悖反不可分割。从这个意义上说，西方现代生态空间观并不是一个自足与完备的理论体系，毋宁说它还带有从母体分娩而来的血污，但西方现代空间理论家试图对抗功利—技术型社会的努力及其建设性的尝试，却为人类"开启植根于'新型的'、有机的、充满活力的自然观、具有历史意义的人类共同体的大门"② 指明了方向，其巨大的开创意义是不容忽视的。

症结与启示之一，世界观层面呈现一元论反对二元论的悖反与纠缠。

从发生学上看，一元论和二元论都是近几个世纪才逐渐形成的概念。在笛尔儿哲学中，二元论得到了彻底澄清，"它把自我定义为心灵或灵魂（一个正在思维的东西），肉体则并非自我的本质成分"③。这为主体支配客体、人类统治自然大开方便之门，启

---

① 衣俊卿：《现代性的维度》，黑龙江大学出版社、中央编译出版社2011年版，第14页。
② [美] 阿瑟·赫尔曼：《文明衰落论：西方文化悲观主义的形成与演变》，张爱平等译，上海人民出版社2007年版，第440页。
③ [美] 唐纳德·帕尔玛：《西方哲学导论：中心保持不变吗？》，杨洋译，上海社会科学院出版社2009年版，第65页。

蒙由此蜕变为新的神话，自然被还原为粒子，精神（理性）则成为无上主宰。形而上学在"人为自然立法"（康德）、"绝对精神掌控自然"（黑格尔）等口号下高歌猛进，实现着无所不在、无所不能的征服。与此同时，它又在实践领域内化身为资本的统治逻辑，形成形而上学与资本逻辑的勾连、共谋，将人全面禁锢于制度与理性的铁笼。正如贺来所言：形而上学所具有的这种控制和统治意志与"资本逻辑"固有的统治和控制本性内在结合的深层逻辑就是，"前者为'资本逻辑'的无限膨胀、扩张和增殖提供思想上的合法性支持，后者为前者提供'社会存在'上的世俗基础，形而上学是资本逻辑的'理论纲领'，资本逻辑是形而上学的'现实运作'。二者的'共生'和'合谋'，构成整个现代性的支柱并由此支配着现代社会的基本面貌"[①]。另外，正是二元论深陷的现代性困境制造了自身的掘墓人——一元论的开拓与建设。"现代性的深层结构是统治的逻辑和二元论，它以宰制性为特征，这种片面统治导致人与自然的对立和掠夺性伦理观……因此哲学家们所探索的人类拯救与超越之路，首先就从反思与批判这种人的自大逻辑和对自然的强权的形而上学开始。"[②] 如果说一元论通过重建自然与精神之间的平衡，意在重塑生活体制；那么现代生态空间观所内含的一元论，就旨在以人类生态学或文化生态学协调、整合各种现代趋势与思维模式，让自然

[①] 贺来：《形而上学的社会历史批判——马克思开辟的形而上学批判的独特样式》，《马克思主义与现实》2009年第3期，第23页。

[②] 于文秀：《论生态文明的哲学基础与文化范式》，《淮海工学院学报》（社会科学版）2008年第4期，第5—6页。

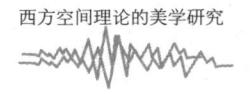

的内在价值与工具价值、科学研究中的事实判断与价值判断，社会行动中的人的尺度与物的尺度获得进一步统一，有效提升并扩大人们的现实生活。①

　　作为对人类中心论（二元论）的一种自觉反拨，西方现代生态空间观也有滑向对立面的危险。无论是从西方现代生态空间观的哲学路线还是城市规划路线来看，都存在一个对人类中心论的消解过程。就前者来看，它旨在建立天、地、神、人共在的价值和谐论与整体生存境界；就后者而论，孜孜以求一种美学与生态的空间重构，致力于城市与乡村的有机统一。而实现上述文化转型的根本前提，就是一方面要对人的地位给予还原，另一方面则要确定非人类存在物的固有价值。正是达尔文（Darwin）进化论的问世真正促发了这一伟大变革，在它的猛烈撼动下，人的地位一落千丈，人成为大自然的普通子女，自此由动物到生物再到整个自然共同体，人类的道德范围不断扩大，"大自然的权利"获得尊重，其固有价值得到认可。这正是生态空间观颠覆启蒙空间观的伦理动力之所在。然而，现代生态世界观虽然将人类的"天赋权利"说推上了审判台，但它依据抽象的生命概念或内在价值而立论的做法，极易造成对人的社会属性的抹杀，如该时期出现的"动物权利论"就片面地将人类和其他"低等种属"完全等同，这种基于自然属性的比较显然是对"真正的人"（塞尔特语）的一种扭曲，同时也是对人与自然的关系的再度误解，其思想根

---

① 胡萌萌、张雷刚、吕军利：《从生态学到人类生态学：人类生态觉醒的历史考察》，《西北农林科技大学学报》（社会科学版）2014年第4期，第160页。

源仍可回溯至形而上学，只不过这次是用"形而上学地改了装的、同人分离的自然"代替了"形而上学地改了装的、同自然分离的精神"。① 可以说，西方现代生态空间观是为改造和修复人类社会的"问题空间"而诞生的一种批判理论与实践理性，这一出发点决定了生态平衡绝不只是物种意义上的和纯自然的，而必须"把人作为生物的人和文化的人或者是社会的人为主线研究"②，否则，我们就会在世界观上走向人类中心论的极端反面——生态中心主义，如当代的"大地伦理"和"深层生态学"对人的特殊价值的否认。

症结与启示之二，知识论层面呈现有机论反拨机械论的悖反与矛盾。

就总体趋势看，希腊古典时期有机论占据上风，并以整体高于部分、生命凌驾于无生命之上的信念，让世界呈现出内在联系的目的论图景，在知识论上支持以综合的方法考察对象；启蒙时期自然被交到机械主义手上，它强调部分决定整体，主张以数字和运动来解释物质和灵魂的属性，世界呈现为一幅外部因果关联的确定性图景，在知识论上支持以分析的方法还原世界。可以说，在现代取代古典的启蒙运动中，机械论具有不可替代的历史进步性，但随着它的不断扩张与极端化，日益在哲学、科学与社会层面凸显尖锐危机。在哲学上，机械论无法解决个人体验问题，无

---

① 《马克思恩格斯文集》（第1卷），人民出版社2009年版，第342页。
② 胡萌萌、张雷刚、吕军利：《从生态学到人类生态学：人类生态觉醒的历史考察》，《西北农林科技大学学报》（社会科学版）2014年第4期，第159页。

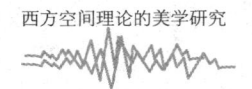

法解释方方面面的统一与联系,即不能完全解释整个大自然;在自然科学领域,物理和化学的一般规律不能有效解释生活现象的特征;在社会层面,周围世界的精神特性与社会的机械化、齿轮化水火不容,所有这些负面的现代性后果都趋向有机论的复兴。现代思想家从技术批判角度对此有着清醒的反思。如马克思关于工人在资本制度下被机器化而灵魂分裂的论述,马克斯·韦伯(Max Weber)关于工具理性泯灭人性而让现代世界沦为铁笼的断言,齐美尔关于合理化与物化的批判,本雅明对机械复制时代的文明反思,海德格尔呼吁现代人重返土地的反技术批评,等等,都构成技术批判理论的重要组成部分。在这些思想家的视域中,现代科学技术已蜕变为一种对人全面操控的异己力量与总体力量,是剥夺人的自由的极权性工具,是维系统治秩序的合法性根基。现代生态空间观正是在这样的文化背景下汇入了有机论复兴的大潮,依托马克思、齐美尔、本雅明、海德格尔、霍华德等人对生态现代性的建构,西方现代空间观不再是僵死的、固定的、非辩证的、不变的东西,而是呈现出丰富、多产、生命和辩证的品格。从这个意义上说,西方现代生态空间观的出场实现了形而上学批判与社会历史批判两大主题的深化与融合,开辟了现代性反思的新境界与新领域。

客观上看,技术既有硬的一面,如破坏环境,提供工业资本主义的动力与引擎——汽车、化学制品、矿物燃料以及核能力;又有软的一面,"不仅保护自然资源而且削弱了集中的、大规模资本的力量。它包括各种类型的前工业社会的技术,太阳能、风能,以及一些新近的发明、个人计算机"①。显然，对技术的关注点不同，人们对之所持的态度也大相径庭：憎恨、热爱，以及爱恨交织。总体上说，现代空间思想家中虽不乏彻底的技术悲观主义者，但更多人则持有一种辩证主义立场，以期通过技术改造造福社会、造福人类，代表人物如马克思、本雅明、马尔库塞（Herbert Marcuse）等。正是这种根深蒂固的技术理性情结，让现代生态空间观并不能彻底摒除工具理性的普遍主义，也不能从根本上改变对"个体"之人的忽视以及对人的"存在"的遗忘。这在现代城市规划领域表现得尤为明显。可从如下两个方面剖析。一是物质空间决定论。从花园城市、光辉城市、带形城市、广亩城市，再到雅典宪章的"功能分区"原理，核心理念就是"通过建筑与道路的定位、基地、布局以及空间关系等，可以促进社会与经济目标的实现"②。柯布西耶的"房屋是机器"乃是这方面的名言。如其在《迈向新建筑》中的声明："正如飞机是飞行的机器，'房屋是居住的机器'。""工程师是真正的建筑师，而建筑师的任务就是要理解建筑物的功能，如何能在建造和设计上以最经济的方式实现。内燃机需要活塞、汽化器、风扇皮带和驱动轴按某种方式排列，建筑物和人造地景的配置与安排也如出一辙。"③ 二是规划的精英主义意识。从规划主

---

① ［美］阿瑟·赫尔曼：《文明衰落论：西方文化悲观主义的形成与演变》，张爱平等译，上海人民出版社2007年版，第446页。
② ［英］尼格尔·泰勒：《1945年后西方城市规划理论的流变》，李白玉、陈贞译，中国建筑工业出版社2006年版，第10页。
③ ［英］西蒙·帕克：《遇见都市：理论与经验》，王志弘、徐苔玲译，群学出版有限公司2007年版，第89页。

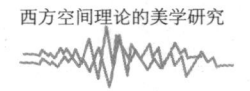

体来看，由于现代城市规划立足于规划"共性"的探询，"规划师作为掌握'技术知识'的代表有能力来揭示这些内涵。他们自信他们了解人们的思想，规划师成为掌握利器的英雄，一旦他们的建议与人们期望不符，就会得出结论——专家的意见比较可取。这种从抽象的'人'的角度出发去认识、改造世界不可避免地带来了对作为'个体'的人的忽视，这正是启蒙时代以来的现代性普遍主义的诟病"①。正是由于如上原因，在20世纪上半叶出现了一大批脱离特定政治经济状况、忽视价值判断和具体实践的乌托邦城市规划。这使其在实现自身历史使命的同时，却因其"纯科学"的致思而陷入"伪科学"的泥淖，这无疑为现代城市规划师所始料未及。

综上所述，西方现代生态空间观的形成是一个哲学运动与理论实践交相变奏的过程。在哲学上，从马克思到海德格尔相继完成了由祛魅到返魅的现代世界观改造，建立了人与自然、神性与俗性、政治改造与城市治理共存共荣的文化价值观。在实践上，现代城市规划家改变着城乡对立的异化图景，以理性批判精神与乌托邦情怀规划城市美好蓝图，树立了以生态的设计理念拯救大城市、让城市成为人类宜居之地的光辉典范。然而现代性视域下的生态空间观建构，在反思现代性核心理念的同时仍受其牵制，即不经过一个深度的"武器的批判"过程，"批判的武器"就不能更好地发挥作用，这是西方现代生态空间

---

① 张文辉、张琳：《现代性转向——西方现代城市规划思想转变的哲学背景》，《城市规划》2008年第2期，第68页。

观之所以陷入文化悖反，难以在矛盾、分散的格局中形成更具完整性与影响力的话语形态，以致最终被后现代生态空间观所扬弃的根本缘由。

本章小结

本章主要探讨了现代空间观的三种主要类型：实践空间观、城市空间观与生态空间观。马克思对现代空间观的奠基作用表现在，他的实践空间观以历史唯物主义为本源维度，以社会空间与人化空间为基本论域，以人的真实本质与具体特性为突破口，通过对人类以往各种空间观的自觉扬弃，不仅实现了由传统空间观向现代空间观的人本主义转型，而且从政治经济学角度为20世纪新马克思主义重建历史唯物主义的空间化维度提供了理论先导。如果说马克思的空间理论还处于一种非自觉状态，那么到了齐美尔与本雅明空间问题则构成了二人哲学探索的中心话题。作为从空间角度自觉革新现代性哲学话语的思想先驱，二人不仅树立了现代空间观的一种崭新形态——城市空间观，而且彰明了城市空间意义上的现代性图景、文化危机及其消解方案。具体体现在：一是以个人方式感知和触摸城市与空间，丰富了现代性空间体验的审美维度；二是对作为一种生活方式的都市生活做出了理论回应，发展了现代性空间体验的批判维度；三是对现代空间的非人

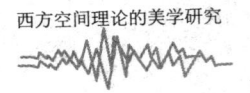

化根源给予深入究诘，提出宗教与审美并置的双重救赎方案，力图实现对资本主义社会—文化空间的结构改造与主体重建。而生态空间观则是前两种空间观在批判与改造世界时所形成的生态审美文化向度，它通过构设理想空间图景，矫正了现代理性主义所导致的片面价值观，恢复了大自然的权利与神圣性，成为对抗资本主义城市文明、消除城乡对立关系以及建立理想城市的重要思想资源。

第三章　当代西方空间理论的本体论重构与感性之维

　　从前现代、现代到当代，这是空间理论文化嬗变的三个历史阶段。如果说开启社会空间的新视野是现代空间理论家的神圣使命，那么颠倒现代以来根深蒂固的时间本体论传统，恢复空间生产在历史建构中的基础性地位，就是当代空间理论家全身心投入的文化工程。从现代空间学到当代空间学，空间理论形态固然因人因时而多有变迁，但从人的解放的高度去理解空间、探索空间的价值立场却始终未变。现代哲学不重视空间是因为它被视为非生产性的物，当代哲学则通过"挑战性的倒置"①，给予空间以生产性的本体位置，这就从本体论层面确立了空间在理论思考中的优先性。对主导当代空间理论研究动向的新马克思主义理论家而言，这一学术上的范式转换无疑具有理论与实践的双重革命意义，

---

　　① ［美］爱德华·W. 苏贾：《后现代地理学：重申批判社会理论中的空间》，王文斌译，商务印书馆2004年版，第86页。

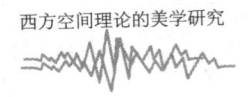

它牵动的绝不仅仅是一场理论理性何去何从的书斋革命，而是关系到在新的历史形式下如何重构马克思哲学的激进传统，以践行哲学消灭自身、改造世界的崇高使命。当代空间理论从列斐伏尔（Lefebvre）、福柯（Foucault）肇始，经由哈维（David Harvey）、詹姆逊（Fredric Jameson）、卡斯特（Manuel Castells）、苏贾（Edward Soja）等一大批有识之士的积极建构，在判断当代资本主义的空间特征，探寻反资本主义文明的"新空间""新主体"与"新感性"方面做出了卓有成效的理论探索。

第一节 元空间的解码与新空间的探寻：当代西方空间理论的主题研究

20世纪60—70年代以后，西方空间理论进入了一个全新的发展阶段。它一改现代性视域下少数先觉者孤军奋战的自在状态，形成了后现代与后工业语境下众多理论家集体转向的自觉追求，一举改写了空间在世界都市化时代（特别是19世纪）的失语状态，建立了以人文地理空间与后现代地理空间为主导的研究体系，极大地扩展了始自现代的以社会（城市）空间为载体的哲学问题域。这场被学界誉为"空间转向"的人文学术变革，以新问题的提出、新方法的革新与新论域的建构回应了当代社会的急剧转型与深层困境。尽管当代空间理论包容（后）

现代哲学、都市社会学、人文地理学（后现代地理学）等不同学科趋向，但在力主以空间书写城市、透视人类与（后）现代世界的复杂性等方面，则贯穿着同一主题与奋斗目标。既然空间问题已然成了城市化与全球化时代的新动向与新议题，那么，哲学变革世界的使命就顺理成章地转换为了一个如何促成和实现"空间革命"的实践问题。在当代批判理论家那里，这包括对空间性的解构与重构两个方面。其中，解构性的向度在于将空间还原为一种元理论（元视角或元哲学），消除传统社会理论中空间附丽于时间的片面性；建构性的向度则力求把握资本主义新阶段发展的空间规定性，并将各种新空间（相对于资本主义常规空间的异质性空间）话语纳入议程，为传统激进社会理论的未竟规划——社会整体革命与人类解放，开辟解决问题的新思路与新前景。

一　空间本体论的历史考察与当代形态

不论是历史性考察还是认识论考察，空间与时间同属哲学元层面这一共识在人类思想史的绝大部分时间都是毫无争议的，只是到了19世纪空间的这一基础性地位才大为削弱，它的典型症候就是空间本体地位的丧失，而19世纪以来的实际情形却是空间问题（活力）空前凸显，一如苏贾所见："隐藏于正在形成的现代性里的，是一种深刻的'空间定位'。在人生的每一个方面，从全球到地方，社会的空间组织正在得到重构，借以满足处于危机之中的资本主义的迫切需要——开辟创造超级利润的各种新机会,寻求维系社会控制的各种新途径,刺激业已增长的生产和消费。"① 这就是说,理论与事实的割裂窒息了19世纪的空间话语,其具体表现是:在客观一面,决定着现代资本主义历史与命运的是空间的重构与生产,而在主观一面,却鲜有理论家能够深刻地认识到这一点,并用"空间"视角来考察和理解"社会"。正如哈维所总结的:"考虑一下涉及时间和空间概念的我们知识传统中较为使人吃惊的一种分裂的情形。各种社会理论(我在这里想到了发源于马克思、韦伯、亚当·斯密和马歇尔的各种传统)一般都在各自的阐述中赋予时间以优先于空间的特权。它们一般都是,要么设想有时间过程在其中运行的某种先于空间秩序的存在,要么以为各种空间障碍已经大为减少,以至于把空间表现成一种有关人类行动的附带方面而不是根本方面。"② 这种值得深入反思的"空间贫困"现象一直困扰着现代大都市时代的理论研究,直至20世纪中后期,随着后现代性的出现与后大都市的形成,以及空间问题在全球化语境中获得进一步凸显,情况才得到根本逆转。显然,要解决上述认识论严重滞后的问题,就无法回避现代空间认识论本身的症结与局限,所以问题的破解还须从理论渊源与理论自身入手。

当代空间理论的崛起,首先讲述的是一个关于空间本体论如何失落与重建的故事。

---

① [美] 爱德华·W. 苏贾:《后现代地理学:重申批判社会理论中的空间》,王文斌译,商务印书馆2004年版,第53页。
② [美] 戴维·哈维:《后现代的状况:对文化变迁之缘起的探究》,阎嘉译,商务印书馆2003年版,第256—257页。

第三章 当代西方空间理论的本体论重构与感性之维

众所周知，本体论在西方哲学中属于"第一哲学"，是关于实在或者关于存在的理论。从这个意义上说，时间与空间作为事物界的最基本的条件，作为人类发挥各种理智机能的基本使用材料，必然应归属于元哲学之列。这在西方哲学发轫伊始就是一个不争的事实。历史地看，空间理论一直在人类文化的不同维度上孤立发展，直到晚近这种局面才被跨学科研究所打破。依据哲学分期，近代之前属于空间的单一阐释阶段，而近代以降则开始了多重空间的阐释阶段。在单一空间的古代，自然哲学将空间视为世界本原之一，中世纪神学则将空间本性归之于最高实体上帝。在近代，科学空间观与哲学空间观比肩而立。在科学一脉中，牛顿的绝对空间是日常空间的量度与终极指向；在哲学领域，丧失了外部空间解释权的哲学转向身体与主体，最终在康德那里形成了纯直观空间，它将认识定义为人类对外界的自我形构能力。毋庸置疑，前现代空间观在探索空间概念的多维面向方面功不可没，然而任何去蔽都有遮蔽作用，由前现代空间观发展起来的重要主题对后世的遮蔽尤其明显，具体表现在如下两个方面：一是由形而上空间观向科学空间观的转化与深化，遗失了空间的人性维度；二是由主体—身体的空间向度向时间哲学的过渡与变革，消解了空间的本体地位。就第一点而言，空间的理性化与实证化乃是科学—技术—工业文明的必然产物。由欧几里得平面空间到非欧几何空间，由牛顿空间到爱因斯坦的相对论时空，再到普里高津对物质内部时空的关注，科学空间观固然构成了现代人的核心认知方式，但它将目光无限向外与向内的投注，则远离了人类的经验世界。就第二点而言，由近代经验主义开拓的身体—知觉空间原本可以通向生存论空间，但经由现代生命哲学、知觉现象学与存在主义哲学的多重中介之后，空间本体论遭到瓦解，时间本体论则最终取得胜利。这与人们将空间视为被动因素（空洞容器、舞台背景）而将时间视为主动因素（生命本质、舞台主角）的思维传统有关。柏格森就表示："只有时间才是构成生命的本质要素。"① 前期海德格尔也明确指出此在的生存论根基在于时间性而非空间性。

现代（特别是后现代）空间本体论的孕育与确立正是在重构科学空间观与颠覆"时间万能叙事"的过程中完成的。其中，对科学空间观的重构指向人类社会空间的发现，而对时间本体论的解构则确立了社会空间本体论。前者完成于现代，它打破了由古代—近代所提供的等级化、同质化、静态化的和谐空间；后者成熟于当代，它改写了西方现代传统中时间/历史叙事优先于空间/地理叙事的启蒙话语。所以有论者如此概括现代空间观的历史贡献，"西方现代传统中的空间概念具有过渡性：它在对古代等级制空间构成挑战的同时，其自身又逐渐成为新的对人的控制力量，蕴涵了新的转向"②。

空间观的现代本体论转型是马克思哲学革命的基本主题之一。马克思之前的科学空间观是指各种形式的唯物主义空间，是将各

---

① ［德］柏格森：《创造进化论》，肖聿译，华夏出版社2000年版，第8页。
② 刘进：《20世纪中后期以来的西方空间理论与文学观念》，《文艺理论研究》2007年第6期，第20页。

种唯心主义空间排除在外的空间,也是理性征服感性的单向度空间,马克思重构科学空间观的前提是从社会学角度重新定义感性,"将感性理解为人类生存、发展、解放的实践活动,感性便成为人类对自然的改造、对社会的革新、对精神的变更的社会力量,成为'不仅为主体生产对象,而且也为对象生产主体'的客观历史过程中的主导力量"[①]。如此确立起来的感性活动空间就以其实践性,克服了"真实空间与精神空间的断裂"[②],解除了"空间的唯物主义与唯心主义理解"[③]对社会空间显现的遮蔽,开辟了从政治经济学角度解读空间的新视野,推动了由同质、和谐的古典空间向异质、矛盾的现代空间的位移。正如有论者所评价的:马克思的实践空间观"开启了一条通往统一空间观念的正确道路,以人类实践为基础的社会空间理论的提出引发了空间研究范式的变革,为西方空间研究带来了新的理论增长点"[④]。

首先,空间观的后现代本体论转型始自对现代社会科学范式的否思。其中,19世纪盘踞社会科学领域的历史决定论成为众矢之的。从维柯、圣西门、傅立叶,到黑格尔与马克思,这是近现代历史决定论辉煌发展的时段,但从19世纪晚期开始这种历史哲学不可避免地没落了。其兴盛之因在于,它以严密、精确的现代自然科学为支撑,肯定了历史规律的存在及其可知性,并试图从

---

① 张政文:《感性的思想谱系与审美现代性的转换》,《中国社会科学》2014年第11期,第33页。
② 王晓磊:《社会空间论》,中国社会科学出版社2014年版,第61页。
③ 同上书,第63页。
④ 同上书,第65页。

不同路线予以把握，相继发展起人本主义的、科学主义的、客观唯心主义的与历史唯物主义的等多种决定论形式，但其整体视野却是相同的，即"一种现成的地理学设置了舞台，而历史的任性制作决定着动作，并规定故事情节"①。然而，这种由现代自然科学支撑的社会历史叙事，很快就受到了来自自然科学新进展的直接挑战，"通过所谓的'基础危机'（爱因斯坦的相对论、海森堡的测不准关系、哥德尔的不完全性定理），科学自身认识到……现实不是同质的，而是异质的；不是和谐的，而是戏剧性的；不是统一的，而是各具形态的"②。后历史决定论因之兴起，它从历史运动的复杂性、不确定性以及历史理解的主观性等角度宣布了历史规律的不存在以及历史决定论的不成立，这为后现代空间理论家废除时间本体论而转向空间本体论铺平了道路。

其次，当代空间理论的崛起还是一个学科由分化走向联合、由封闭趋向开放的后现代故事。在此，有三门学科——社会学、地理学与马克思主义，在相互改造、彼此融合的基础上有力地促进了社会空间理论热潮的来临。传统空间理论的现代转型之所以步履维艰，一个根本原因就是现代社会学在很长一段时期内都因时间本体论的左右而遗忘了空间。这一情况伴随着齐美尔、本雅明的空间社会学研究，特别是现代城市社会学——美国的芝加哥学派的问世得以根本扭转。如果说在齐美尔、本雅明那里空间主

---

① ［美］爱德华·W. 苏贾：《后现代地理学：重申批判社会理论中的空间》，王文斌译，商务印书馆2004年版，第21页。

② ［德］沃尔夫冈·韦尔施：《重构美学》，张岩冰译，上海译文出版社2006年版，第124页。

要是指心灵的活动与功能，是有待借相互作用去填充的东西，那么到了芝加哥城市学派则以聚焦城市空间的方式，"探索都市环境的诸种变化，如何对人类行为产生影响"①，其重要意义在于，"不仅深刻影响了日后的社会学研究，还革新了审视社会问题的方法论，为其开启了一个城市空间的新视角"②。在另一条空间拓殖的战线上，人文地理与社会科学（马克思主义）的迟到的相会，让"地理学的创造"最终取代"历史的创造"③而成为社会科学的主流。在20世纪50年代以前，地理学游离于社会科学之外，只是一门实证主义的自然学科，地理学家的工作主要是收集和展示数据，学科边缘化严重。虽然现代地理学与西方马克思主义都形成于19世纪末期，但从一开始两者就道不同不相为谋。这种局面在20世纪50—70年代获得根本改观，伴随着社会科学的急剧变化，地理学家亦随之变化。新一代地理学家对本学科给予了社会科学的新定向，推动现代地理学步入了人文地理学与后现代地理学建设的新时期。这主要表现为三个方面：其一是受马克思主义激励，开启了马克思主义与人文地理学双向互动与交叉改造的新篇章；其二是关注"性别的工作和女性主义学术的增长"，"争论的核心是个人在社会上占据多个位置而不只是阶级地位"④；其

---

① Barney Warf & Arias Santa, *The Spatial Turn*, New York: Routledge, 2009, p.18.
② 吴红涛：《作为方法的空间》，《自然辩证法研究》2014年第11期，第88页。
③ [美]爱德华·W. 苏贾：《后现代地理学：重申批判社会理论中的空间》，王文斌译，商务印书馆2004年版，第1页。
④ [英]萨拉·L. 霍洛韦等：《当代地理学要义：概念、思维与方法》，黄润华、孙颖译，商务印书馆2008年版，第50页。

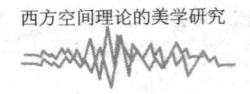

三是"对地方兴趣的复活,以及学科内部重点从地方向外转移"①,地理学成为文化研究的生长点与新大陆。

二 当代空间理论视域的开启与范式革命

从某种意义上说,是否承认空间的本体论(中心化)地位不仅关乎空间理论的兴衰,更关乎我们能否正确地认识和改造当代世界。基于此,当代空间理论的作战目标可划分为两个:一个是探讨当代空间的现实状况;另一个是致力于新空间的生成与建构。前者意在说明当代空间的政治—经济—符号内含,后者寻求城市化、全球化时代对差异空间的设计与异托邦认同。实际上,这两个目标具有返本开新的双重诉求,其中的"返本"是指对马克思主义传统的重构与激活,即立足于政治经济学,结合新的历史条件实现历史唯物主义的空间化与地理学化;而这里的"开新"则指挽救经典西方马克思主义脱离政治实践而产生的双重贫困化现象——理论的哲学化与战略的审美化,恢复其改变世界的革命立场与实践传统。正是在这个意义上,当代空间理论对二战以后的新资本主义进行了多视角透视,形成了一个声势浩大、脉络清晰的空间化思潮,急剧扭转着当代人文学术的重心与走向。

将空间作为一种本体论话语,这是 20 世纪 70 年代由两位法国哲学家亨利·列斐伏尔与米歇尔·福柯率先做出的划时代贡献。面对当代资本主义社会出现的新变化,二人首先意识到了空间视

---

① [英]萨拉·L. 霍洛韦等:《当代地理学要义:概念、思维与方法》,黄润华、孙颖译,商务印书馆 2008 年版,第 50 页。

角对于理论建构的无比重要性，确立了以社会空间本体论为思维轴心的研究信念；其次是提供了特色鲜明的空间解读路径与方法论实践。统观如上两个方面可知，二人促成的实际上是社会科学研究范式的空间转型问题。对于范式在理论研究中的重要意义，有人曾作过如下总结：范式是"某一科学共同体在某一专业或学科中所具有的共同信念，这种信念规定了他们的共同的基本观点、基本理论和基本方法，为他们提供了共同的理论模式和解决问题的框架，并使之成为该共同体的一种传统，为该学科的发展规定了共同的方向"[①]。由此可见，以列斐伏尔与福柯为代表的过渡期的空间理论，掀起了一场人文学术领域中的世界观革命，它带来的是20世纪晚期时间哲学的瓦解与空间哲学的胜出，此种新旧范式间的更转不仅导致空间革命的发生与新的理论时代的到来，而且让革命后的理论家能够以不同的立场、视角与方法去重建主体与世界，进而引发价值观与方法论的深层变革。

整体上看，二人都赋予空间以基础性地位，并在回应现实空间困境的基础上，分别建构了影响深远的现代"空间生产"理论与后现代的"空间权力"理论，开创了当代社会空间透视的基本理论格局，这使列斐伏尔与福柯在20世纪晚期"空间"观念的转换中扮演了枢纽性的角色。可以说，列斐伏尔与福柯的空间倡导之所以在20世纪70年代引起广泛关注，并不断突破学科界限波及众多学术领域，成为引领一个时代理论发展的根本动力与最高

[①] 杨怀中、邱海英：《库恩范式理论的三大功能及其人文意义》，《湖北社会科学》2008年第6期，第101页。

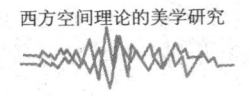

原则，其里程碑意义即在于此。

列斐伏尔的空间生产理论具有哲学与实践的双重革命性，奠定了后世空间分析的主导模式与理论目标。其重要贡献有二，一是激活马克思主义的空间因素，创立符合现实需要的社会空间本体论。列斐伏尔曾言自己是通过马克思的思想与空间问题相遇的，这集中体现在他对历史唯物主义的一个基本假设——社会关系的存在方式所提出的质疑，由于马克思没有明确界定它们是具体的、自然的，或者只是抽象形式，致使社会关系只能存在于"纯"抽象领域，也就是概念领域或者是意识形态领域。列斐伏尔对之做出了"挑战性的倒置"，指出："社会现实不是偶然成为空间的，不是存在'于'空间的，它在先决条件上和本体论上就是空间的。不存在没有空间化的社会现实，也不存在非空间的社会过程。即使在纯抽象领域，在意识形态和再现领域，也存在普遍的、相关的虽然常常是隐秘的空间维度。"① 所以，由列斐伏尔所揭示的空间本性，区别于此前的自然空间、几何学空间、精神性空间与传统地理学空间，而是包容前述种种，在历史性—社会性—空间性的三元辩证关系中，申明空间从来就不是空洞的，它总是充满着各种关系与意义，从而赋予社会空间以包罗万象的基础性地位与功能角色。一如苏贾所概括的："空间既是客观的又是主观的，是实在的又是隐喻的，是社会生活的媒质又是它的产物，是活跃的当下环境又是创造性的先决条件，是经验的又是理论化的，是

---

① ［美］爱德华·W. 苏贾：《第三空间：去往洛杉矶和其他真实和想象地方的旅程》，陆扬等译，上海教育出版社2005年版，第58页。

工具性的、策略性的又是本质性的。"①

列斐伏尔空间革命的贡献之二是以城市空间为轴心,以政治经济学为主线,揭示社会空间多维向度上的生产与实践,实现对资本主义的激进检讨与总体把握,规划社会主义空间取代资本主义空间的总体蓝图。在 20 世纪形形色色的新马克思主义学说中,主流哲学观以文化/文学分析为武器创造了一个又一个思想巅峰,"仿佛要以灿烂的文采来补偿他们对政治学和经济学的结构和基础的忽视"②,而这却不可避免地埋下了未来理论危机的种子。正是在这个地方,列斐伏尔的伟大价值凸显出来。他的空间生产理论是资本主义社会转变的产物,"在概念上与实际上是最近才出现的,主要是表现在具有一定历史性的城市的急速扩张、社会的普遍都市化,以及空间性组织的问题等各方面"③。在列斐伏尔看来,空间在所有维度上都是一种社会建构,反过来,任何一个社会也必然生产自身的空间,社会的生产因而就是空间的生产,生产方式的转变则必然伴随着新空间的出现。因而,空间具有历史建构性,具有"依据时代、社会、生产模式与关系而定的特殊性"④。由此,列斐伏尔提出了"空间生产的历史方式"概念,使新空间的出现与生产力阶段一一对应,并将其归纳如下:一是绝对的空间——自然状态;二是神圣的空间——埃及式的神庙与暴

---

① [美]爱德华·W.苏贾:《第三空间:去往洛杉矶和其他真实和想象地方的旅程》,陆扬等译,上海教育出版社 2005 年版,第 57 页。
② [英]佩里·安德森:《当代西方马克思主义》,余文烈译,东方出版社 1989 年版,第 13 页。
③ 包亚明:《现代性与空间的生产》,上海教育出版社 2003 年版,第 47 页。
④ 同上书,第 49 页。

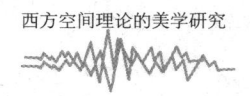

君统治的国家;三是历史性空间:政治国家、希腊式的城邦,罗马帝国;四是抽象空间:资本主义,财产的政治经济空间;五是矛盾性空间:当代全球化资本主义与地方化意义的对立;六是差异性空间:重估差异性的与生活经验的未来空间。① 资本主义的空间只是空间发展史上的一个过渡环节,它是抽象化、矛盾性的空间,它正将人类拖向压迫与灾难的深渊;但另一方面,列斐伏尔又从中挖掘着革命的星火,他看到当今世界正经历着全方位的新空间爆炸,范围囊括即时的—生活的层次、城市的层次、区域的层次以及国际的层次,最终结果必将使空间的交换价值向使用价值转移,空间由"自上而下"向"自下而上"重构,以及空间与人的根本改造,从而迈向社会主义的差异空间,实现人类的解放政治。

作为空间哲学的另一位发起者,福柯的后现代"空间权力"理论有两点最为引人注目:一个是对空间权力的关注,另一个是对异托邦的阐明。首先,按照福柯的逻辑,只有关注"空间权力",空间在现时代的重要性才能得到凸显。"因为各种空间在同时又是各种权力的历史"②。理由有如下两方面:其一,空间是权力与知识发生转化的场所与中介。最典型的莫过于建筑及其相关理论,建筑从来都不是一个自治领域,它在利益中交织着经济、政治或制度等多重机制,打上了权力运作的鲜明烙印。其二,福

---

① 吴冶平:《空间理论与文学的再现》,甘肃人民出版社 2008 年版,第 7 页。
② [美] 爱德华·W. 苏贾:《第三空间:去往洛杉矶和其他真实和想象地方的旅程》,陆扬等译,上海教育出版社 2005 年版,第 32 页。

柯所谓的"权力的空间化",主要关涉的是社会的所有微观层面,这类典型空间包括监狱、医院、工厂、学校等,其权力部署是局部的、多元的,它在社会的毛细血管层次上形成和扩散,具有相对的独立性与发展轨迹,是一个多元自主斗争的领域,不会因为社会宏观权力形式的某些改变而改弦易辙。所以,空间权力理论赋予了空间在理论建构中的核心地位,它向我们出示了作为权力容器的空间、作为权力生产者的空间,以及作为权力关系网络的空间。① 福柯曾如此总结空间与权力的内在关联:"空间是任何公共生活形式的基础。空间是任何权力运作的基础。"②

福柯的异托邦理论终结了现代乌托邦空间的理论探求,它将人们投向未来的目光折回当下,开启了社会空间研究的全新视点。福柯的异托邦有六大原则。第一,异托邦存在于任何文化和人群,它们以特例的形态出现,如各种禁忌场所。第二,文化的同时性可使同一个异托邦以迥异的方式运作,例如墓地。第三,异托邦能将多个异质空间并置为一个真实的场所,花园就是这样的地方。第四,异托邦与异托时相连,体现了时空同步性与对称性,这方面的代表有节庆场所、露天集市等。第五,异托邦是一个准入与排他的控制系统,贯彻着权力和惩戒技术的运用,如监狱和兵营。第六,异托邦具有创造幻象空间的作用,并与既定空间秩序构成强烈的张力与反差效应。可见,异托邦是相对于乌托邦的一个概

---

① 赵福生:《福柯微观政治哲学研究》,黑龙江大学出版社、中央编译出版社2011年版,第162页。
② 包亚明:《后现代性与地理学的政治》,上海教育出版社2001年版,第13—14页。

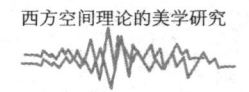

念，两者的差异在于，乌托邦不是真实存在，"但它仍然具有空间的特性，而且乌托邦在总体上与社会的真实空间具有一种直接的、可转化的、类似性的关系……与此相反，'异托邦'所勾勒出的则是一种在社会真实塑造中现实存在的场所，是社会生活预设的组成部分。它类似于反向场地（Counter‐site），外在于并根本区别于所有其他的空间，同时又与通常的社会空间和秩序发生关联和与之共存"①。总之，异托邦作为植根现实的不确定性空间，倡导非连续性，遵循差异原则，以微观形式组织社会领域，颠覆了对总体性与决定论的乌托邦迷恋，凡此种种，都为后现代哲学家建构一种开放性的、生态性的实践空间观指明了道路。

三 当代空间理论维度的展开与哲学彼岸

当代哲学经由空间重新定向后，不仅获得了理论观照的非凡洞穿力，而且焕发了晚期马克思主义的无限风光与活力，形成当代空间阵营以新马克思主义路线为主导，非马克思主义路线为补充，二者互补互制、交相辉映的生态格局。就思想辐射力而言，列斐伏尔与福柯是当之无愧的当代空间理论之父，其后的理论家固然在空间理论建构上更见系统性与连贯性，但基本的探讨路向则无出其右。大体上说，后列斐伏尔（福柯）时代的空间理论在如下三个方面呈现出时代新颜：一是对新资本主义阶段时空体验转变的理论捕捉；二是坚持了社会空间的政治经济学批判立场，

---

① 汪原：《边缘空间：当代建筑学与哲学话语》，中国建筑工业出版社2010年版，第9页。

并在新一批地理学家那里获得了显著发展；三是探索体现资本主义发展变化的新空间形式，积极寻找制度变革的替代性方案与应对策略。

其一，当代空间理论家发展了新的时空体验理论，最知名的如吉登斯（Anthony Giddens）的"时空伸延"理论与哈维的"时空压缩"理论。前者对当代全球化空间持一种现代性的批判立场，后者则重点关注了空间体验方式的后现代转型问题。

吉登斯的时空理论是其社会结构化理论的基础和轴心。在他看来，现代性的断裂成就了现代的生活形态，其内在动力就是发生于现代的"时空伸延"现象，它由时空分离与时空重组两个环节组成，结果是导致社会体系的脱域。这里的脱域是相对于前现代社会而言的，前现代时期的时间与空间（地点）总是一致的，18世纪后半期时钟的发明与普遍应用，在导致"时间虚化"的同时也带来了"空间虚化"，社会生活的地域性维度被消解，社会实践日益脱离面对面的互动情势，从"在场"走向"缺场"，并确立了远距关系对场所建构的支配性地位。以此为基础，吉登斯进一步发掘了时空分离的辩证性与对立性，指出此种时空关系既为社会活动的再结合提供了初始条件与变迁可能，又为"现代社会生活的独特特征及其合理化组织提供了运行的机制"[①]。同时，它还利用各种时空模式的"嵌入"形成了现代性的鲜明历史特质。"尤其是在论述全球化的问题上，时空分延使得全球范围的协

---

① ［英］安东尼·吉登斯：《现代性的后果》，田禾译，译林出版社2000年版，第17页。

作成为可能,也使得全球范围的社会关系得以在时空中建立。"①正是在这个意义上,吉登斯认为时空伸延意义重大,并通过列举两种类型的脱域机制——以货币符号为代表的"象征标志"和遍布现代社会各领域中的"专家系统",诠释了这种时空转换何以能够成为现代性扩张的极端动力机制。

哈维的"时空压缩"理论改造了马克思关于"资本力求用时间消灭空间"的思想,创建了独具特色的后现代时空体验论。从继承性上看,两者都在建构一种经济学意义上的全球化空间理论。马克思将时空变化与商品流通整合一处,从政治经济学角度提出,资本具有超越一切地方限制、实现全球空间征服的逐利本能,而现代交通运输工具让商品的快速转移成为现实,这种在地理空间上扩大市场的独特战术,折射在时空关系上就意味着"力求用时间去更多地消灭空间"②。哈维则是从社会"加速"的角度来理解这个问题的,并进一步"把空间与时间和经济必要性与文化表达两方面相连接"③。在他看来:"资本主义的历史具有在生活步伐方面加速的特征,而同时又克服了空间上的各种障碍,以至世界有时显得是内在地朝着我们崩溃了。"④ 在"现存就是全部"的时空感中,远程通信的勾连覆盖、经济与生态的相互依赖,已经将

---

① 崔丽华:《传统空间理论的困境及当代"空间转向"》,《马克思主义与现实》2014年第6期,第122页。
② 《马克思恩格斯全集》(第30卷),人民出版社1995年版,第538页。
③ [英]萨拉·L.霍洛韦等:《当代地理学要义:概念、思维与方法》,黄润华、孙颖译,商务印书馆2008年版,第124页。
④ [美]戴维·哈维:《后现代的状况:对文化变迁之缘起的探究》,阎嘉译,商务印书馆2003年版,第300页。

人类的生存世界收缩成了一个"地球村"或特大号的"宇宙飞船"。显然,推动这种社会加速的物质力量就是由资本主义现代化所带来的信息与交通技术变革。到后现代时期,发生于现代时期的"压缩"体验伴随着自动化生产线、航空技术、新媒体技术等的商业开发和广泛应用,经历了又一轮的全新变化,对后现代的思维、感知与行为方式具有特殊的影响效果,例如形成了社会生活领域的暂时性观念,以及由这种观念支配的形象世界。从创新性上看,哈维翻转了马克思的社会时空辩证法,将之推向后现代的空间辩证法。马克思时空观是一种时间优先的辩证法,空间被以障碍的形式剔除了,只具有某种被压抑的生产性,哈维反向拷问道:"我们就这样逼近了核心的悖论:空间障碍越不重要,资本对空间内部场所的多样性就越敏感,对各个场所以不同的方式吸引资本的刺激就越大。结果就是造成了在一个高度一体化的全球资本流动的空间经济内部的分裂、不稳定、短暂而不平衡的发展。"①

其二,在吸收马克思、列斐伏尔的政治经济学与空间生产理论的基础上,建立了关于资本逻辑的空间化批判理论,最突出的代表人物就是哈维。

哈维的空间生产理论不仅重申了马克思的资本积累理论,而且具体化了列斐伏尔将空间视为生产方式与生产力的能动理论。具体来说,它由生产方式的空间化批判、资本扩张的空间化批判

---

① [美]戴维·哈维:《后现代的状况:对文化变迁之缘起的探究》,阎嘉译,商务印书馆2003年版,第370页。

以及危机缓解途径的空间化批判三部分组成。① 在后工业主义时代，作为一种生产方式的空间经历了由"福特主义"向"后福特主义"的模式转型。葛兰西曾言："各种新的劳动方式'与特殊的生活方式、思维方式和感受生活的方式不可分离'。"② 19 世纪末 20 世纪初发展起来的大规模生产现象直接推动了现代资本主义的进一步发展，其中 F. W. 泰勒（Frederick Winslow Taylor）的科学管理原则与福特主义的生产方式起着决定性的作用。这个时代在 1945—1973 年达到顶峰，它强调生产的集中化、规模化与标准化，构建了大规模生产和大众消费两相结合的资本积累体制。然而，20 世纪后三分之一的时段世界经济地理出现新变化——"活跃于全球范围内的跨国企业和贸易集团的崛起"③，并从根本上改变了原有的产业格局与空间分布。"信息技术发展所带来的更为重要的后果是生产远比从前有弹性，并加速发展高度专业化的市场、满足变化莫测的时尚以及个体消费者的一时兴致。"④ 这就是更具弹性化的"后福特主义"。这种灵活积累模式，一方面瓦解了福特主义时代的稳定性价值观，突出了后现代生活价值的短暂性与可变性；另一方面也为这个分裂和经济不安全的时代重建稳固价值提供了转变的契机。如果说对后工业时代劳动方式的判断，为

---

① 韩淑梅：《资本逻辑的空间化批判——大卫·哈维空间生产理论实质评析》，《山西师大学报》（社会科学版）2015 年第 3 期，第 99—103 页。
② ［美］戴维·哈维：《后现代的状况：对文化变迁之缘起的探究》，阎嘉译，商务印书馆 2003 年版，第 167 页。
③ ［英］彼得·丹尼尔斯等：《人文地理学导论：21 世纪的议题》，邹劲风、顾露雯译，南京大学出版社 2014 年版，第 109 页。
④ 同上。

哈维强调历史唯物主义的空间化提供了历史语境，那么他对资本积累的时空危机与"时空修复"问题的详细阐释则提供了具体的方法论实践。在哈维那里，有关资本主义发展动力的资本积累理论，被从"时空修复"角度赋予了崭新内涵。从本体论角度看，生产空间并占有空间是资本主义的生存之道。哈维从资本积累的空间化入手，揭示了资本主义经济危机的空间性矛盾及其修复原理。由资本增值的无限性与特定时空的有限性构成的矛盾运动，一方面促成了空间壁垒的拆除与资本全球化秩序的建立；另一方面，则导致了西欧发达国家与其他落后国家和民族区域之间中心—边缘两极化的"不平衡地理发展"，以及由资本循环所推动的资本主义城市空间的恶性改造。显然，资本过度积累必然会引起空间扩张，这虽在一定程度上缓解了资本主义经济危机的发生，但这种与资本扩大再生产相关的空间运动，必然会引起新一轮的资本过度积累，如此循环往复，资本主义的经济危机与空间矛盾只会愈演愈烈而不会彻底根除，最终的结果必然指向普遍危机的总爆发。

其三，当代空间理论家积极思考当下空间状况，力求从不同维度打开空间研究的新视角，重新界定空间与人的内在关联，从而给人以生存启迪与生活指导。从早期的列斐伏尔、福柯，到晚近的哈维、卡斯特、詹姆逊与苏贾，他们的一个共有主题就是思考全球化空间的最新特质，且都表达了个人的独特之见。其中卡斯特的"流动空间"与詹姆逊的后现代"超空间"凭借对全球化空间最新特质的精彩描绘而引人注目。

卡斯特的"流动空间"是网络社会孕育的新空间形态。网络社会不同于地方化特征明显的农业社会与工业社会，它由各种接点串联交织而成，其特征是对同一网络中的接点而言距离为零，而对任何网络外部的点而言距离无穷大。网络社会以高科技信息手段为构架，向人们展开了一个高度动态与开放的社会系统，带来了人类经验的巨大变化。网络社会的空间可分为地域空间与"流动空间"两种，其中后者是占支配性的空间逻辑。"流动空间乃是通过流动而运作的共享时间之社会实践的物质组织。"① 我们的社会就是由资本流动、信息流动、技术流动、组织性互动的流动，以及影像、声音和象征的流动所环绕而建构起来的。它分为三个层次：由电子交换的回路所构成的物质支撑，由节点与核心所构成的网络构架，以及由占支配地位的管理精英（而非阶级）构成的空间组织。流动空间在加剧全球化和地方化之间的二元张力，导致社会—空间的层级化，以及催生新二元化城市的兴起等方面起着主导性作用，它对城市空间的取代说明，"流动空间在某种程度上是更加具有破坏性的一种社会分裂与再统一形式"②，虽然这种新空间形态还有诸多暧昧不明之处，但并不能阻挡此种"技术空间"的无限延伸与"信息资本主义"的迅猛降临。

詹姆逊将"超空间"视作解读后现代的基本线索。根据曼德尔的历史划分：古典/市场资本主义；垄断资本主义；跨国/晚期

---

① ［美］曼纽尔·卡斯特：《网络社会的崛起》，夏铸九等译，社会科学文献出版社 2006 年版，第 383—384 页。
② 孙江：《"空间生产"——从马克思到当代》，人民出版社 2008 年版，第 122 页。

资本主义。詹姆逊将之对应于三种空间形态：欧式几何空间、帝国主义空间和后现代空间。其中，资本主义发展的第三阶段及其空间表征，是其关注的重点所在。在詹姆逊看来，后现代社会是新生产方式的构造物，它形成了新的文化逻辑与空间模式，正如时间主导着现代世界一样，空间主导着后现代社会。在詹姆逊那里，"后现代空间是鲍德里亚定义为'超空间'的东西，一个充斥幻影和模拟的空间，一个纯粹直接和表面的空间。超空间是空间的模拟，对它而言，不存在原始的空间；类似于与它相关的'超现实'，它是被再生和重复的空间"①。作为一种处于均匀、饱和状态的多维空间、符码空间，后现代"超空间"超越了个人的感知能力，使人置身其中却无法定位自身，这种人与环境的惊人断裂，形成了后现代特有的空间迷向现象，即人不仅在现代都市与公共建筑之中发生迷失，而且在新的非中心化的资本主义世界网络中也同样难以自拔。为了实现后现代主体的拯救与重构，"他把凯文·林奇的认知地图学运用到更为广泛的领域，以便把'个体的情境性表象同宏大的社会整体结构的非表象性总体性'联结在一起……他认为，有关社会和空间的总体认知地图学能够使个体更清醒地意识到自己在全球体系内所处的位置，并且明确全球性与区域性之间的关系"②。客观地说，这种"认知测绘"美学能否揭示出后现代超空间的坐标，能否有助于促成社会行动的未来

---

① ［英］肖恩·霍默：《弗雷德里克·詹姆森》，孙斌等译，上海人民出版社2004年版，第171—172页。
② ［美］迪尔：《后现代都市状况》，李小科等译，上海教育出版社2004年版，第75—76页。

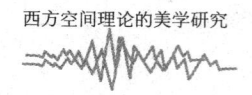

纲领，显然是缺乏可操作性和大有疑义的。但是，正是这种介入现实的理论自觉，激励着当代空间理论家去努力探寻更多的拯救性方案，以实现当代空间话语的嬗变与更新。

第二节 从审美乌托邦到异托邦：当代西方空间理论的美学变奏

现代以来，乌托邦与空间理论密切结缘。从"元"乌托邦的空间化到"新"乌托邦的"去空间化"，再到后现代乌托邦的再空间化，乌托邦的历史演进在时段上大致与资本主义的三个发展阶段——市场资本主义（自由资本主义）、垄断资本主义（帝国主义）、晚期资本主义（跨国资本主义）相一致，依次形成了社会乌托邦、审美乌托邦与异托邦三种典型形态，这场基于空间化与反空间化的旷日持久的角逐，不但孕育了乌托邦理论的各种丰富形态与阶段性成果，而且牵动着整个资本主义社会空间理论的运动曲线。作为一个富于批判性与拯救性的社会文化范畴，乌托邦的理论活力主要来源于它的空间性。从这个意义上说，空间性的丧失，让现代乌托邦日益脱离实践而陷入"合法化危机"；反之，空间性的复归，则将异托邦推向了现代性批判的理论前台，并开启了新空间观建构的生态图景。

一 审美乌托邦的"反空间"批判：当代空间理论的解构之维

从早期的社会乌托邦到发达资本主义时代的审美乌托邦，乌托邦一直构成批判既定秩序、构建美好社会的思想引擎。它的现代演进与 17 世纪进步观念的兴起与成熟密切相关。现代进步论不同于古代对进步的看法，因为以循环时间观为特征的古代只有"零碎的进步"，缺乏历史哲学与道德判断的支撑；只有以不可逆的线性时间为特征的现代才发展了一种"特有的无所不包的全盘改进观"①，它"发生于知识、道德、政治、技术所有这些领域；它伸展于美德的发展，同样还有思想的自由；伸展于迷信与偏见的祛除，同样还有科学"②。所以，现代意义上的进步观念具有历史发展规则、历史哲学与政治哲学等多重含义，它以乐观主义精神许诺了可以无限完善的文明发展理念，其中乌托邦思想就是这一线性史观的启蒙后果，是一个可以通过现有数据加以推导和预见的可能性空间，同时它的出现也为时间优先的现代性历史注入了一个可资想象与空间化的地理学维度。

在法兰克福学派之前，乌托邦以社会乌托邦为主导形式，代表性的包括莫尔（St. Thomas More）的"乌托邦"岛国、J. V. 安德烈亚（J. V. Andrea）的"基督城"、弗朗西斯·培根（Francis

---

① [法]乔治·索雷尔：《进步的幻象》，吕文江译，中国社会科学出版社 2013 年版，"英译者导言"第 7 页。
② 同上书，第 9 页。

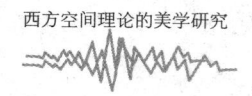

Bacon)的"新大西岛"、爱德华·贝拉米（Edward Bellamy）的公元 2000 年的波士顿、威廉·莫里斯（William Morris）的二十一世纪的南英格兰地景等。1615 年英国人莫尔的小说《乌托邦》问世，小说的历史背景依托 15、16 世纪的地理大发现，并在借鉴此前类似作品——如《宇宙志引论》（1507）和《新世界》（1511）等的基础上，将理想国度放在天涯海角的一隅，借助一位航海水手之口讲述了这个完美岛国的政治制度，以此揭露该时期英国资本主义发家史上"羊吃人"的血腥一页，开启了现代人以"乌托邦"名义批判旧秩序、展望新社会的先河。到了 19 世纪 90 年代，又有两部极具轰动效应的乌托邦小说横空出世，它们分别是贝拉米的《回顾》（1888）与莫里斯的《乌有乡消息》（1890），两部乌托邦小说既有着共同的时代背景与批判对象，又体现了不同的政治主张与个人旨趣。资本主义的第二次工业革命使新技术深刻地影响到日常生活的方方面面，正如有人所总结的："公共卫生发展、自来水供应系统、罐头食物保存方法、结构钢材、柏油道路铺面、大幅改善的电梯、电力有轨街车、旋转门、中央暖气系统以及商店橱窗所使用的大型平板玻璃生产方法等，这些都在 1880 与 1890 年代次第出现。"① 新的时代语境赋予该时期的乌托邦作品以乐观主义基调，二人从马克思学说与社会主义哲学汲取思想资源，立足于 19 世纪资本主义的制度批判与社会批判，以反城市、反工业化、反商品化的基本主题分别提供了一个公平正义、完全

---

① ［加拿大］爱德华·瑞夫：《现代都市地景》，谢庆达译，田园城市文化事业有限公司 1999 年版，第 33—34 页。

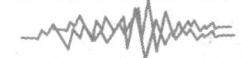

就业、秩序完美、没有压迫的理想社会模型，它在地景上具有低密度、花园化、消解城乡对立等鲜明特点。从历史意义上看，贝拉米等人的探索有两点值得注意：一是指出了现代城市的发展并非不可避免，它还可以有另一条道路、另一种形态；二是认为未来社会不仅仅是现状的延伸，人类完全有能力将其规划得更宜居、更人性与更美好。

显然，乌托邦观念虽然作为"一个没有的地方，是一种空想、虚构和童话"①，但它对资本主义负面状况的深刻认识，无疑提供了对现行社会必须进行改革的坚定理由。不过，从现代乌托邦史的角度看，乌托邦的发展并非一路凯歌、不被置疑。早在马克思主义时代，马恩就以科学的尺子做出裁定，认为19世纪的圣西门、欧文和傅立叶属于"乌托邦主义者"，他们的学说被定性为"空想社会主义"，并在对之进行辩证分析的基础上，指出其理论危害在于："不成熟的理论，是和不成熟的资本主义生产状况、不成熟的阶级状况相适应的。""这种新的社会制度是一开始就注定要成为空想的，它愈是制定得详尽周密，就愈是要陷入纯粹的幻想。"② 所以，马恩哲学在制定共产主义这一人类发展的最终目标时，固然没有跳离历史决定论的思维圈套，但为了追求理论的现实性与科学性，只给予他们的理性乌托邦以本体论与目的论的宏观勾勒，并不对之进行认识论与价值论的微观建构。

随着社会历史条件的转变，现代性的丰富维度得以空前敞开，

---

① 《列宁选集》（第2卷），中共中央马恩列斯著作编译局1960年版，第429页。
② 《马克思恩格斯选集》（第3卷），人民出版社1972年版，第409页。

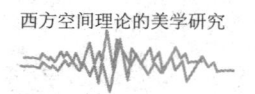

这推动着传统乌托邦思维的进一步更新与转变。法兰克福学派的审美乌托邦建构就是如此。进入20世纪，历史环境较之19世纪发生显著改变，"现代人所面临的根本问题已不只是由于具体劳动产品对人的异己统治而引发的经济和政治困境，而越来越表现为由技术、意识形态等普遍的文化力量对人的异己统治所导致的文化—历史困境"。① 这驱使无产阶级革命运动陷入低谷。从革命主体角度看，工人阶级在一个相对富足的资本主义社会，不再食不果腹、衣不蔽体，已经从死亡线上的挣扎转变为能够过上较为体面的生活，传统意义上的工人消失了；从革命领导者角度看，在资本主义日益获得巩固的背景下，卢卡奇（Georg Lukacs）、科尔施（Karl Korsch）和葛兰西（Antonio Gramsci）等经典的西方马克思主义创始人，要么惨遭政治流放，要么在狱中黯然离世，理论与实践的斗争纽带被无情地割断了。面对新的历史任务与理论创新的迫切要求，法兰克福学派从韦伯（Max Weber）那里汲取思想资源，形成了以审美救赎为底色的各种批判理论形态。

总体上看，除了以强调边缘、碎片、微观与具体化著称的本雅明（Walter Benjamin）、阿多诺（Adorno）等少数哲人外，"非空间化"的审美乌托邦成为法兰克福学派拯救世界的最后力量。而韦伯的审美自律理论则为之提供了直接的理论依据。按照韦伯的观点，现代性就是一个不同价值领域获得"自身—合法化"的分化过程。韦伯区分出科学、道德和艺术三种独立的价值领域，

---

① 于文秀：《"文化研究"思潮导论》，人民出版社2002年版，第31页。

并强调三者的自律性游戏规则必然导致各自独特的技术和手段的形成。具体来说,科学技术对应认知—工具合理性、法律道德对应道德—实践合理性、审美艺术对应审美—表现合理性。韦伯在对价值领域做出如此划分之后,又进一步论证了审美艺术是作为一种特殊的社会拯救力量而存在的普世价值。由于审美救赎何以可能的问题在韦伯那里得到了根本解决,所以接下来留给法兰克福学派诸理论家的任务就是如何在马克思的社会批判理论的框架下,针对发达工业时代出现的新型极权主义社会,展开审美批判和审美拯救。它的深层指向意在"让现代艺术借助特有的感性形式为理性的'复元'提供某种可能性"[①],从而实现审美乌托邦的理性救赎功能。

  这在马尔库塞(Herbert Marcuse)的艺术解放理论与"新感性"理论中有着自觉追求。马尔库塞从技术发展与资本主义制度合谋的角度,将发达工业社会定义为一个不存在异议者的高度一体化的单向度社会。它借助富裕社会制造的虚假需要,实现社会控制对主体结构的再生产,使现代人异化为匮乏批判性与否定性的"单面人"。马尔库塞将再造革命主体的出路归于艺术的"大拒绝"及其政治潜能。艺术的"大拒绝"是指艺术凭借形式的否定性,对抗现实的统治原则,以此与政治发生关联,实现人的爱欲解放与存在可能性。"新感性"正是作为这样一种非压抑性的艺术理性,意在确立一种与理性秩序相反且极具包容性的感性秩

---

① 李健:《审美乌托邦的现代想象:从韦伯到法兰克福学派》,《天津社会科学》2010年第3期,第109页。

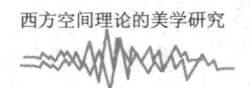

序，以此还原理性的本真内涵，重建感性与理性的新关系，来实施现代性的批判与拯救。所以，以马尔库塞为代表的法兰克福学派以审美启蒙代替理性启蒙，固然弥补了旧马克思主义在文化研究领域中的空白，提出了新的社会改造方案与具体变革路径，但由于"它并没有颠覆性的行为和目的，对主导的文化精神也未给予存在的前提性的否定"①，因而无法改变与现实相妥协而导致的理论大厦的崩溃。可以说，在现代乌托邦的展开上，空间维度的缺失实际上已内含了自身的终结，它一方面造成理论改变世界的初衷无法实现，另一方面也造成理论解释世界的起码要求难以兑现。这是现代审美乌托邦必然被后现代异托邦取代的根本原因。

二 异托邦与后现代身体美学：当代空间理论的主体建构

伴随着历史决定论的幻灭，乌托邦的两种现代形式——社会乌托邦与审美乌托邦也相继烟消云散。尽管现代乌托邦曾因空想性与非科学性而饱受诟病，而它用审美理想去统领其他拯救维度的做法（特别是审美乌托邦）尤其备受质疑。但现代乌托邦作为一种整合真善美的生存境界却在新一轮的文化转型中获得了价值重建。异托邦正是在现代乌托邦被击溃的地方横空出世，一举承揽起了乌托邦精神的再造工作。不同于乌托邦的未然性，"'异托邦'就在我们眼前。它是一系列的不稳定、临时的系统，一系列

---

① 于文秀：《"文化研究"思潮导论》，人民出版社2002年版，第67页。

的空间与相关运动，它协助、居间并冲击着持续改变的各种认同的集合"。① 如果说现代乌托邦抓住的是艺术，以致使自身成了一件高于现实的作品；那么异托邦则紧紧地抓住了身体，以此将乌托邦从天国拉回了人间，焕发出自身的现实活力。同时，由于有了异托邦与身体之间的物质与能量交换，感性学（美学）才落实为身体学，异托邦才诉诸后现代的身体美学。

历史地看，空间与身体在历史上表现为两种关系：一是相互外在的二元论关系，二是相互内含的同一性关系。两者之间的内在张力开启了人类空间模式的"漫长的革命"。这一思想进程伴随着两条并行不悖的主线：一条是空间革命，另一条是身体转向。在空间革命的道路上，社会空间的开辟实现了空间与身体的辩证统一；在身体转向的道路上，西方现象学确立的"身体—主体"理论则带来了空间与身体的审美统一；而当代异托邦理论作为上述两条路线的交汇点与逻辑"合题"，则最终促成了空间与身体的绝对统一。

首先，空间与身体的辩证统一是马克思主义哲学克服心身（主客）二元论的唯物主义使命，它初步形成了身体空间的社会建构。马克思之前存在一个顽固的身心分离的意识哲学传统，这个传统对身体维度的压制，形成了意识优先、主客对立的认识论模式，如近代笛尔儿哲学就是这种割裂精神与肉体的极端代表，其后果是切断了空间与身体之间的原始关联及现实关联，

---

① ［斯洛文尼亚］阿莱斯·艾尔雅维茨：《全球化的美学与艺术》，刘悦笛、许中云译，四川人民出版社2010年版，第102页。

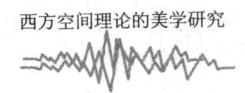

造成空间研究的抽象化、客体化与去人性化。这不仅严重限制了社会空间理论的孕育,而且不利于近现代哲学发展具体、辩证的思维品格与形成科学、开放的实践旨趣。马克思的哲学革命是从身体视点出发的,其历史唯物主义学说始终和感性的人与劳动的身体密不可分,并将创造"具有丰富的、全面而深刻的感觉的人"① 视为人类奋斗的恒久现实。在马克思那里,正是因为抓住了身体,把握了由身体所承载的生物性、文化性、政治性与经济性等多重存在维度,人才被界定为一切社会关系的总和与全部现实性的集合。也正是因为有了身体的直接性与现实性,社会这一体现着共同体生活特征的人类聚集,才具有了丰富的空间性,反过来空间也才因被身体占有而具有了生产性。社会、空间与身体就这样在马克思哲学中构成了一个三重辩证图式,承载着哲人力图以身体乌托邦为中心整合一切革命企图的美好诉求。

其次,马克思之后,经尼采(Nietzsche)再到20世纪的西方现象学,呈现了一条美学上打破"身体—客体"思维、建立"身体—主体"进路的研究模式,这为进一步推动惰性身体向活力身体、被动空间向主动空间以及"反身体空间"向身体空间的生成、发展提供了认识论依据。尼采的身体概念,颠倒了身体和意识的传统关系,"坚持身体在谱系学和进化论上对心灵的优先性",以颠覆传统哲学的无畏姿态,号召"人们必须'从身体出

---

① [英] 特里·伊格尔顿:《美学意识形态》(修订版),王杰、付德根、麦永雄译,中央编译出版社2013年版,第184页。

发,把它当作指南',去指引所谓更高的心灵和精神现象。"① 尼采对"身体—客体"思维的废黜,被胡塞尔(Edmund Husserl)、海德格尔(Martin Heidegger)、梅洛-庞蒂(Merleau-Ponty)、杜夫海纳(Mikel Dufrenne)等人的现象学所继承或深化,逐步开辟出以"身体—主体"为出发点的西方美学新模式。显然,要确立身体主体性,就必须将曾经交付给理性的特权"归还"给身体。对此,现象学家做了如下工作。一是指出世界是身体的构造物。胡塞尔向生活世界的回归,肯定了身体对世界的定向、对空间关系的负载以及对空间世界的建构诸能力。海德格尔认为世界不是给定的,它总是和此在联系在一起的,是此在向之超越的可能性空间。梅洛-庞蒂进一步突出了身体空间的首要意义,他强调身体的有机整体性与积极建构性,申明没有身体就没有空间,身体的空间性不是一种位置的空间性,而只能是一种处境的空间性,因此他所论的空间乃是一种身体化空间。二是赋予身体以高级使命。梅洛-庞蒂指出:"身体本身在世界中,就像心脏在机体中:身体不断地使可见的景象保持活力,内在地赋予它生命和供给它养料,与之一起形成一个系统。"② 在解析此种身体图式的运作机制时,梅洛-庞蒂还将计划概念引入其中,迈出了肯定身体意向性与创造力的重要一步。这在杜夫海纳那里表现得更加明显,他的《审美经验现象学》大胆地将想象和智力等更多的高级心理机

---

① [加拿大]埃克伯特·法阿斯:《美学谱系学》,阎嘉译,商务印书馆 2011 年版,第 32 页。
② [法]莫里斯·梅洛-庞蒂:《知觉现象学》,姜志辉译,商务印书馆 2001 年版,第 261 页。

制归还给身体,有人说,"他实际上表达了一个大胆的观点:身体是审美开始的地方,是审美活动的主要承担者,是被长期遮蔽的主体"①。可以说,由"身体—客体"向"身体—主体"的转型,既展现了现代身体哲学的重大进展,同时也为身体意义上的空间拓展开辟了广阔道路。

最后,乘着现代身体哲学的反叛东风,当代异托邦理论开始了关于身体空间的建构之旅,这对身体理论与空间理论的发展而言具有如下重大意义。

一是明确给予身体以建构社会空间的优先权。在这方面,列斐伏尔(Henri Lefebvre)最具代表性。他"试图回归到主体最初的空间创造形式,在这种意义上,每一个生命实体(能量的使用)都是空间的,都拥有空间"②。这就是说,空间起源于身体性的活动,是身体的展开方式,二者之间具有一种辩证的同构关系,即空间是身体性的而身体也是空间性的。在此,列斐伏尔对身体的本体论还原实际上导致的是认识论的审美化,因为感性学要以身体学为逻辑起点。从这个意义上说,他的社会空间理论根源于身体空间并指向身体美学。如他对社会空间三重结构的阐释就可作如是观。他认为社会空间是"空间实践"(Spatial Practice)、"空间的表现"(Representations of Space)与"再现的空间"(Representational Space)的三位一体。具体来说,"空间实

---

① 王晓华:《西方美学身体转向的现象学路径》,《湖北社会科学》2015 年第 5 期,第 113 页。
② [美]理查德·皮特:《现代地理学思想》,周尚意等译,商务印书馆 2007 年版,第 120 页。

践"是指感知的空间,"是生产社会空间性之物质形式的过程,因此它既表现为人类活动、行为和经验的中介,又是它们的结果"①;"空间的表现"是指构想的、概念化的空间,是一种科学家、规划师、城市学家、艺术家、专家治国论者所从事的想象空间;"再现的空间"则是前两者的"合题",包括一切真实和想象的空间,不存在一方先天地优于另一方,是开放的、反抗的、鲜活的社会实践空间。可见,这种由身体开辟和构造的多重空间乃是差异和特殊性的汇聚之所,包含着人的存在样式的多种可能性与解放之维。就此而言,列斐伏尔的身体空间转向代表了当代解放政治学发展的新方向。

二是将身体拯救作为异托邦建构的目标与归宿。在很大程度上,是立足非身体的审美还是审美的身体来构建空间拯救方案,可视为当代与现代空间理论的一个根本区别。从列斐伏尔、福柯(Michel Foucault)、哈维(David Harvey)到詹姆逊(Fredric Jameson)等当代空间理论家,锻造身体的解放政治学与身体美学始终构成其理论的本体与核心。列斐伏尔从身体的活力论出发,指出在过度现代化的社会里,"正是身体才是逆转的关键点,只有它才能矫正(社会关系)——而不是'逻各斯',也不是'人类'"②。福柯所说的身体是被历史和权力占有和穿越的基础性本体,但它不同于尼采与列斐伏尔所确立的"身体—主体",而是一种"身

---

① [美]爱德华·W. 苏贾:《第三空间:去往洛杉矶和其他真实和想象地方的旅程》,陆扬等译,上海教育出版社2005年版,第84页。
② Henri Lefebvre, *The Survival of Capitalism*, London: Allison & Busby, 1976, p. 89.

体—客体",这种被动的身体固然缺乏生产性与对抗性,但作为历史的焦点与权力纷争的核心场所,却不可避免地构成了反资本主义的前沿阵地。只是与主动的身体出路不同,"被动的身体的最终出路只能是隐秘的自我美学改造:身体不是根据它自身的主动力量而展开,而是根据美学目标来自我发明"①。哈维解放政治学的中心议题也是如此。"他通过对现代资本主义社会资本积累过程的研究,在全球化规模上把身体和政治人确立为当下普遍诉求的基础,以人的(劳动和生活)尊严的普遍权利为中心来设计乌托邦理想。"② 上述空间学说无不将"身体"视为文化政治与社会变革运动的特殊场所,而对其潜在政治意义倍加重视,并形成了政治美学意义上的后现代身体解放理论与后现代空间的主体重构理论。

三 时空转变与文化力量崛起:从现代主义到后现代主义

时间与空间作为存在的基本维度,一直与人类历史与文化形态的嬗变互为条件、相辅相成。关于时空转变与具体文化形态之间的因果联系,当代空间理论家如哈维、詹姆逊、彼得·乔治(Péter György)、迈克·迪尔(Michael J. Dear)、沙朗·佐京(Sharon Zukin)等都有着精辟阐述。哈维以当代文化现状为例评价道:"1972 年前后以来,文化实践与政治—经济实践中出现了

---

① 汪民安:《身体、空间与后现代性》,江苏人民出版社 2006 年版,第 20 页。
② 张佳:《大卫·哈维的历史—地理唯物主义理论研究》,人民出版社 2014 年版,第 170 页。

一种剧烈变化。这种剧烈变化与我们体验空间和时间的新的主导方式的出现有着密切关系。在后现代主义文化形式的崛起、更加灵活的资本积累的方式出现,与资本主义体制中新一轮的'时空压缩'之间,存在着某种必然的联系。"① 彼得·乔治也明确指出:"全球化、新地理学、对这些变化的版图化和视觉化,都对当代艺术和美学产生了明显冲击,因为艺术和美学与社会时空的变化相联系。"② 这种文化—美学重构是一个伴随着资本主义现代性从欧洲中心向边缘扩展的全球化故事,它的政治经济学基础是资本积累方式的转变,它的主导线索则是贯穿着现代与后现代时期的一系列艺术运动、各种美学形式和美学实践。

当代空间理论在解释全球化时代审美体验的新特征与新挑战方面之所以极具理论活力,与它能够立足城市空间的社会生产去分析时空转变的物质基础,以及始终坚持以辩证视角去还原"时—空"/历史—地理之间的真实关系密切相关。从现代主义到后现代主义,伴随着人类的两种时空体验类型的出现,一种是"全球性暂时同步体验"③,另一种是超真实的时空非同步体验。这两种感知结构的形成都是人类城市空间生产的演变物。

前者是机器时代的伟大产物,这是一个"包含先锋、时空爆炸等伟大体验的时代,可以用速度来描述和代表。从铁路到飞机

---

① 张佳:《大卫·哈维的历史—地理唯物主义理论研究》,人民出版社 2014 年版,第 145 页。
② [斯洛文尼亚] 阿莱斯·艾尔雅维茨:《全球化的美学与艺术》,刘悦笛、许中云译,四川人民出版社 2010 年版,第 101 页。
③ 同上书,第 102 页。

到太空时代，时空的维度变得越来越拥挤，基本体验是同步与距离缩小"。① 马克思与尼采是这个时代最好的预言家与阐释者。马克思从物质基础角度重点论证了现代时空关系的暂时性特征。他认为生产关系与社会关系的不断革命化是资产阶级存活的保证，这种由速度支撑的现代环境因而呈现出关系的动荡性、存在的不确定性、坚固事物的瓦解以及神圣东西的遭亵渎等一系列表征，从而与过去一切时代相区别。尼采则从时代精神状况的高度进一步总结了这种时空转变所带来的全新意义，发出了"上帝死了""虚无主义降临"等振聋发聩的时代呐喊。"现代人类发现自己处于一种价值的巨大缺失和空虚的境地，然而同时又发现自己处于极其丰富的各种可能性之中。"② 于是，置身于历史转折点上的现代人以什么样的节奏、什么样的范围言说现代性成为一个需要在价值观念与美学实践上澄清的问题。哈维则将现代主义的发生与足够成熟的资本主义联系在一起，其时间节点就是1847—1848年爆发的资本主义世界经济危机，这种危机的积累与深化在第一次世界大战前达到了顶点。而资本主义在得以幸存的空间生产中，通过一系列的时空征服与时空修复措施，让资本主义的时空关系获得重构与调整，而伴随这个过程而来的则是，"绝对空间和场所的确定性让位于一种变化着的相对空间的不稳定性"③。其深刻后

---

① [斯洛文尼亚] 阿莱斯·艾尔雅维茨：《全球化的美学与艺术》，刘悦笛、许中云译，四川人民出版社2010年版，第102页。
② [美] 马歇尔·伯曼：《一切坚固的东西都烟消云散了——现代性体验》，徐大建、张辑译，商务印书馆2003年版，第23页。
③ [美] 戴维·哈维：《后现代的状况：对文化变迁之缘起的探究》，阎嘉译，商务印书馆2003年版，第326页。

果是,"文学和艺术都不可能避免国际主义、共时性、不稳定的短暂性的问题,不可能避免金融体制及其货币或商品基础之间的主导价值尺度内部的紧张关系"①。

　　从1848年开始,现代主义就伴随着经济、政治和文化生活中时空意义的根本性调整而逐渐成为一种声势浩大的美学潮流。它在时间、空间与意义维度的构建方面呈现出一系列崭新特征,并为后现代空间美学的确立铺平了道路。具体来说,它在时空维度上的贡献主要表现在对同时性的捕捉,对现存的沉溺与体验,以及对同质空间与绝对空间的抛弃。如乔伊斯(James Joyce)发现了使其小说极具颠覆性的即时性叙事技巧,伍尔夫(Virginia Woolf)主张在叙事语言上要表现主观生活的强烈变化,毕加索(Pablo Picasso)利用立体主义分解和重组绘画空间,超现实主义者凭借拼贴艺术创造日常中的奇迹等。在意义维度上,以马奈(édouard Manet)、波德莱尔(Charles Pierre Baudelaire)、福楼拜(Gustave Flaubert)为代表的现代艺术创作,"反映了在一个不稳定的、迅速扩张的空间范围的世界里对于空间和场所、现在、过去和未来之意义的深刻追问"②。可以说,这种对意义的承载乃是现代主义美学一以贯之的价值立场。于是,现代主义美学在时空建构与意义表达两方面所呈现的成就与局限就可以总结如下。首先,从成就方面看:(1)艺术时空观的相对主义构造,有助于颠

---

① [美]戴维·哈维:《后现代的状况:对文化变迁之缘起的探究》,阎嘉译,商务印书馆2003年版,第327—328页。
② 同上书,第328页。

覆绝对时空背景下对"同一性"的追求,突出个性、偶然性与特殊性的价值;(2)开辟了以自律的形式空间对抗社会空间的美学新传统,"在这里感性不再是低于理性的存在,它被赋予了崭新的革命功能"①。其次,从局限性角度看:(1)现代主义坚持一种精英主义的文化路线,人为地制造了日常空间与审美空间的二元对立;(2)现代主义美学主体属于假定的理性的、统一的主体,因而难以摆脱理性乌托邦的诱惑与缠绕。

　　超真实的时空非同步体验是晚期资本主义的文化产物,它是催生后现代主义话语的重要源泉之一。后现代一般被认为是继现代之后来临的一个新的历史阶段。在后现代这个以流动空间、虚拟空间、网络空间为基本构架的全球化场域中,时空分延与时空压缩的现代性体验,"已被时空的不同步、个人化直至最后的无法被感知所替代,同时,速度也变为一个不可见的维度"②。相应地,这种由全球化新背景导致的审美体验,在解构了二元对立的历史与文化概念之后,也一并埋葬了由现代主义艺术品的自身完整性所担保的那种极端的艺术性美学。从这个意义上说,后现代主义转向不仅选择性地强化了现代主义内部的某些倾向,而且更透露出一种与现代主义传统相决裂的新阶段特征。它与现代主义的根本区别,首先在于其反理性、反中

---

　　① 马宇飞:《西方审美救赎思想的历史流变与当下反思》,《学术交流》2014年第6期,第43页。
　　② [斯洛文尼亚]阿莱斯·艾尔雅维茨:《全球化的美学与艺术》,刘悦笛、许中云译,四川人民出版社2010年版,第102页。

心的旨意模式。这可从距离的撤销与"示意链的崩溃"① 两个方面谈起。现代主义的生产就是一种距离和意义的生产，它通过站在社会的对立面来否定资本，以此实现形式的自律与审美拯救功能，因而是一种深度模式；但在后现代超空间视域下，身体被类像席卷而失去了坐标，直接导致主客二元论的消解，艺术空间与生活空间的重合，美学民众主义的兴起，以及高雅艺术与通俗艺术壁垒的拆除，故而呈现出一种平面模式。在空间逻辑占主导地位的后现代社会，失去连贯与整合能力的主体只是一种精神分裂型主体，不再支持能指与所指之间的一对一关系，这种由"示意链的崩溃"所带来的重要文化后果就是纯粹物化的能指体验构成了社会的直接现实，在由孤立的物质性感觉构成的景观社会、类像世界中，人们纠缠于欣快症、麻醉症的戏剧化情境而难以突围。其次，后现代主义不同于现代主义的另一重要方面，在于时空转变所带来的形式更迭。这主要体现在"对表达的解构"②、拼贴实践的运用与折中主义风格的盛行。现代主义力求在审美自治中巩固批判性的主体位置，后现代主义则给予形式的直接性与表面性以本体论辩护，对我们的日常生活、精神经历和文化语言而言，这是以感情的消逝为代价所形成的一种新文化风格，它集中体现于前卫艺术的探索与实践。然而，这种新的"后—文化"形态，却再一次有力地证

---

① ［美］詹姆逊：《后现代主义，或晚期资本主义的文化逻辑》，薛毅主编《西方都市文化研究读本》（第三卷），广西师范大学出版社 2008 年版，第 273 页。

② 同上书，第 255 页。

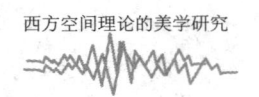

明了如下结论，我们"今天都受到空间范畴而非时间范畴的控制，不像在以前真正的高度现代主义时期那样"。①

第三节 从外部空间到内部空间：当代西方空间理论的诗学关怀

当代西方空间理论以列斐伏尔、福柯开辟的路线为主航道，在运用政治经济学、社会学、地理学等方法研究社会空间方面取得了显著成就，并将"外部空间"推向了新的研究高度。与此同时，当代西方空间理论也没有在"内部空间"面前停步不前，而是以文艺批评为媒介，深入探讨了人类精神空间的独特存在与丰富意蕴，从而使得空间理论的内外两个维度获得平行发展，一定程度上弥补了当代主流空间理论重社会关系、轻生命体验的研究偏颇。

一 当代诗性空间探源：从巴什拉到布朗肖

当代空间理论的诗性探讨有两大根本路径：一是以列斐伏尔、哈维、詹姆逊等著名的马克思主义空间理论家为代表，这一派在将历史唯物主义进行空间化（地理学化）的过程中，突出了政治

---

① ［美］詹姆逊：《后现代主义，或晚期资本主义的文化逻辑》，薛毅主编《西方都市文化研究读本》（第三卷），广西师范大学出版社2008年版，第265页。

经济学在社会历史发展中的基础地位及其对艺术空间的主导与建构；二是以法国著名的现代思想家加斯东·巴什拉（Gaston Barchelard）(1884—1963) 与莫里斯·布朗肖（Maurice Blanchot）(1907—2003) 为代表，二人所提出的诗性空间理论不仅与西方左翼空间理论高扬空间的生产属性不谋而合，而且与后现代消解宏大叙事、反对主客二元论的基本原则保持了高度一致。因此，后者的影响虽不及前者那么声势浩大，但追随者也不乏其人。正如有论者所看到的，巴什拉直接影响了福柯、波普尔、阿尔都塞、库恩、乔治·布莱、德勒兹、德里达、布朗肖等一大批思想大师与文艺批评巨匠，同样，"如果没有布朗肖，我们完全无法想象后来的所谓后结构主义会是什么样子，同样，也就不会有从后结构主义那里吸纳了决定性影响的英美批评理论"①。

巴什拉与布朗肖都是当代诗性空间理论的先行者与过渡人物，同时也是20世纪从思想到行为备受争议的两位思想怪杰。巴什拉是科学哲学家、文艺批评家、诗学理论家与诗人。他专门探讨诗性空间的著作是出版于1957年的《空间的诗学》，该书再一次（这种转型始自1938年出版《火的精神分析》）体现了作者试图调和诗与科学之间矛盾关系的认识论变革，其求诸现象学方法开掘内心空间的取向，展现了一种以考察想象力与形象为中心的微观现象学或私人现象学。布朗肖是另一位法国杰出的知识分子，他具有作家与理论家的双重身份，《文学空间》(1955) 一书是其

---

① ［英］乌尔里希·哈泽、威廉·拉奇：《导读布朗肖》，潘梦阳译，重庆大学出版社2014年版，第1页。

主观空间、诗性空间研究的集大成之作,并与巴什拉的空间诗学一道建构了西方现代诗性空间的两极化格局。援引福柯在《另类空间》一文的表述即是,前者是"一个轻的、天上的、透明的空间",后者则是"一个黑暗的、沙砾的、阻塞的空间";前者是"一个高空,一个空间的顶峰",后者则是"一个低空,一个烂泥的空间";前者是"一个能够像活水一样流动的空间",后者则是"一个能够像石头或水晶一样不动的、凝结的空间"[①]。需要指出的是,上述两种诗性空间的划分在不同理论家那里绝非画地为牢、一成不变的,它仅意在表明每位理论家在考察内部空间时各有侧重而已。

倘若概括巴什拉与布朗肖二人空间著作的异同,那么最合适的词汇非"相反相成"莫属。"相成"指的是二人的空间理论叙事都落脚在文艺领域,呈现的是一种"被人所体验的空间"[②],这种诗学经验沿着精神的丰沛与灵魂的深度两个方向展开,其"探索目标是确定所拥有的空间的人性价值"[③];"相反"指的是二人的空间理论叙事在价值关怀与空间形态等方面呈现出一系列个性化差异,通过回归空间经验的特殊性,二人以其独有的文学—哲学思维解构着同一性、普遍性的形而上空间观。

巴什拉与布朗肖的诗性空间是生产的、辩证的与充满活力的,这是因为二人具有认识论上的反叛与自觉。在这方面巴什拉最有

[①] [法]福柯:《另类空间》,王喆译,《世界哲学》2006年第6期,第53页。
[②] [法]加斯东·巴什拉:《空间的诗学》,张逸婧译,上海译文出版社2009年版,"引言"第23页。
[③] 同上。

代表性。他提出的"认识论断裂"就具有这种重塑空间传统的重大意义。当20世纪的法国哲学仍囿于历史进步论而将连续性增长视为"知识进步与否"的根基之时,巴什拉则率先将知识的非连续性纳入思考议题,并与倡导连续、绵延和进步的历史主义的意识哲学家们拉开了距离,开启了非历史主义的概念哲学传统,且以间断、不连续的哲学思维深深地影响了后继者康吉莱姆、斯特劳斯和福柯等人的理论学说。按照巴什拉的观点,"每一次断裂都是一次新的提问法的确立,一种新的总问题的提出"①,这种断裂是开放的而非封闭的,因而构成精神扩展的前提,而单一的、直线发展的知识进步概念只会导致人类思想敏感度的降低与认识本身的衰退。本着这样的认识论自觉,巴什拉通过考察认识行为本身遭遇的各种"认识论障碍"——如"原初经验""一般认识"、言词的障碍、实体论的障碍等,于上述"断裂"处寻找重构知识范式的可能与路径,其伟大成果就是他"转向了一个诗学的想象空间,从另一个视角考察了种种消极障碍的积极意义"②,实现了科学与诗"两种文化"(斯诺语)的兼容与互动,也让备受时间哲学压抑的空间现象在诗学领域重获新生。

基于如上考察可知,巴什拉思考的空间已"不再是那个在测量工作和几何学思维支配下的冷漠无情的空间","它不是从实证

---

① 费多益:《理性的多元呈现——巴什拉科学哲学思想探析》,《哲学研究》2012年第8期,第120页。
② 王时中、王凤南:《论巴什拉"认识论断裂"的双重意蕴》,《贵州大学学报》(社会科学版)2015年第3期,第15页。

的角度被体验,而是在想象力的全部特殊性中被体验"①。这是巴什拉的诗意想象论的人性价值。具体而言,巴什拉认为,意象并不是精神分析学语境中心灵受到伤害的产物,人的想象的存在是一个"好的存在"而不是一个"非存在",意象是展开在主体之间的对话世界,而不是自我封闭的圆圈。"巴什拉认为物的存在与人的主体的存在是一致的。物可以给人提供'用于发展人的美德所必需的意象'"②。在此,作者区分了两种想象类型及其功能:一种是以空气、火、水、土四种原型元素为想象内容的"物质的想象",其功能在于保持主客之间相互关系的稳定与均衡;另一种是"动态的想象",表明的是"主体对存在所具有的范围的更广阔的、更加精神化的形式的渴望和探求"③。就此而言,巴什拉的空间想象不仅是主客辩证的,亦是不同想象类型不断扩张且彼此作用的。以此为基础,巴什拉形成了以"家宅"空间为核心的空间意象群,从"安居"角度展开了我们内心存在的精神地形图。在巴什拉看来,家宅具有存在的原初丰富性,"它既是身体又是灵魂"④,给人以庇护、梦想、记忆与激情,因而是受人喜爱的空间、受到赞美的空间,其承载的内心价值与诗意深度可以扩展到鸟巢、贝壳、角落等各种存在领域,同时,

---

① [法]加斯东·巴什拉:《空间的诗学》,张逸婧译,上海译文出版社2009年版,引言第23页。
② 赵光旭:《巴什拉的诗意想象论及其美学意义》,《同济大学学报》(社会科学版)2008年第3期,第68页。
③ 同上。
④ [法]加斯东·巴什拉:《空间的诗学》,张逸婧译,上海译文出版社2009年版,第5页。

这种想象空间还是一个内外反转、无比广阔的动态性空间。在此，内心空间不仅是一切，更是一种价值，"内心空间的存在是幸福的存在"①。

布朗肖也是一位从体验角度讨论空间的思想家，他的"文学空间"思想的形成，贯穿着其以文学对抗哲学的诗学理念，但不同于巴什拉，布朗肖的"文学空间"不是一个幸福与光明的世界，而是向人们展现了一个否定性的死亡空间、虚无空间，这与他将死亡视作个人作品的核心及一切写作的核心的理念是分不开的。通过将死亡置于哲学与文学两块不同的棱镜下，布朗肖发现以黑格尔与海德格尔为代表的哲学家们只揭示了死亡之双重性中的第一重含义，即"可能的死亡"②，这种死亡观意在让人成为死亡的主宰者，死亡因而是可征服的，海德格尔称其为"不可能性的可能性"③。例如自杀，一般认为这种极端行为超越了动物性的死亡，追求"同死亡建立起某种自由关系"④，是体现自我意愿的最高行动，是一种哲学家意义上的卓越之死，"此时死亡已经变成一个理念、一种原则和一项计划"⑤，但布朗肖则斥之为"把死亡

---

① ［法］加斯东·巴什拉:《空间的诗学》，张逸婧译，上海译文出版社 2009 年版，第 11 页。
② ［法］莫里斯·布朗肖:《文学空间》，顾嘉琛译，商务印书馆 2003 年版，第 72 页。
③ ［英］乌尔里希·哈泽、威廉·拉奇:《导读布朗肖》，潘梦阳译，重庆大学出版社 2014 年版，第 66 页。
④ ［法］莫里斯·布朗肖:《文学空间》，顾嘉琛译，商务印书馆 2003 年版，第 82 页。
⑤ ［英］乌尔里希·哈泽、威廉·拉奇:《导读布朗肖》，潘梦阳译，重庆大学出版社 2014 年版，第 55 页。

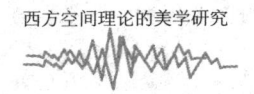

变成了一种理想性的东西，却也因此根本没有接近过它的真实所在"①。那么，死亡的真实含义（或第二重含义）是什么呢？布朗肖将之概括为"可能性的不可能性"②。因此，他反驳海德格尔："我"从不会死，是"某人在死"。③ 这里的意思是哲学意义上的本真之死，在垂死者那里被转化成了无限的被动性，因此在死亡中不再存在自我的个体性的根基，死亡就其本身而言也不再透明并与我相连，它是谜，是"绝对的它异性"（列维纳斯语），更是不可理解、不可把握的。有人指出，"关于死亡的这个论述开启了通向体验一种隐藏在行动世界之下的真实的道路，布朗肖将这种真实命名为'存在的秘密'：独一性"。并表示，"只有在文学中，并且尤其是在诗中，我们才得以离开知识和信息的领域，朝向那独一存在之物的存在"④。布朗肖由此将死亡空间与文学空间相提并论。

二　当代诗性空间透视：艺术视域下的"第三空间"

从巴什拉与布朗肖对诗性空间（或文学空间）的描述与探析中，我们看到了20世纪中叶"空间转向"的另一条路径及其表现形态。可以说，法国的这两位哲学家作为当代西方空间理论的思想先驱，较早地就从诗学层面对如下传统进行了反驳："空间在以

---

① ［英］乌尔里希·哈泽、威廉·拉奇：《导读布朗肖》，潘梦阳译，重庆大学出版社2014年版，第55页。
② 同上书，第66页。
③ 同上书，第67页。
④ 同上书，第84页。

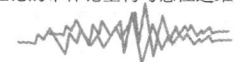

往被当作是僵死的、刻板的、非辩证的和静止的东西。相反，时间却是丰富的、多产的、有生命力的、辩证的。"① 二人从科学与人文、理性与感性的两极互动中探求空间奥秘的学术理路，不仅开辟了空间研究的诗性维度，而且架起了由现代向当代过渡的空间叙事桥梁。

在后现代地理学家爱德华·苏贾那里，有两个对当代空间理论（或空间叙事）建构具有重要启示意义的作家被重点提及，这就是约翰·伯杰（John Berger）与豪尔赫·路易斯·博尔赫斯（Jorge Luis Borges）。其中伯杰的贡献在于他的剧本与散文集对讲述空间做了明确的选择，苏贾认为他与福柯一样提出了充满生气的后现代地理学观点；博尔赫斯则因为在作品中有着对时空元素的独特运用而受到苏贾的高度赞赏，指出其空间意象的创造性堪与列斐伏尔的三元辩证空间观及其自己所提出的"第三空间"相媲美。

在最早宣告我们已经进入空间时代的思想家中，伯杰是从生活世界与文学空间的有机关联角度做出大胆判断的，这种艺术地理学家身份促使其空间论断呈现出极为鲜明的美学色彩。在伯杰看来，现时代文学叙事方式的变化，来源于当下的这样一种意识结果，即"我们始终不得不考虑诸种事件和诸种可能性的同存性和延伸性"②。并指出出现这种情况的原因有多种："现代传播手

---

① ［美］爱德华·W. 苏贾：《后现代地理学：重申批判社会理论中的空间》，王文斌译，商务印书馆2004年版，第15页。
② 同上书，第34页。

段的范围；现代权力的规模；必须被接受的对全世界诸种事件的个人政治责任的程度；世界已变得不可分割的事实；世界内部经济不平衡发展；剥削的规模。"① 由此，伯杰发人深思的结论是："对事物的预知现在牵涉到地理的投射，而不是历史的投射；藏匿各种结果使我们无法看见的，是空间，而不是时间。"② 可见，在空间问题上伯杰与福柯的相关论断是何其相似！较之巴什拉、布朗肖的内部空间观，伯杰的空间逻辑其实是外指的，换言之，前者讲述的是非历史的内心空间，是脱离具体社会现实束缚、无边漫游的精神空间与梦想空间；后者呈现的则是反历史决定论意义上的空间化叙事，它产生于对当代危机的理解以及对现代生活的重构的认识，具有明确的历史语境与物质指涉，因此与当代的历史地理唯物主义思潮具有内在的一致性。

如果说伯杰的文学空间是后现代地理学转向的一个典型样本，那么经由苏贾阐发的博尔赫斯的空间意象则与巴什拉等人的现代诗性空间保持了更多的"家族相似性"，并成为某些后现代地理学家（例如苏贾本人）构筑当代理想空间模型的灵感之源。苏贾的后现代地理学与"第三空间"理论与博尔赫斯的两部作品有着斩不断的精神粘连，比如短篇小说《交叉小径的花园》（1941）之于苏贾对洛杉矶后现代地理学的解读，短篇小说《阿莱夫》（1945）之于苏贾对"第三空间"理论的建构。

---

① ［美］爱德华·W. 苏贾：《后现代地理学：重申批判社会理论中的空间》，王文斌译，商务印书馆2004年版，第34页。
② 同上书，第36页。

先看《交叉小径的花园》为苏贾拆解洛杉矶注入的灵感。博尔赫斯向我们展现了"交叉小径的花园"这一包容性、迷宫性、异质性的空间意象。如其所言:"这是地球上所有的地方都聚集在一起的唯一一个地方——从每一个角度看,每一处的轮廓都十分清楚,不会有任何的混淆或混和。"① "使我感到惊讶的莫过于这样一个事实:所有这些行为都在空间上占据着同一个点,既不重叠也不清晰,都是在同一个时间进入我的眼帘,但我现在流之于笔端的,却是依次性的,因为语言是依次性的。"② "我怅惘迷失的思维对它几乎难以掌握。"③ 如此看来,"交叉小径的花园"与巴什拉的空间意象确有诸多相似之处,比如巴什拉的空间就追求内与外、大与小的空间辩证法,其丰富的心灵属性与人性蕴含将空间与身体、现实与想象有机融为一体,其笔下的人是"半开半闭的存在"④,其诗意想象空间则呈现出开放、流动、扩张及辩证等多重品格,能够让人深切地感受到自身的超越与存在。苏贾借用"交叉小径的花园"这一异托邦准确、生动地描述了当代洛杉矶这一后现代城市的典型景观,并深入揭示了其驳杂、异质的文化象征含义。洛杉矶的空间地形挑战一切正统的阐释与分析,它似乎漫无边际又始终运动,处处都是"其他的空间",并显得在世界任何地方都到处出现,因而是全球性的代表、世界城市的缩

---

① [美]爱德华·W. 苏贾:《后现代地理学:重申批判社会理论中的空间》,王文斌译,商务印书馆2004年版,第331页。
② 同上。
③ 同上。
④ 谭智锋:《梦想的空间——论巴什拉的空间诗学》,《延河》2013年第2期,第166页。

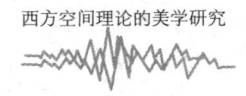

影，其作为世界货物集散地的城市功能，四通八达的枢纽位置，多种多样的文化的蜂拥涌入，相互联系的城市微观世界，以及不断再生产出来的多元文化冲突等异质性构成，使其成为作者以城市区域为对象构建批判人文地理学的最佳素材。

　　再看《阿莱夫》开启的"第三空间"的三元辩证思维。"阿莱夫"是博尔赫斯提供的又一个对后现代空间极富穿透力的文学意象。关于阿莱夫，博尔赫斯写道："永恒是关于时间的，阿莱夫是关于空间的。在永恒中，所有的时间——过去、现在、将来——都是共时存在。在阿莱夫，你会发现，全部空间宇宙都在一个细小的、闪光的球里，直径仅一英寸多。"① 显然，博尔赫斯笔下的阿莱夫作为作者此前异托邦意象（如"交叉小径的花园"）的升级版，一个突出的改变就是这个异托邦呈现球形。为什么作者将空间中的一个包罗万象的点塑造成球形呢？我们从当时另一位理论家关于"圆的现象学"的讨论中似乎可以寻到答案的蛛丝马迹。在《空间的诗学》中，巴什拉在列举雅斯贝斯关于"每一个此在看起来本身都是圆的"、梵·高关于"生活几乎是圆的"、乔·布苏克关于"生活是美好的。不！生活是圆的"等观点后，宣称"此在是圆的"，② 并解释道："浑圆的形象帮助我们汇聚到自身之中，帮助我们赋予自己最初的构造，帮助我们在内心里、通过内部空间肯定我们的存在。因为，从内部被体验、没有外在

---

① ［美］爱德华·W. 苏贾：《第三空间：去往洛杉矶和其他真实和想象地方的旅程》，陆扬等译，上海教育出版社2005年版，第68页。
② ［法］加斯东·巴什拉：《空间的诗学》，张逸婧译，上海译文出版社2009年版，第254—256页。

性的存在只能是圆的。"① 这可以视为异托邦的极致想象呈现圆形的根本原因。但苏贾引用阿莱夫的醉翁之意,实际上是要阐释当代空间的本真状况,并指明空间理论的建构目标与拯救维度,这就是用"第三空间"的概念去整合以往所有的空间学说,并赋予其空间理论以极大的生产性与开放性,借以实现空间对现实的译解、空间对解放政治的承载。在此,诗性想象为社会空间理论提供了富于启示性的建构议题。正如苏贾对此所做的明确阐述:"将《阿莱夫》的意义与列斐伏尔有关空间生产的理论联系起来,可以从根本上打破空间知识旧的藩篱,强化我所要说的第三空间的彻底开放性:这是一切地方都在其中的空间,可以从任何一个角度去看它,每一个事物都清清楚楚;但它又是一个秘密的、猜想的事物,充满幻象与暗示,对于它我们家喻户晓,但从来没有人彻底地看清它、理解它。这是一个'无法想象的宇宙',或如列斐伏尔所说,是'最一般的产品'。"②

三 当代西方空间理论的诗学启示:存在与想象

可以说,异托邦叙事一直构成 20 世纪中叶以来空间理论发展的一个重要话题。从某种意义上说,空间诗学凭借得风气之先的先锋意识,在开启与建构当代主流空间理论方面具有不可忽视的理论价值。为什么巴什拉、布朗肖、伯杰、苏贾等人会借助文学

---

① [法] 加斯东·巴什拉:《空间的诗学》,张逸婧译,上海译文出版社 2009 年版,第 257 页。
② [美] 爱德华·W. 苏贾:《第三空间:去往洛杉矶和其他真实和想象地方的旅程》,陆扬等译,上海教育出版社 2005 年版,第 72 页。

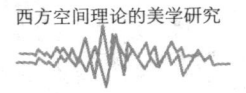

（诗学）来完成个人学术范式的转型，来完善个人在空间问题上的思考，来与社会现实展开积极而富有成效的互动？当代空间诗学对当代空间理论的建构而言究竟有何意义与启示？如此这般的话题无疑值得我们深入思考。

（一）启示之一：回归生活世界

就西方空间理论在现代与当代的发展而言，一个不容忽视的内在动因就是它直接受惠于人文社会科学摈弃抽象化、观念化而转向生活化与现实化的研究立场。当空间被简单地判定为物质属性或主体属性之时，它要么被简化为空洞的容器，要么只是证明"感性学"的材料，福柯所批判的单一空间、抽象空间即属此种反证。现代空间理论改写了这一空间认知轨迹，它使当代空间理论获得了回归生活世界的发展契机，并进一步实现了本体论与认识论意义上的系统建构。所以，西方现代空间理论之所以引人注目，就在于它能够从生活世界角度提出问题，初步勾画出社会空间的基本雏形，为当代空间理论的繁荣奠定坚实的思想基础。毋庸讳言，现代空间学说确有诸多不尽完备之处：如马克思认为城市在其理论建构中是不必要的麻烦，齐美尔未能将"空间中事物的生产"转向"空间本身的生产"，本雅明的拱廊街计划是未竟之作，海德格尔只是到后期才改变时间优先于空间的根本论断，等等，但由于上述空间思想（潜在的或显在的）都具有与现实互动的直接性，都是为了解决具体问题而应运而生的，所以随着这些问题的日益凸显与矛盾加剧，其理论的生命力就不断得到确证，其展开的相关话题就一再得到探讨与深化,其思想信徒也如滚雪球般不断增长。正如今天我们所见到的:马克思并未自觉建立空间理论,但在他的影响下在当代出现了如列斐伏尔、卡斯特、哈维、詹姆逊、苏贾等一大批将历史唯物主义进行空间化的杰出学者;齐美尔并未在城市社会学领域"形成完整的理论体系,但其'大都市与精神生活'可谓是先河之作,而芝加哥学派城市社会学理论构建最终促成了城市社会学的形成"①;而本雅明则成为当代城市文化、购物文化、步行者文化研究的先驱;海德格尔则对巴什拉、布朗肖以及当代众多空间理论家的学说都有影响。

(二)启示之二:扩展想象空间

在将内部空间置于诗学语境加以剖析的著作中,巴什拉无疑取得了首屈一指的成功。如果说,马克思—列斐伏尔这一取径的外部空间理论长于以政治经济学与社会历史为语境展开空间的批判逻辑,那么巴什拉、布朗肖等人的空间诗学则长于在想象力现象学的引导下建构自己的内心空间、想象空间。前者强调空间的科学性与客观性,后者突出空间的主观性与诗意性。唯物论主导的科学空间难以避免主客二元论的空间划分,空间的人性价值不是内在的而是外在的,空间与人不是一体的而是分裂的;而想象力主导下的内部空间则植根生命体验,具有抹除主与客、内与外、大与小、现实与理想等二元论边界的作用,

---

① 郭娟娟:《一种空间社会学的诉求:齐美尔与芝加哥城市社会学派解读》,《社科纵横》(新理论版)2013年第4期,第169页。

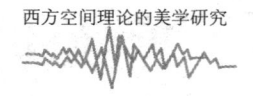

从而让人在灵魂的微观现象学中感受到空间的整体感与存在的私密性，在此空间即人、人即空间。巴什拉从科学哲学转向诗学理论的学术迁移，布朗肖从哲学批判转向文学沉思的精神路线，以及苏贾借用文学异托邦改造传统空间学说的努力，无不说明想象与诗在人类的空间建构中具有不可替代的重要价值。尤其经胡塞尔、海德格尔等人的现象学洗礼，想象的内涵不断得到增值，正如有论者所指出的："想象不是再现以前的感知和经验（回忆），而是在期望未来的感知或经验，通过想象，关于未来事态的整体意义被给予我们，使我们得以提前尝试未来的自我。只是因为我们能够想象，所以我们能够生活在未来。"①从某种意义上说，西方空间理论的流变轨迹历历彰显着人类想象空间的方式的变革，其中想象力的匮乏与丰富甚至可作为评判空间理论之"古今之争"的依据之一。而当代西方空间理论的勃兴首先也是这种空间想象的勃兴，它内含着人们在内/外空间的各种维度上扩展生命空间的无限可能与希望。

（三）启示之三：图绘多维面向

今天，我们一般认为，现实的、具体的空间是一种关系性存在，它永远是动态的、冲突的、丰饶的与多维度的，并且随着人类劳动与交往能力的提高而日益复杂与多元化。从传统空间观到当代空间理论，空间由透明变得暧昧，由确定走向不确

---

① 李朝东、周晓涛、沈斌：《想象的现象学分析》，《山西大学学报》（哲学社会科学版）2015年第4期，第29页。

定,由抽象转为具体,由单一趋向多维,由现实进入虚拟……对此,福柯曾做过如下精彩描述:"目前这一时代也许将会超越以往任何的空间时代。我们处于同存性的时代:我们处于并置的时代,是近与远的时代,是肩并肩的时代,是事物消散的时代。"① 列斐伏尔则总结出几十种空间形式,而且,他为了摧毁束缚人类空间思维的"双重幻象"——"'透明幻象'使空间显得'光明'、完全可以理解,并听凭人类力量、意志和想象的自由支配","'真实幻象'则用自然主义、唯物机械论或经验主义来过分地强调世界的具体性,认为客观'事物'比'思维'更真实"②,将传统认识的二元论改造为累积性的"三元辩证法",即增加一个开放的第三项,这样,物理性的第一空间与精神性的第二空间,就被融合为社会性的第三空间,用苏贾的话说就是,社会空间"是一个可分开的领域,可以与物理空间、精神空间相区别;同时又是向无所不包的空间思维的一次趋近。"③ 当多琳·马西说空间乃共时生成之际,指的也是空间的多元轨迹的共存性及其异质性结构。所以,面对当代的多维空间与超空间,当务之急就是借助跨学科研究改造我们的空间认识论,使之更契合多元性与差异性的后现代生活实况,这样才能回应后现代空间带给我们的理论挑战。

---

① [美]爱德华·W.苏贾:《后现代地理学:重申批判社会理论中的空间》,王文斌译,商务印书馆2004年版,第15页。
② [美]爱德华·W.苏贾:《第三空间:去往洛杉矶和其他真实和想象地方的旅程》,陆扬等译,上海教育出版社2005年版,第80—81页。
③ 同上书,第79页。

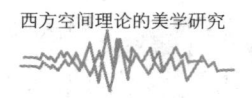

本章小结

本章主要从主题视域、审美视域、诗学视域三大方面阐述了当代空间理论的总体面貌与流变特征。从主题视域看，在跨学科语境下当代空间理论家颠覆了时间压制空间的非对称传统，建立了时空对称意义上的全新时空观。空间本体论的开拓是与空间理论范式的递嬗相辅相成的，其中列斐伏尔的"空间生产"理论与福柯的"空间权力"理论在这种文化转折中扮演了重要角色，起到了奠基作用。此后的当代空间理论家从不同方面拓宽着空间研究的多维视野与主题旨向，在时空体验的捕捉、空间的政治经济学批判以及新空间形式的探索等方面均取得了不菲的理论成就，极大地推动了空间研究阵营的壮大及空间话语的嬗变与更新。从审美视域看，当代空间理论主要有三点贡献值得关注：一是以异托邦取代社会乌托邦与审美乌托邦，对现代乌托邦的"反空间性"给予了深刻批判，实现了传统乌托邦精神的空间再造与现实化；二是以异托邦统领形形色色的当代空间理论形态，并从身体与空间的同构性出发，一方面阐明了后现代身体在建构异托邦方面的主导性，另一方面也辩证地考察了异托邦以身体为拯救目标的解放政治学意蕴；三是时空转变导致了感知结构与文化逻辑的重塑与转型，当代空间理论立足于资本积累模式的变迁，从文化主体与文化景观两个方面论证了作为文化力量崛起的现代主义与后现代主义和空间转向之间的内在因缘。从诗学视域看，当代西方空间理论以文艺理论为媒介，深入探讨了内部空间、想象空间的丰富意蕴，其中具有开风气之先的是法国的两位思想家——巴什拉与布朗肖，前者关注幸福的空间、诗意的内心空间，后者探究否定性的死亡空间、虚无空间；而约翰·伯杰与博尔赫斯作为当代文学空间阵营中的另外两位重要代表，不仅构成了后现代地理学转向的中坚力量，而且为西方当代空间理论的建构注入了无限的生机与活力，所以，当代西方空间诗学对当代西方空间理论建构具有重要启示。

第四章 西方空间理论的当代旨归及审美诉求

从马克思的实践空间观开始，人的自由与解放问题就一直构成空间反思的基本向度。正如杨春时所指出的："在现代社会，特别是后工业社会，空间现代性更突出了人的生存困境。因此，现代性空间成为现代特别是后现代哲学、社会学关注的对象，也成为美学关注的对象。审美如何可能，亦即自由如何可能的问题，在后现代语境中就成为如何超越空间现代性的问题。"① 现代性空间借助资本逻辑与理性主义的绝对统治，将普遍性、量化、技术化与统一化等现代主题推向极致，使得现代人的身心异化达到了令人触目惊心的程度。于是，从德国古典哲学开始，审美现代性就被赋予了补充启蒙现代性、矫正技术理性或工具理性负面影响的拯救功能。这导致18世纪晚期以来"认识论的审美

---

① 杨春时：《现代性空间与审美乌托邦》，《南京大学学报》（哲学·人文科学·社会科学版）2011年第1期，第145页。

化"呈现不断蔓延之势,在当代更是波及理论与实践的方方面面。在这样的文化语境下,法兰克福学派对审美救赎论的无限沉迷与"过度阐释",就不仅仅指向某个学派或个人的学术旨趣,而是关涉到一个时代的文化模式与整体精神。然而,现代审美乌托邦的文化拯救功能并不能有效地推动社会的改造与进步,它的空想性较之历史上的任何一种乌托邦形式都有过之而无不及。鉴于此,当代西方空间理论家不仅清算了现代性空间的理性霸权,而且一并反思了审美解放的限度及可能。这在他们的新空间构想中得到了具体贯彻,此乃当代西方空间理论的现实价值与美学意义之所在。

第一节 探求多维并存的社会差异空间

一 构筑跨学科的空间研究视野

菲利浦·E. 魏格纳(Phillip Wegner)曾详细列举过当代西方空间理论覆盖的多学科性,在他的学者清单中包括社会理论家、历史学家、地理学家、建筑师、人类学家、哲学家、艺术批评家、文学和文化批评家等。不仅如此,在当代关于"空间""地点""文化地理学"的研究已经成为显学。从空间范畴内含的多元维度上看,任何单一的空间阐释都只能是对复杂空间关系的一种扭曲，而要对空间有更多的了解，跨学科性无疑是一个必备的知识前提。当代西方空间理论区别于既往学说的一个视域优势就是，它向所有学科敞开，向无限广阔的生活世界敞开，并从中汲取力量开拓出自身的创造方向及现实主义品格。比如列斐伏尔（又译勒菲弗、勒费弗尔）（Henri Lefebvre），他在巨著《空间的生产》(*The Production of Space*) 中将空间分为绝对空间、抽象空间、共享空间、资本主义空间、具体空间、矛盾空间、文化空间、差别空间、主导空间、戏剧化空间、认识论空间、家族空间、工具空间、休闲空间、生活空间、男性空间、精神空间、自然空间、中性空间、有机空间、创造性空间、物质空间、多重空间、政治空间、纯粹空间、现实空间、压抑空间、感觉空间、社会空间、社会主义空间、社会化的空间、国家空间、透明空间、真实空间以及女性空间。① 这种对空间类型的精细切分是与他在过去二十年里对哲学、社会学、人文地理学、艺术学、政治学、建筑学和城市规划诸理论领域的话题都有广泛涉猎分不开的。苏贾（Edward Soja）对此评价道："勒菲弗对空间理论化的观点并非三言两语便能概括，因为其观点包容于为数众多的已发表的著作中。这些著作几乎涉及社会理论和哲学的每一个方面。"②

詹姆逊（Fredric Jameson）之所以能够从另一个层面提出有别于西方马克思主义对发达资本主义文化（尤其是对美学的首要关

---

① ［美］迪尔：《后现代都市状况》，李小科等译，上海教育出版社2004年版，第56页。
② ［美］爱德华·W. 苏贾：《后现代地理学：重申批判社会理论中的空间》，王文斌译，商务印书馆2004年版，第75页。

注)的探索路径,在原因上也有这方面的因素。佩里·安德森(Perry Anderson)总结道:"因为他把来自西方马克思主义全部著作的不同方法和主题出色地综合为一体。从卢卡奇那里,詹姆逊学到了时期划分和热衷于叙事;从布洛赫那里,学到了尊重客体世界中隐匿的希望和梦想;从萨特那里,学到了怎样娴熟地把握直接经验的实质;从勒费弗尔那里学到了对都市空间的异常关心;从马尔库塞那里学到了追踪高科技产品消费的痕迹;从阿尔都塞那里,学到了从正面认识意识形态是一种必要的社会想象;从阿多诺那里,学到了大胆地把他研究的整个客体表现为一种'隐喻的构成'。"① 正是依靠这种从局部到全面的考察,詹姆逊将对现代资本主义文化的反思"整合为与资本主义经济发展相一致的理论"②,这不仅促使他的思想轨道注定会发生后现代转型,而且推动了他对当代生活状况的深刻描述,詹姆逊对后现代状况之下的文化空间及"地缘政治美学"的探讨就是这种跨学科的创造结晶。

上述开放式的知识结构,一旦与理论家本人的现实关怀相结合,就很容易使其批判旨趣向空间主题"不断靠近",以致通过一系列比较接近的方法论的过渡与中介,最终在空间学或地理学的疆域上安营扎寨。列斐伏尔就是如此。"当被问及对空间性理论最初的兴趣来源,勒菲弗将其归因于自己地处西部家乡的影响,

---

① [英]佩里·安德森:《后现代性的起源》,紫辰、合章译,中国社会科学出版社2008年版,第74页。
② 同上书,第75页。

以及他经常回家乡观察乡村的土地和生活在受国家调控的空间规划影响下所发生的翻天覆地的变化。"① 而他在20世纪50—60年代周游世界的经历，无论在身体上还是心灵上都加深着对城市与乡村发展不平衡的空间体验。如上经验作为一种原动力，在推动列斐伏尔的研究主题从日常生活批判到思考城市权利与城市革命，再到形成关于空间的生产理论都起到了不可估量的催化作用。当然，列斐伏尔通往空间的道路还是比较个人化的。而从一般角度来看，当代西方哲人关注空间与现实的理论旨趣，既有哲学语境上的，又有历史语境上的原因。从哲学语境上看，这是因为自马克思与西方现代哲学共同终结了形而上学传统之后，"及物"的哲学关怀就成了一种常规思维，任何一种哲学—社会学理论要饱含生机与活力，就必须首先是现实土壤之上绽放的智慧之花。从历史语境上看，早期空间理论家大都经历了20世纪60年代末70年代初西欧激进运动的复活与失败，血的代价激发了其做出理论调整的决心与行动。如列斐伏尔就将此前未加关注的空间性话题纳入了批判视野，实现了哲学批判的空间转向。"詹姆逊研究后现代的著作也是源于政治失败的经验——60年代的骚乱被镇压下去，是在批判性地接触与马克思主义不同的各类新思想——结构主义、解构主义、新历史主义而发展起来的。"②

---

① [美]爱德华·W.苏贾：《后现代地理学：重申批判社会理论中的空间》，王文斌译，商务印书馆2004年版，第75—76页。
② [英]佩里·安德森：《后现代性的起源》，紫辰、合章译，中国社会科学出版社2008年版，第74页。

二　形塑空间生产的差异政治学

显然，空间知识的分化与空间知识的整合之间具有矛盾运动的辩证性。当理论家能够从多维视角定义空间、透视空间的时候，社会空间不仅会得以完整浮现，空间理论致力的目标也就不再含混不清，而是更明确、更科学、更可行。整体上看，与西方现代空间理论相比，当代西方空间理论家彻底抛弃了启蒙时期和笛卡尔主义"关于空间是一个客体的、均匀的延展，是与主体截然不同的观点，以及对康德关于空间是一个展现人类活动的空容器的观点"，"这些思想家以各自迥然不同的方式揭示出：空间自身是如何既作为一种产品（经过不同的社会过程和人类干预所产生的）、又作为一种作用力（它反过来影响、指引、限定人类在世界上的活动和路线的潜能）而存在的"①。基于如上共识，当代西方空间理论家改写了空间贬值的现代宿命，赋予其本体论地位，这样的空间不再是一个固定不变的封闭系统，而是呈现出动态的同时性与"一种积极的非连续的多样性"②，"也使空间本身向更丰富的政治诉求敞开"③。这样的空间观不仅是一种自我超越，同时也意味着历史观由单一向多元的位移，"自此之后，历史就被写

---

① ［英］朱利安·沃尔弗雷斯：《21世纪批评述介》，张琼、张冲译，南京大学出版社2009年版，第244页。
② ［英］多琳·马西：《保卫空间》，王爱松译，江苏教育出版社2013年版，第76页。
③ 同上书，第67页。

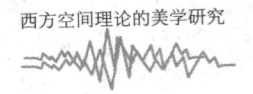

成了复数"①。当空间被定义为一束社会关系，而与生产力、与社会相重合之际，空间的生产与空间的占有就转变为了一个政治问题。莎朗·佐京（Sharon Zukin）透过当代空间的典型形式——城市，提出的就是一个发人深省的政治问题——"谁的文化？谁的城市？"② 因为在她眼中，"城市是建筑上的庞然大物与金钱崇拜的具体体现，是官僚机器的权力或者金钱的社会压力的地图。"③ 扩而言之，这也是对资本主义空间本质的生动概括。那么，套用佐京的话我们是否可以向空间做出类似发问——"谁的权力？谁的空间？"

从列斐伏尔与福柯（Michel Foucault）开始，当代西方空间理论就在为解决这个问题而孜孜以求。他们在批判资本主义空间的同质化、抽象化与非人化症候的同时，不约而同地将对"希望的空间"的探寻指向了社会差异空间的建构。列斐伏尔称另一个可能的世界为"试验性的乌托邦"，这种乌托邦方案不具有社会效力和政治力量，作为一种辩证的总体性实践的方法，它不依托于某个政党或政治集团，因而没有具体的政治纲领、计划、程序或模式，能不断被修正，这使其可免于陷入实证主义的意识形态泥淖，其总体性革命目标就是生产"差异"，目的在于"以差异反

---

① ［法］弗朗索瓦·多斯：《解构主义史》，季广茂译，金城出版社 2012 年版，第 321 页。
② ［美］莎朗·佐京：《城市文化》，张廷佺、杨东霞、谈瀛洲译，上海教育出版社 2006 年版，第 1 页。
③ 同上。

抗同质，以具体的统一反抗分裂，以差异基础上的平等反对等级化"①。列斐伏尔将社会主义空间定义为差异空间，并由此许诺了一种与资本主义的同质化生存截然不同的生活方式与生存理想。福柯的异托邦（Heterotopia）则将差异的生产完全置于现实世界。异托邦是相对于乌托邦而言的，前者以完美的形式呈现社会或倒转社会，不具有真实性，而异托邦"有着真实空间的基础，但是又不能与真实的空间画等号，它是现实空间基础上的某种建构"②。福柯在列举疗养院、监狱、墓园、花园、博物馆、游乐场、军营、戒毒所、妓院、殖民地等异托邦形式时，概括出"差异空间学"的六项原则：文化建构性、社会相关性、结构差异性、时空同步性、内部的排他性、超越性。③ 福柯看重差异空间，是因为它能够创造幻象空间，显露真实空间的虚幻性；还因为它能够创造另一真实空间，以显现我们的空间的病态性。可见福柯的异托邦在于从现实中发掘反抽象、反同质、反封闭、反固定的异质性空间力量，从而让资本主义空间充满自我解构的对抗力量与自反性结构。苏贾的"第三空间"也是一个充满开放性与差异性的空间。第三空间是一个彻底开放的生活世界，它集物质空间与精神空间于一体，具有无所不包、无限构成的多重性视野，遵循亦此亦彼的并置逻辑，建构了空间想象的"第三化"及其空间意识

---

① 张笑夷：《列斐伏尔空间批判理论研究》，社会科学文献出版社2014年版，第152页。
② 景天魁、何健、邓万春、顾金土：《时空社会学：理论和方法》，北京师范大学出版社2012年版，第164页。
③ 赵福生：《福柯微观政治哲学研究》，黑龙江大学出版社、中央编译出版社2011年版，第172页。

的他者形式，由此成为引导人们寻求变革与超越的"召唤结构"。由上可知，苏贾的"第三空间"概念极具实验性与灵活性，"它旨在揭示真正不停地发生转换和改变的观念、事件、现象和意义等的社会环境"①。

总之，当代西方空间理论的"差异空间学"是一个从片面的空间生产转向全面的空间生产，从封闭的话语空间转向开放的行动空间，从宏观政治空间转向微观生活空间，从静态的单一空间转向动态的多维空间，从非辩证空间转向辩证空间的矛盾运动过程。其深刻意义正如多琳·马西（Doreen Massey）所概括的："假如时间给我们提供了变化的种种机会和（正像某些人眼中的那样）死亡恐惧，那么空间就给我们提供了更广泛意义上的社会：对我们的构成性的相互联系的挑战；我们集体卷入到这种相互联系的后果之中；人类和非人类的他者的持续多样性的极端同期性；持续不断的、永远特殊的实践工程（社会性通过这种实践才得以成形）。"②

第二节 建构生态存在论的当代生活空间

空间成为社会生活的中心议题，与城市生活作为现代人的基本生存方式不可分割。就目前城市化的深广度而言，它已达到如

---

① [美]迪尔：《后现代都市状况》，李小科等译，上海教育出版社2004年版，第117页。
② [英]多琳·马西：《保卫空间》，王爱松译，江苏教育出版社2013年版，第263页。

此惊人的程度：伴随着物质世界的重大转型，过去几十年，"城市生活几乎已经彻底全球化了，城市以从未想象的方式扩张到全球规模。不仅仅30亿人口中的绝大多数人生活在一定规模的城市，而且我们正在走向这样一个状态，大多数人将生活在大约350个全球化城市区域中，这些城市所居住的居民超过百万"①。不仅如此，作为一种生活方式的都市生活凭借"时空伸延"与"时空压缩"等现象已超越具体的城乡界限，遍及世界的各个角落。然而，"资本主义对扩大生产的无限追求与自然资源的有限供给形成了尖锐的矛盾，这种矛盾的日益积累对人类社会构成了严重的威胁。"② 自18世纪以来，一部工业资本主义的发展史，同时也是一部罄竹难书的掠夺人类生存空间的破坏史，这构成了资本主义难以根除的制度性顽疾。荷尔德林（Friedrich Hölderlin）曾言："哪里有危险，哪里就有拯救者生长。"③ 从现代到后现代，人类就在为"保卫空间"，恢复居住对人的本真意义而不懈努力、顽强抗争，这构成了人类政治改革与社会解放的中心议题。在建构何种理想生活空间的问题上，现代主义与后现代主义的立场与判断是截然不同的。关于新空间的想象与表征，最合适的阐释领域无疑有两个：一是哲学，二是城镇规划。前者提供的是空间认识论，后者显现的是空间形态学。不过二者并不能截然分开，正如

---

① [美]爱德华·W. 苏贾：《以空间书写城市》，强乃社译，《苏州大学学报》（哲学社会科学版）2012年第1期，第21页。
② 李庆霞：《福斯特的生态危机理论研究》，《北方论丛》2014年第6期，第137页。
③ 陈嘉映：《海德格尔哲学概论》，商务印书馆2014年版，第342页。

有论者所指出的:"明明白白的是,发生从现代主义到后现代主义的转变的主要'领域'之一是城镇规划和建筑领域,有人断言,自现代主义到后现代主义的转变对城镇规划的影响是实质性的。"①

一 生态存在论的哲学审美意蕴

从现代哲学到后现代哲学,有三种价值转向在空间观重构中扮演了积极角色,值得深入讨论。

一是由总体性向差异性的哲学转变,为当代多维空间的构筑奠定了认识论基础。现代的理想是统一,现代人相信世界可由数学与理性加以理解和建造。这种思想形式痴迷于单一性与总体性,不论这个总体是马克思的"历史的总体"、萨特的"个体的总体",还是法兰克福学派的"否定的总体",② 这些思想范式都相信自己可以无一例外地解决全部难题。"在这一现代和现代的现代性中,不可能让一种真理出现而不同时具有排他性。单一性与普遍性是其最内在的本质,多元性和特殊性极度不相容。"③ 后现代哲学则断然抛弃了这种非此即彼的独断论,而代之以宽容、开放、平等的多元价值论,它的反基础主义、非中心化倾向、非理性主义、后人道主义、视角主义、解构主义、反对方法等原则都可视

---

① [英]尼格尔·泰勒:《1945年后西方城市规划理论的流变》,李白玉、陈贞译,中国建筑工业出版社2006年版,第154页。
② 参见张康之《总体性与乌托邦:人本主义马克思主义的总体范畴》,吉林出版集团有限责任公司2007年版,第40—298页。
③ [德]沃尔夫冈·韦尔施:《重构美学》,陆扬、张岩冰译,上海译文出版社2006年版,第123页。

为此种文化模式的具体维度。显然，在敞开空间话语的多元性方面，这种当代哲学思维功不可没。

二是由"超越美学"向"生活美学"的回归，为当代生活空间的构筑提供了本体论依据。在如何克服现代二元论及工具理性分裂主体的问题上，现代与后现代思想家都保持了对审美的关注。二者的不同在于，前者坚持一种主客对立的"超越美学"立场，认定救赎的力量来自艺术与公众拉开的距离，确证的是一种纯粹性与排外性的审美观；后者则采取一种主客统一的"生活美学"立场，相信救赎的契机在于艺术与生活融合，它强调审美参与的重要意义，让艺术走进人类经验的广泛领域。由于"生活世界是彻底开放的，而且是开放的彻底；生活世界无所不包，它们超越所有的学科领域，同时又以政治为中心并对战略选择很敏感；生活世界永远不能被彻底认知，然而关于它们的知识又能够引导我们在奴役中寻求变革、解放和自由"①。从这个意义上说，后现代美学是"以差异性为主导的后现代真理论"② 的具体体现，"在这种转向过程中，一元论的审美真理观开始被多元论的差异性真理观所替代，它们否定审美真理的一元论解释，而主张审美真理是差异性解释事件的结果"③。就此而言，当代空间作为一种生活空间、城市空间，本身就是一种蕴含丰富解放潜能的审美空间，而它的救赎目标则是通过现实生活对艺术自律的废除

---

① ［美］爱德华·W. 苏贾：《第三空间：去往洛杉矶和其他真实和想象地方的旅程》，陆扬等译，上海教育出版社 2005 年版，第 90 页。
② 李建盛：《后现代转向中的美学》，江西教育出版社 2004 年版，第 281 页。
③ 同上。

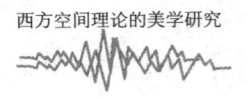

得以实现的。

三是由现代生态空间向当代生态存在论空间的转型，为当代生态空间的构筑提供了价值论依托。现代生态审美文化是现代性自我批判的结果，但它在颠倒现代二元论、弱化人类中心说的同时，往往走向了另一个极端，如以乡村对抗城市、以自然反抗文明、以非人类存在物的价值消解人的存在价值，以及难以摆脱技术与理性主义的影响等缺陷。当代生态存在论要避免重蹈现代生态空间观的覆辙，就要对现代生态遗产与当代生态话语进行深刻甄别与俭省，重建人与自然、人与自身、人与地方的关系。[①] 如生态后现代主义、主体间性理论以及交往行为理论就有助于提供上述话语资源。因为这些理论话语突出了自我与世界的共在关系、主体与主体的同一关系，以及不同存在者的价值独特性及其内在相关性等生态主题。从价值根基上看，由上述话语资源支撑的当代存在论哲学乃是一种探寻人与世界和谐关系的本体论美学，由于它更全面、更辩证，因而能够在后现代空间的建构中成长为一个颇具诱惑力的话题。

二 城市空间的社会—生态生产

城镇规划从现代主义向后现代主义的流变，展现了人类世界走向一个后现代生态城市空间的历史必然性与文化合理性。

现代建筑秉持了现代性的独断主义立场，以激进的姿态肯定

---

① 于文秀：《生态后现代主义：一种崭新的生态世界观》，《学术月刊》2007 年第 6 期，第 16 页。

自我、颠覆传统，这种现代建筑的普遍主义情愫意欲通过自己的模式统一世界、创造新人类，然而，这种片面性价值模式的实践结果却是，非但没有实现"形式顺应功能"的美好预期，反而在将人类行为统一为"居住、工作、娱乐、流通"①这四项指标时，功能被缩减和僵化了。同时，它的形式主义根植于现代理性与数学精神，追求一种明确的几何模式，而摒弃了感觉特质，遗忘了美学精神。这一点又以技术的方式被刻写进建筑学，从而导致"现代建筑学是对世界的一种设计……在'国际风格'之下，它开始以一种功能性的中立形式，在世界范围内矗立起一模一样的建筑物来。它洋洋自得，高居在所有地方的、区域的、文化的特征之上。它树立起现代性的信号。它要将全世界改造成为这一现代性的显现"②。

后现代建筑则从生活质量出发，从建筑理念与建筑形式两个方面对现代建筑美学实施颠覆。在理念上，它向理性与科学大胆挑战，认为所有的元叙事都是可疑的，我们不能形成理性共识，统一化的城市实践乃是科学崇拜与技术崇拜的产物，如勒·柯布西耶（Le Corbusier）就曾对此种建筑理念热情欢呼："一个伟大的时代刚刚开始。存在着一个新精神……必须树立大批量生产的精神面貌：建造大批量生产的住宅的精神面貌，住进大批量生产

---

① ［德］沃尔夫冈·韦尔施：《重构美学》，陆扬、张岩冰译，上海译文出版社2006年版，第128页。
② 同上书，第129页。

的住宅的精神面貌，喜爱大批量生产的住宅的精神面貌。"① 在后现代建筑学家看来，这种走向新建筑的豪情催生的只是一些没有灵魂与非人性化的高楼大厦，其与传统彻底决裂、与现实缺少沟通的结果就是造就了一批不受欢迎且不切实际的城市乌托邦，它甚至会给生活空间带来惊恐，成为资本主义文明的统治工具。所以在建筑形式上，当代建筑的两位先驱人物罗伯特·文丘里（Robert Venturi）与简·雅各布斯（Jane Jacobs）都力挺当代城镇规划的复杂性和多样性，抵制简朴实用的现代主义规划。罗伯特·文丘里表示："我喜欢建筑的复杂性和矛盾性……建筑师不再忍受正统现代建筑的清教徒式的道德规范胁迫。我喜欢这样的要素，它们是含混而不是'单纯'，折中而不是'整洁'，扭曲而不是'简明'，暧昧而不是'善于表达'……不连续和模棱两可而不是直接和明晰。我追求混杂的活力超过表面上的一致性……我寻求内涵的丰富而不是概念的明晰。"② 简·雅各布斯在《美国大城市的死与生》（*The Death and Life of Great American Cities*）一书中，也呼吁人们要认识到复杂性与丰富性对规划当代城市的重要性："当人类社会在事实上达到了一个新的复杂层次时，一个首先要做的事情就是要有维持这种复杂层次的手段。而其对立面就是路易斯·芒福德所说的'建设停滞'（unbuilding），也就是一个已经达到了这种复杂层次，但不能做到维持这种层次的

---

① ［法］勒·柯布西耶：《走向新建筑》，陈志华译，陕西师范大学出版社 2004 年版，第 6 页。

② ［英］尼格尔·泰勒：《1945 年后西方城市规划理论的流变》，李白玉、陈贞译，中国建筑工业出版社 2006 年版，第 155 页。

城市的命运。今天，我们所看到那种简单化、一刀切、不通人情的所谓的城市规划和城市设计就是一种典型的城市'建设停滞'现象。"①

正是在这个意义上，1945年以来的城镇规划出现了两个转折：其中一个变化发生在20世纪60年代，这就是传统的城市设计被系统理论和理性程序理论所取代；另一个变化发生在20世纪70年代和80年代，表现为城镇规划师从技术专家到"沟通者"的角色转变。经过如此转型，当代的生态存在论空间就以其自由性、丰富性与可实践性而进入人们视野。正如有论者所总结的："和现代主义者强调简朴、秩序、统一与整齐不同，后现代主义者通常为复杂性、多样性、差异性和多元化而欢呼。因为，不存在所有人都满意的理想环境类型，环境质量也不是一个单纯的概念。一部分人保持将霍华德的花园城市作为栖居理想，另一些人则更喜欢令人兴奋和激动的大城市生活——伊丽莎白·威尔森称之为'多彩大都市'。由于大城市生活多样化和多元化，以及由此提供的选择自由，赞美大城市生活成了后现代主义价值观的核心。这些价值观将后现代主义和自由主义联系到一起，因为自由主义者也欣赏多元社会，在多元社会中，人人都有运用自由选择做出决定和实现自我的机会。"②

---

① [加拿大]简·雅各布斯：《美国大城市的死与生》（第2版），金衡山译，译林出版社2006年版，第375页。
② [英]尼格尔·泰勒：《1945年后西方城市规划理论的流变》，李白玉、陈贞译，中国建筑工业出版社2006年版，第157页。

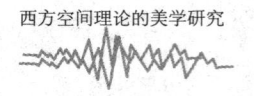

本章小结

本章主要探讨了西方空间观的当代落脚点问题,也就是说当代空间理论大致为我们规划了何种富于生存性与活力性的空间方案。综合各家理论观点来看,这样一个适合后现代社会的空间范畴应该具有如下两个基本规定性:一是力求以多学科、多维度为基础建构社会差异空间理论,二是建构生态存在论的都市生活空间,二者之间具有宏观与微观、理论与实践、整体与局部、现实与理想等多重辩证统一关系。总体上说,在一个价值多元、信仰立场私人化、科学主义占支配地位、实践问题不再与真理有关的当代社会,建立以生态存在论为基本内涵,以城市化、多元化为存在样态的后现代生活空间是当代西方空间理论的基本诉求。这样一种空间定位,既顺应日常生活审美化的当代社会主潮,又符合大众生态觉醒的现实利益,因而呈现出推翻现代性空间观、开辟新的空间领域的强大生命力。

第五章　西方空间理论的个案研究与批评实践

第一节　西方城市理论的空间批评

一　斯宾格勒"城市终结论"的空间意蕴

1918年，德国历史哲学家斯宾格勒出版了《西方的没落》（第一卷）一书，该书以"全史"的宏伟架构、宽广的文化视界以及振聋发聩的文化批判，形成了推究世界与历史的"文化形态史观"。该"史观"主张文化平等与文化多元主义，强调人类文化形态的有机论观念，提出了城市背离乡村之后文明的衰变问题，宣告了西欧中心主义的破产，发出了震撼学界的"西方没落"的伟大预言。该书因而被誉为"半个世纪的历史悲观主义和文化歧

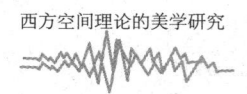

见的集大成者"①。斯宾格勒的"城市终结论"就导源于上述历史解释模式。当现代大都市完成了城市现代化的深层建制,后大都市与后现代性照亮新的文化地平线时,这种对城市终结问题的探讨再次唤起了人们的文化共鸣。今天,重读这部当代"最重要的著作"(托马斯·曼语),我们虽不再将这位思想英雄的伟大创见视作文化魔咒,却仍无法漠视其对后来的城市理论与城市研究所产生的深远启迪。

(一)城市面相与时代诉求

斯宾格勒的历史思辨哲学之所以在当时产生巨大反响,一个重要原因就是该学说契合了两次世界大战前后的西欧精神界状况。自1750年前后始于英国的工业革命爆发出西方浮士德文化的无限活力以来,历史进步论与历史乐观主义就成了统治西欧思想界的话语霸权,"从赫尔德、康德、孔多塞、蒂戈尔、黑格尔、兰克、麦考利、班克罗夫特到马克思、孔德和特赖奇克,尽管各自的表达方式不同,但无不表现出历史乐观主义的观点,无不为人们描绘出一条现代西方社会不断前进的进步道路"②。然而,随着技术理性与道德理性的分离,19世纪与20世纪的人们愈益陷入技术统治的文化奴役之中,启蒙神话卵翼下的理性万能、理性至善以及乐观的人本主义或历史主义再也无法为自身辩护,历史悲观主义

---

① [美]阿瑟·赫尔曼:《文明衰落论——西方文化悲观主义的形成与演变》,张爱平、许先春、蒲国良等译,上海人民出版社2007年版,第251页。
② [美]J.法伦考夫:《斯宾格勒的历史悲观主义与我们时代的悲剧》,禾子译,《国外社会科学》1994年第1期,第17页。

随着时代阴霾侵入人们的思想视野,舍勒、韦伯、特勒尔奇、斯特凡·乔治等一些敏感的文化人"都以一种浓重的悒郁的笔调描述了黄金时代的远去和完整性的消逝,并且一种新的知识学倾向也在他们当中悄然兴起"①,斯宾格勒就是这一文化危机论阵营中的重要成员。

斯宾格勒对世界历史的透视,其文化初衷落脚于反思现代欧洲理性主义危机。这只要对这位哲人所从属的民族与时代的特定状况稍做回顾便可明了。当斯宾格勒开始《西方的没落》的庞大写作计划时,在他面前赫然呈现的已是两种截然相反的现代性图景:一是现代民主政治的发展和科技在日常生活中的广泛运用,一是军国主义的崛起和社会主义思潮的涌动。② 两者之间的分裂与对抗预示着人类浩劫正山雨欲来、不可避免。1911年阿加迪尔事件(Agadir Incident)将欧洲推向了战争与恐怖的边缘,这一国际事件启示了斯宾格勒对当前文化危机的悲观评断,直接促动他撰写这部巨著来对全部历史与西方命运做文化反思。1918年德国在第一次世界大战中战败,德意志帝国崩溃,控制德国精神界的是一股挥之不去的悲观气氛,德国精神进入了一个思想的"黑暗"时期,"越来越多的人怀疑科学理性有没有能力保护精神不再次陷入野蛮之中"。③ 适逢其时《西方的没落》(第一卷)一书出版,

---

① [德]奥斯瓦尔德·斯宾格勒:《西方的没落》(第一卷),吴琼译,上海三联书店2006年版,"译者导言"第3页。
② 同上。
③ [德]费迪南·费尔曼:《生命哲学》,李健鸣译,华夏出版社2000年版,第123页。

该书的意识形态与社会情绪一拍即合，如"一场雪崩落进一个浅浅的湖沼中"①，短短几年内热销近 10 万册，作者因此声名鹊起。正如费迪南·费尔曼所指出的："施本格勒的《西方的没落》被广大读者看做是对时代问题的回答。帝国的失败和崩溃通过书里的历史宿命论得到了一种解释，这一解释从形式上来看可以被看做是反欧洲的命运论。"②

作为现代文化悲观主义的代言人，《西方的没落》的远见卓识既源自它的时代，更启迪着它的时代。对于现代欧洲在民主政治、军事冲突、科技霸权、经济危机等方面所面临的严峻危机，斯宾格勒断言这是由高级文化类型在运动上的周期性与不可逆性所决定的。根据他的多元文化论，世界历史是由八种独立文化组成的宏伟戏剧，作为广布地球的一种"同时代的"（指两个历史事实或文化现象在各自文化的相同阶段或位置发生）③、反复的、原子式的世界景观，诸文化自成一体、彼此隔绝、独立运动，"这种相对独立性和封闭性使其具有不同于其他文化的内在本质和外在象征"④。虽然文化互动与文化沟通在斯宾格勒这里被排除，但八种异质文化却遵守生物学法则这一共同模式，因而可以从已逝的非西方文明推出现存西方文明的命运。在斯宾格勒看来，"世界

---

① ［美］阿瑟·赫尔曼：《文明衰落论——西方文化悲观主义的形成与演变》，张爱平、许先春、蒲国良等译，上海人民出版社 2007 年版，第 259 页。
② ［德］费迪南·费尔曼：《生命哲学》，李健鸣译，华夏出版社 2000 年版，第 125 页。
③ ［德］奥斯瓦尔德·斯宾格勒：《西方的没落》（第一卷），吴琼译，上海三联书店 2006 年版，"译者导言"第 23 页。
④ 周忠华、向大军：《文化差异·文化冲突·文化调适》，《吉首大学学报》（社会科学版）2011 年第 2 期，第 152 页。

的历史即是城市的历史"①。因而，欧洲的社会危机与精神危机即是当代城市文化的危机。大卫·哈维（David Harvey）曾言："意识不仅植根于现在，也植根于过去与对过去的诠释中。"② 斯宾格勒通过考察埃及文化、伊斯兰文化、古典文化与西方文化的历史，发现每种文化的青春阶段的历史分散在许多不同地区的众多小中心上演，"但是，逐渐地，政策向着少数的几个都城倾斜，其他的一切都不过是政治生存的影子"③。当时的欧洲世界正面临着这种大城市主宰历史的发展顶峰，其表象就是现代城市已越来越统一化、类型化，"世界都会"（Cosmopolis）正在城市扩张的终点破土而出——18世纪初巴黎与伦敦升格为世界都市，19世纪纽约继起为世界都市。至此，西方浮士德文化实际上已耗尽了自己的活力而进入了文明的停摆阶段。

（二）城市心灵与宇宙景观

斯宾格勒之所以以城市为对象诠释历史全景，很大程度上起源于他对大宇宙与小宇宙的文化解释。在斯宾格勒的文化理论中，大宇宙代表拘役，具有周期性，其节奏"是可以用方向、时间、节律、命运、渴望这样的字眼来解释的一切东西"④，它是本然性

---

① ［德］奥斯瓦尔德·斯宾格勒：《西方的没落》（第二卷），吴琼译，上海三联书店2006年版，第83页。
② ［美］大卫·哈维：《巴黎城记：现代性之都的诞生》，黄煜文译，广西师范大学出版社2010年版，第274页。
③ ［德］奥斯瓦尔德·斯宾格勒：《西方的没落》（第二卷），吴琼译，上海三联书店2006年版，第84页。
④ 同上书，第2页。

的存在、植物性的存在；小宇宙代表摆脱拘役的自由，是精神自决的生物单位，具有张力和极性，是含有二元对立成分的醒觉存在与动物存在。在斯宾格勒看来，"植物性的宇宙，即负载着命运、血、性的存在，具有一种古老的优势地位，并一直保持着这一地位。它们即是生命"①。这赋予大宇宙（血气存在）以勾连万有（the All）、控制生物单位的绝对价值。而作为人类的我们既拥有大宇宙生存的器质结构（血液循环系统和性器官），又具有小宇宙的运动官能（感官和神经），这种双重性使人置身于一系列悖论性情境，"即醒觉存在的问题与存在的问题，或空间的问题与时间的问题，或作为自然之世界的问题与作为历史之世界的问题，或脉动的问题与张力的问题"②。当这种区分贯穿人性论与文化论时，就相应地出现了"天生的宿命的人（destiny – men）和因果的人（causality – men）"、原始文化与高级文化、乡村与城市、无历史与历史、农民与市民等区分。

斯宾格勒历史哲学的有机论色彩就根源于上述大宇宙与小宇宙之间的辩证生成关系。这在他对自然乡村与点状城镇两者关系的解说中有着更深刻的确证，即在他的历史纲领中，人类史（城市史）必然要以宇宙史（自然史）作为自己的基础与本源、命运与节奏。这不仅体现为高级文化类型在地球史中的突然出现，还呈现为文化作为有机体存在的生命周期律现象。对于文明起源，

---

① ［德］奥斯瓦尔德·斯宾格勒：《西方的没落》（第二卷），吴琼译，上海三联书店2006年版，第9页。
② 同上书，第11页。

斯宾格勒抱以不可知论的神秘主义解释，认为"文化起源纯属神秘的东西"，"文化特征不是由那种文化的人们通过努力和行动而创造出来的，而是作为一种自然禀赋存在的"①。而对文化形态，他则选择生物学作为解释模式，"把文化看做是'最高级的生命体'，这些生命体服从有机的成长和消亡的规律"②，这种生物学命运图式决定了斯宾格勒历史研究的"人造体系"，以及他对大地心灵与城市心灵两相冲突的文化发现。农民改变自然而非掠夺自然的生产行为，使自身变成了植物性、宇宙一类的东西，在这种心灵形态中，土地作为大地母亲受到人类的虔信与崇拜。"所有伟大的民族起初都是村民，他们根据这块土地的轮廓来塑造他们的集体命运，认可他们与自然之母之间密切的亲和力。"③由于"所有伟大的文化都是城镇文化"④，故而世界历史不是农民的历史，而是"正全力以赴奔向其自我实现的文化的人"⑤的历史，它属于高级文化、市民与城市，是"民族、国家、政治、宗教、所有的艺术以及所有的科学"⑥全都仰赖的一种原初人类现象，它在人类历史领域中的界标就是城镇心灵的诞生。这种区分城镇与乡村的尺度不是聚落的庞大，而是前者视后者为"郊区"的感

---

① 孙芳：《斯宾格勒与他的俄国先驱》，《国外理论动态》2010 年第 2 期，第 73 页。
② ［德］费迪南·费尔曼：《生命哲学》，李健鸣译，华夏出版社 2000 年版，第 126 页。
③ ［美］阿瑟·赫尔曼：《文明衰落论——西方文化悲观主义的形成与演变》，张爱平、许先春、蒲国良等译，上海人民出版社 2007 年版，第 253 页。
④ ［德］奥斯瓦尔德·斯宾格勒：《西方的没落》（第二卷），吴琼译，上海三联书店 2006 年版，第 79 页。
⑤ 同上书，第 42 页。
⑥ 同上书，第 79 页。

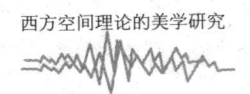

觉与体验，是市民与农民在两种生活（城内的生活与城外的生活）上的精神区隔。由此，生长于土地的农民与束缚于城镇的市民作为两种心灵形态就得到了斯宾格勒迥乎不同的评价。

在由前文化向高级文化演化的精神史中，农民作为一种神秘的心灵，独立于每一种城市文化，他们在个体繁衍与务实劳作中，成为一种永恒的、缄默的存在。然而，这种存在却又是健硕坚韧的。它不仅先于文化而存在，且比任何文化的周期都更长久，它与大宇宙是同一的，是诞育城市、滋养城市的文化之根，且在根本上决定了高级文化两个阶段（文化与文明）的发展面貌。如阿瑟·赫尔曼所评价的："文化的生命之春靠的是通过'土壤的神奇力量'而达到的一系列和谐一致：人与自然之间、人与大众之间、个性与共同体之间的和谐一致。相反，成熟阶段的文明它所带来的更多的是紧张而不是和谐。它通过切断社会与自然的联系来否认神在社会中的存在。如果说文化的知识核心是宗教的话，那么文明的核心则是无宗教，相应的，宗教的价值观和认同性也被替代了。"[①] 这就是大宇宙与小宇宙彼此作用的辩证法，套用斯宾格勒的表述即是，没有小宇宙，没有城市与市民，"存在照样是存在，但反过来就不行"[②]。所以，朝向大宇宙的"凛然的敬畏心乃是人类最高贵的品质"[③]。无疑，斯宾格勒这种从自然的价值根

---

① ［美］阿瑟·赫尔曼：《文明衰落论——西方文化悲观主义的形成与演变》，张爱平、许先春、蒲国良等译，上海人民出版社2007年版，第254页。
② ［德］奥斯瓦尔德·斯宾格勒：《西方的没落》（第二卷），吴琼译，上海三联书店2006年版，第9页。
③ 同上书，第10页。

基上审理文化、拷问城市的维度，意味着"人与他者、人与万物、人与世界，物质与精神、身体与心灵彼此渗透缠绕着的原初共在，意味着人类顺应自然生命规律的存在"①，因而其所蕴含的哲学意蕴具有冲破技术理性、折射生态立场与价值关怀的力度与亮度，是后世学者建设生态文化的重要思想资源之一。

（三）城市智性与文化末人

当高级文化以城市为单位从大地中连根拔起时，特殊的城市精神就产生了，它是如此辉煌炫目，以至于达到了一种使人类自己都为之惊叹的地步，"人类最伟大的成就始终是她所缔造的城市。城市代表了我们作为一个物种具有想象力的恢宏巨作，证实我们具有能够以最深远而持久的方式重塑自然的能力。"②斯宾格勒指出每一种文化的兴废都伴随着城市智性的解放与扩张，如其所言："城市是才智。大都市是'自由的'才智。"③《西方的没落》即为我们绘制了这样一幅城市由广袤乡村脱胎而出，随后走向无机、跨向终局的壮丽画卷。城市流经自己的"孩提、青年、壮年与老年时期"④，一如植物经由发叶、开花、抽枝、结果而凋萎。这一节律的"三段论"图式表现为，早期城市从乡村中诞生

---

① 王茜：《生态文化的审美之维》，上海人民出版社2007年版，第33—34页。
② [美]乔尔·科特金：《全球城市史》（修订本），王旭等译，社会科学文献出版社2010年版，"序言"第16页。
③ [德]奥斯瓦尔德·斯宾格勒：《西方的没落》（第二卷），吴琼译，上海三联书店2006年版，第85页。
④ [德]奥斯瓦尔德·斯宾格勒：《西方的没落》（第一卷），吴琼译，上海三联书店2006年版，第105页。

出来，晚期城市与乡村间的斗争，以及文明阶段城市赢得胜利。对应于此，城市凸显三种形态（历经三种民族类型）——物品交换的"市场聚落"（原始民族）、文化城市（文化民族或邦族）（Nations）与世界都市（费拉民族）（fellah – peoples）。而倘若类比于四季更替，又可展现为：文化的春天，深刻的感觉为灵魂注入了生命力；文化的夏季，主导的文化意识从主导阶级扩展到普通大众；文明之秋，精神之火已经熄灭但"石化了"的文明还在持续；文明之冬，晚期文明完全瘫痪、板结凝固了。在每种高级文化的周期中，城市智性的扩张都是锐不可当的：文化青春期的市民以"人民"的名义推翻了王权，改革了伟大宗教，理智化了文化艺术，奠立了货币霸权，这使城市小宇宙渐次取代土地的原始价值，特别至晚期城市则大胆挑战土地、否定全部自然，最后的世界城市就是完全解放了的才智所产生的巨大象征和容器，"而世界历史的进程，便以此为中心，通过自行终结而告结束"①。

城市智慧不仅输入城市机体以新鲜血液，更镂刻了市民的文化末人形象及其末日生活。根据斯宾格勒的描绘，在城市走向完结的途中，产生了纯粹的都市新人类，这就是"理智的游牧民"②或文化末人。在所有的大城市中，城市固然同化、榨干了乡村——它使郊野变成了公园、山岭变成了观光景区、城内出现了仿造的自然，但城市总有隐蔽的角落容纳乡村的残余，斯宾格勒

---

① ［德］奥斯瓦尔德·斯宾格勒：《西方的没落》（第二卷），吴琼译，上海三联书店2006年版，第87页。
② 同上书，第90页。

将这种大都市性格比作正处上升的文化金字塔，它从"那种近似农村的因素开始，逐层缩小，直到塔尖少数的属于真正大都市的市民，对于这种人，他们的精神哪里得到满足，他们就在哪里感到舒适自在"①。都市游牧民是远离大宇宙脉动的精神漂泊者，缺乏体验的深度，内心填满了挥之不去的厌倦感，他的身心是分裂的，精神是孤独的、虚无的，感官放纵与精神刺激也不能使他走向自由，他已经永远失去了乡村，即便最邻近的村落也成了陌生的异域，他"对大城市的怀恋比任何一种思乡病都更醒目"，"他宁可死于人行道上，也不愿'回'到乡村"②。斯宾格勒说"在每种文化中，这类头脑则是文化的最后人物的类型"③，还指出这种危险的觉醒张力最终将导致文明的劫数与文明人的不育，但文明绝嗣的原因不是不能生育，而是"处于强度之顶峰的理智再也找不到需要有孩子的理由了"④。这就是斯宾格勒笔下文明金字塔最终从顶点开始崩溃的城市尾声。"最后的人"将再次返回宇宙一无历史状态，回到原始的生物学时代，开始新的文明循环。阿瑟·赫尔曼评价道："'瘫痪了的城市居民'是'不停流动着的大众……[他]没有传统……没有宗教信仰，虽然聪明，但却是徒然无功的'。这些'无组织的、没有精神的大众是伟大历史的废弃物'，漫无目的地从伦敦、巴黎和纽约这样一些与共同体或灵魂

---

① [德]奥斯瓦尔德·斯宾格勒：《西方的没落》（第二卷），吴琼译，上海三联书店2006年版，第86页。
② 同上书，第90页。
③ 同上书，第90—91页。
④ 同上书，第92页。

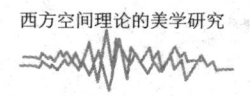

毫无联系的城市漂流而过。"① 这种末日预言也曾以相似的景象出现在尼采、齐美尔、科耶夫等人的著作中。科耶夫就指出："人在历史终结时消失……人重新成为动物，那么人的艺术……也重新成为'自然的'……在历史终结之后，人仍将建造大型建筑，创作其艺术作品，就像鸟儿筑巢和蜘蛛织网，仍将模仿青蛙和知了，演奏乐曲……后历史动物因他们的艺术、性爱和游戏的行为而感到满意。"②

（四）城市终结与西方救赎

自近现代以来，历史进步论与退步论之争一直是困扰西方学界的焦点。在这一长达四个世纪之久的观念角逐中，进步观在现代科学、哲学的护航下成为知识界的主流，形塑着人们对理想之人、完美社会的乌托邦信仰。而卢梭的历史退步论、尼采的文化悲观主义等预见则提供了对历史的批判性质疑。显然，要回答这一关乎宇宙奥秘与人性真谛的本源问题，人类的探索之路依旧漫长。不过，正如约翰·伯瑞指出的那样："历史有一个显著的事实，即每个过去的伟大文明都会进步到某种程度，至此它便不再进一步前进，而是停滞不前并衰退，从而成为更年轻社会的牺牲品，即使它幸存下来也会终于停滞。"③ 显然，绝对进步论在这一

---

① ［美］阿瑟·赫尔曼：《文明衰落论——西方文化悲观主义的形成与演变》，张爱平、许先春、蒲国良译，上海人民出版社 2007 年版，第 255 页。
② 江渝、张瑞利：《对艺术终结论与生活美学的深层反思》，《吉首大学学报》（社会科学版）2011 年第 5 期，第 60 页。
③ ［英］约翰·伯瑞：《进步的观念》，范祥涛译，上海三联书店 2005 年版，第 239 页。

历史铁证面前显露出了它的苍白。翻开斯宾格勒的文化指掌图，西方文化衰落的答案乃源自西方城市文化是一种高度发展的智性文化（技术文化），智性无限扩张的反自然性注定了该文化的必然终结。他甚至预言了西方文化日落后大都市返归死城的恐怖图景。那么，斯宾格勒这种末世论学说是否注定了人类忧患的不可避免与无可救赎呢？

而要回答这样的问题，就须考察斯宾格勒城市终结说的文化宿命论属性，以及他对德国精神在整个西方文化格局中所居地位的评估。斯宾格勒的文化观是一种"创造性的悲观主义"①而非绝对悲观主义，在他那里，每种文化的命运都是"活生生的自然"②的一出戏剧，这种活力论既表现在大宇宙是小宇宙的血气源头与生命支柱，也寓于城市与乡村的纠结与张力，还表现在文化民族或邦族建造城市的世界意识里。因此有人称斯宾格勒的历史悲观论为"英雄主义的宿命论"③，并解释道："悲观主义和文化的多元主义在施本格勒的眼里是同一种独特的英雄主义联系在一起的。似乎就要实现的最终状态按照'世界在高贵中结束'的模式刺激了英雄姿态的出现。"④ 斯宾格勒曾宣称："民族，由于

---

① 陈新：《宿命、历史性与悲观主义——重评斯宾格勒的历史哲学》，《广西师范大学学报》（哲学社会科学版）1998年第4期，第101页。
② ［德］奥斯瓦尔德·斯宾格勒：《西方的没落》（第二卷），吴琼译，上海三联书店2006年版，第41页。
③ ［德］费迪南·费尔曼：《生命哲学》，李健鸣译，华夏出版社2000年版，第124页。
④ 同上书，第126页。

其他民族之故,由于反抗其他民族,精神上才会变得伟大。"① 他甚至还曾对德国将在欧战中浴火重生抱以彻头彻尾的乐观主义态度。在这种文化观念中我们清晰可闻尼采"权力意志"思想的强力回响。在《权力意志》一书中,"尼采冷酷地鼓动说,这种权力意志将是一柄'沉重有力的大锤',用它可以'粉碎和赶走日益走向退化和没落的种族,从而为新的生活方式开辟道路'"②。正如尼采为了跳出永恒轮回说的悲观宿命,提出了他的"amor fati","即应该热爱生命,尽管生命是短暂的和微不足道的。正确的生活态度应该是通过施展权力意志实现生命本身",③ 斯宾格勒也从文化悲剧中求证了一种现实主义的人生态度。他虔信歌德的一句格言:"生命中重要的是生命本身,而非生命之结果。"④ 为此,"在斯宾格勒心中,对宿命的认识并没有使他放弃理解历史、在历史中生活,或创造历史的一切愿望,问题是如何理解历史,如何生活,如何积极完成西方文化的宿命。文化没落的悲观主义事实上不具任何情感色彩,对他而言,没落是不可阻挡的客观过程,既然如此,西方没落的宿命便被搁置起来,现实生活凸现为关注的重点,其思想的创造性源源不断地生发出来。"⑤

---

① [德]奥斯瓦尔德·斯宾格勒:《西方的没落》(第二卷),吴琼译,上海三联书店2006年版,第144页。
② [美]阿瑟·赫尔曼:《文明衰落论——西方文化悲观主义的形成与演变》,张爱平、许先春、蒲国良等译,上海人民出版社2007年版,第241页。
③ 殷克琪:《尼采与中国现代文学》,洪天富译,南京大学出版社2000年版,第37页。
④ [德]奥斯瓦尔德·斯宾格勒:《西方的没落》(第一卷),吴琼译,上海三联书店2006年版,第19页。
⑤ 陈新:《宿命、历史性与悲观主义——重评斯宾格勒的历史哲学》,《广西师范大学学报》(哲学社会科学版)1998年第4期,第101页。

正是这种从悲观宿命中迸发出的生命豪情，促使斯宾格勒从德国文化复兴的角度推论西方"不必"没落的可能。按照他的理解："历史是某种引水沟，在那里，'一切都处于流动之中'……万物最后都将被卷入下游，但在某个时刻有可能抓住运气，通过使'斗争意志'屈服，从而使新的文化（Kultur）摆脱这种混乱状态。斯宾格勒相信，历史已经发展到一个决定性的时刻，过去曾多次出现过这样的时刻。……'这些插曲都给后世留下了一个深刻变化了的世界'。""现在，斯宾格勒相信，这也正是德国要走的道路。"[①] 当然历史的发展否认了德国将替人类肩负拯救"西方没落"的文化使命。但斯宾格勒在《西方的没落》中留下的这条"光明的尾巴"却没有被历史无情斩断。自20世纪60年代以来，西方与发展中国家的巨型城市的确面临过度膨胀所导致的危机。就发展活力上看，城市巨无霸往往不如一些"规模较小、管理更好以及社会包袱较小的新开发的区域"[②]，但根据某些城市学家的乐观分析与估计，现今大多数全球性城市已经渡过了困难期，"西方文明和西方城市都没有""表露出任何衰退的迹象"[③]。可以说，这个结论一定程度上验证了斯宾格勒隐藏在悲剧整体观中的"希望的空间"（大卫·哈维语），毕竟诚如雅斯贝尔斯所肯定的那样："与世界在总体上不可靠相反，总还有与此不同的东西：这

[①] ［美］阿瑟·赫尔曼：《文明衰落论——西方文化悲观主义的形成与演变》，张爱平、许先春、蒲国良等译，上海人民出版社2007年版，第256页。

[②] ［美］乔尔·科特金：《全球城市史》（修订本），王旭等译，社会科学文献出版社2010年版，第224页。

[③] 同上书，第226页。

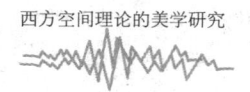

世上毕竟有值得信赖、唤起信任感的东西，有起到这些作用的根基：家园与乡土、父母与先人、同辈与友人，还有妻子。在我们的语言、信仰以及思想家、诗人和艺术家的作品中，有传承下来的历史根基。"① 无疑，这都可视作斯宾格勒的历史宿命论之所以闪现人性崇高的文化因由。一如他所告诫的："我们没有奔赴这一目标或那一目标的自由，而只有做必做的事或什么也不做的自由。历史的必然性所安排好的任务，将要由个人来完成，或则非其所愿地完成。""愿意的人，命运领着走；不愿意的人，命运拖着走。（Ducunt Fata volentem, nolentem trahunt.）"②

二 路易斯·沃斯都市生活理论的空间思想

路易斯·沃斯（1897—1952）是美国著名的城市学家，芝加哥学派的代表人物之一。其著名论文《作为一种生活方式的都市生活》作为现代城市学史上的经典文献，以对城市问题的深邃思考与独特发现闻名于世。该文围绕城市概念的界定这一根本问题加以展开，通过对此前各种城市概念的悉心辨析，同时吸收西美尔、帕克等理论先驱的合理观点，提出了从社会实体与生活方式角度理解城市的建构路径，掀开了城市理论研究的崭新篇章。

---

① ［德］卡·雅斯贝尔斯等：《哲学与信仰：雅斯贝尔斯哲学研究》，鲁路译，人民出版社2010年版，第271页。
② ［德］奥斯瓦尔德·斯宾格勒：《西方的没落》（第二卷），吴琼译，上海三联书店2006年版，第471页。

(一) 城市概念的社会学建构

西方现代文明崛起的一个重要标志就是大都市的发展,由此产生的世界都市化现象一马当先跃入了人们的理论视野。显然,要追溯西方现代性的缘起与变迁,就必须首先澄清城市概念及其现代内涵。

在沃斯看来,定义城市固然离不开人口规模、人口密度等显性指标,但更为根本的却是有无城市精神。因而,他从社会学层面将城市"定义为一个规模较大、人口密集的异质个体的永久定居场所"[1]。城市与乡村是人类征服和改造世界的两种定居模式,它们分别代表着人类交往模式的两种类型,二者之间的区隔不仅仅来自地理与空间差别,更源自两种生活、两种心灵形态的判然有别。尤其是后者,在这种区分中占据着主导和支配地位。所以我们说,正如从居民数量上看,一个规模很大却孤单地位于乡村地区的共同体不能称为城市一样,从人口密度上看,"城市中最繁华的地区——市中心——的人口密度通常很低,而承载着最具城市特色的经济活动的工商业区基本上不应算作是真正的城区"[2]。那么,什么才是城市的本性呢?沃斯认为这要从都市生活的重要特征中去搜寻。按照他的观点,城市不是一个封闭的地理或物理范畴,而是一个动态、开放的文化范畴和社会关系的互动范畴,

---

[1] 孙逊、杨剑龙:《阅读城市:作为一种生活方式的都市生活》,上海三联书店2005年版,第7页。

[2] 同上书,第6页。

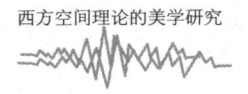

辨识它的重要标志就是城市生活方式。沃斯城市概念的创新性可从如下两个方面得到阐明。

一是打破了城市与乡村画地为牢的二元对立格局，提供了理解城市的恰当视角与方法论模式。沃斯认为城市最引以自傲的就是确立了都市生活方式，这是一种有别于乡村生活的实践行为。如其所言："城市，特别是大城市的优势是下列因素在城市中集中的结果：工商业，金融和行政机构及活动，交通和通信线路，新闻、广播电台、剧院、图书馆、博物馆、音乐厅、歌剧院、医院、大学、高等教育机构、研究和出版中心等文化和娱乐设施，职业团体以及宗教和福利机构。"① 这种巨大的空间"聚集效应"赋予城市生活以鲜明特质与非凡魅力。此种城市精神伴随着交通和通信技术的进步得到进一步扩张与强化，影响所及已不局限于我们称之为城市的地方，而是极大地延伸到城市以外的地区。显然，对我们这个时代的精神状况而言，这种对城市与乡村关系的描述可谓一语中的，它不仅定义了城市，而且构成了人们理解现代性、反思城市化的逻辑起点。

二是它能对人与世界的关系做出更具生存论意义的理解与把握，深化人们有关身份认同与文化认同的主体意识。何为城市？沃斯之前已多有论述。如齐美尔从大城市人的心理状态对城市的说明，韦伯从市场角度对城市的界定，帕克认为"城市是生态、

---

① 孙逊、杨剑龙：《阅读城市：作为一种生活方式的都市生活》，上海三联书店2005年版，第5页。

经济、文化和历史发展过程的综合产物"①等观点。粗略地看，沃斯之前的城市定义有两个路向：政治经济学视角与人类学—心理学视角。显然，西美尔对美国社会学"芝加哥学派"在都市研究方面的影响，在沃斯身上体现得尤为明显，正如有论者所指出的：二人"都试图从对人类的社会交往关系及个性特征的考察中，剥离出一种属于'纯都市'概念的社会学因子，并进行理论抽象和概念归纳，以建立一种有别于传统乡村社会经验的都市社会学理论和价值坐标体系"②。据此可知，沃斯立足于人类交往的基本模式，通过提炼那些体现城市社区生活独特性的基本要素，力图揭示城市特质与城市人格的努力，就是在为现代人确立在世存有的认同感与方向感，即"大城市是历史发展的走向，现代化的结构就是大城市化"③。

（二）都市生活理论对城市本质的揭示

沃斯虽然肯定韦伯和帕克在建构都市生活理论方面的先驱地位，但对其未能提供一个连贯有序的理论框架而深表遗憾。根据他对城市的定义，有三个要素是不可或缺的，这就是人口规模、居民密度以及居民和群体生活的异质性。这是沃斯建立其都市生活理论的三块基石，它们分别对应于社会学研究的三个相互关联的视角：社会生态学、社会组织形式以及都市中的

---

① 黄凤祝：《城市与社会》，同济大学出版社2009年版，第152页。
② 陈戎女：《西美尔与现代性》，上海书店出版社2006年版，第98页。
③ 黄凤祝：《城市与社会》，同济大学出版社2009年版，第94页。

个体与集体行为。

首先,都市的文化个性与人口数量紧密相关。只要略加比较,人口这一变量在城市—工业社会与乡村—俗民社会中扮演的重要角色就昭然若揭。在俗民社会中,共同体成员因为文化传统、生命经验的一致,所形成的社会关系极具人性化特征;而城市社会则不然,它的集合体成员因个体差异而缺乏认同感,所形成的社会关系特性带有强烈的非人格化色彩。究其缘由,乃是因为"人口数量的增长带来了个体差异范围的扩大"[1],城市人际关系由此呈现出割裂、肤浅、匿名、短暂、功利化等一系列特点,并以劳动分工与职业分化的制度化形式深深地铭刻在社会的躯体之上。

其次,人口密度在塑造特有的城市形式方面也是一个重要因素。"人口密度的增加会增强人及其活动的多样化,促使社会结构的日趋复杂。"[2] "恩格斯曾以250万人口的伦敦为对象,阐述人口大规模集中所产生的巨大威力。'250万人这样聚集在一个地方,使这250万人的力量增加了100倍;他们把伦敦变成了全世界的商业首都。'"[3] 现代城市是以文化悖论的方式存在着的。我们的身体与社会关系常常是分离的,一边是近距离的身体接触,而另一边却是遥远的社会关系;经济上的考量让空间争夺白热化,导致工作场所与居住场所发生分离以及居住按人口成分彼

---

[1] 孙逊、杨剑龙:《阅读城市:作为一种生活方式的都市生活》,上海三联书店2005年版,第9页。
[2] 同上书,第11页。
[3] 黄大军:《西方现代城市空间观的美学建构与主体救赎——以齐美尔、本雅明为中心》,《内蒙古社会科学》(汉文版)2015年第5期,第50页。

此隔离，但城市又以无与伦比的包容性，将"不同的个性和生活方式纠缠在一起，产生了相对主义的视角和宽容差异的观念"①。这是一个快节奏、制度化了的世界，同时也把各种生存压力抛给了都市人。

最后，城市人口在高度分化的同时也产生均质化效应。城市人口成分的复杂化消解了刚性的人际等级界限，使阶级结构、社会分层结构充满差异。不稳定性和不安全感构成都市人生活的常态，人们缺乏归属感，所属的群体关系只能展示其性格的某个侧面，个人与群体之间关系淡薄，"临时的居住地不会产生传统和情感的联系，更不会有真正的邻居"②。人与人结成的竞争机制与功利主义关系，促使城市人口高度分化。但另一方面，城市又具有抹除千差万别的均质化功能。因为从生产与消费的辩证关系角度讲，一方面现代分工与规模生产的优势决定了生产过程和产品的标准化、非个性化，另一方面，产品的大众化、同质化也在生产和消费领域中创造着它的"单面人"。正如马克思所言：不仅生产规定着消费，"消费也中介着生产，因为正是消费替产品创造了主体，产品对这个主体才是产品"③。因此，与现代生产体系相伴生的货币经济与交换关系面对的已不再是个人特性而是大众需求，"金钱关系趋于替代个人关系，而公共机构趋于迎合大众而非个人

---

① 孙逊、杨剑龙：《阅读城市：作为一种生活方式的都市生活》，上海三联书店2005年版，第12页。
② 同上。
③ [德]马克思：《政治经济学批判》（导言），《马克思恩格斯选集》（第2卷），人民出版社1995年版，第9页。

的需求"①,个体只有部分地牺牲个性才能融入城市政治与大众运动。

总之,路易斯·沃斯从都市生活方式的角度定义城市及其城市现象,找到了都市生活理论与社会学研究之间的契合点,极大地推动了都市生活理论向系统化、纵深化的道路上迈进,这对我们今天重新审视城市现象、评价城市化进程以及"怎样更好地与城市相伴,以实现社会正义与生态正义"②,都具有重要的思想启迪。

第二节 中国当代文学中的地方与空间

一 承受空间之重:贾平凹长篇小说的救赎美学

对于每位作家而言,空间与地理在其作品中的位置与意义是不可同日而语的。就空间诗学的建构与追求而言,贾平凹无疑是中国当代作家中用力最深、特色鲜明的一位。这在奠定其文学史地位的长篇小说创作中体现得尤为突出。从1984年发表第一部长篇小说《商州》到2016年出版的《极花》,几十年间,贾平凹的

---

① 孙逊、杨剑龙:《阅读城市:作为一种生活方式的都市生活》,上海三联书店2005年版,第3页。
② 黄大军:《筑建现代空间观的生态之维——西方现代生态空间观的哲学嬗变与城市规划》,《天府新论》2016年第3期,第99页。

空间关怀与空间书写一如既往、热度不减，并因其独特的空间思考向度而带来了艺术上的不断创新。不仅如此，他还对此做出了自我总结："地理在文学中似乎是一般性问题，其实它是作品的定位和基点。""我的创作基地有两块，一是我的家乡商州，一是我现在工作和生活的城市西安。"① 可以说，以空间问题作为思考根基的贾平凹，创造了与众不同的文学地形与地方认同，因而要对他的长篇作整体把握，就不能不首先探讨其作品中的地理与空间。

（一）社会历史的地理刻写与空间视界

研究者曾大兴曾言："一个文学家是否接受一个地方的地域文化的影响，接受哪种类型的地域文化的影响，或者说，在哪一个层面上、哪一种程度上接受一个地方的地域文化的影响，这与他的个人气质、生活经验等是有密切关系的。"② 贾平凹对地理环境的文学认同也可作如是观。

首先，这种文学视域下的地理空间认同来源于作者根深蒂固的农民身份认同。要理解贾平凹就不能不阅读他的自传体小说《我是农民》，这部仅十六万字的长篇是作者四十六岁时回溯十九年乡村成长记忆的一部非虚构作品。它是解码作家人格结构与心灵世界的一把密钥，在此前后写出的诸多作品都可以从中找到作家身影及生活花絮。因为作为文学的一种重要的形构力量，生活

---

① 贾平凹：《文学与地理——在香港贾平凹文学作品国际研讨会上的发言》，《东吴学术》2016 年第 3 期。
② 曾大兴：《文学地理学研究》，商务印书馆 2012 年版，第 57 页。

风格产生于人生早期，且一旦成型就很难改变。十九年的农村生活，不仅塑造了作为农民的贾平凹，更造就了作为作家的贾平凹。对那种充满屈辱、苦难、挫败与劳作的农村经验的背负，既让他爱上了土地和土地上的庄稼，又让他有机会深入洞悉农民的德行，那种与节俭、勤苦等美德相伴生的还有贪婪、自私、狭隘、狡狯等劣性。在贾平凹看来，这些贫穷与困厄在当时也并不觉得苦得受不了，多年以后他甚至还暗暗庆幸自己之所以后来成为作家，与这些不可理喻的人生困顿不无因果。况且，他觉得，"在苦难中，精神并不一定是苦难，这犹如肮脏的泥潭里生出的莲却清洁艳丽"①。确实如此，在棣花村长大成人的他，在人生不惑之际踏上有着清香味的土地时，竟不由自主地弯腰捏起一撮泥土塞到嘴里嚼起来，一边遥想当年乡下的往事，一边动情地感叹这土有多香！叔本华说过："属于生命的痛苦构成了对世界现实的一个标准，世界在苦难中获得最高的强度"，"苦难越多，现实也就越多"②。贾平凹则感喟："真正的苦难在乡下，真正的快乐在苦难中。"③ 所以，农民身份认同决定着他的诗学理想的地理个性与精神境界。

其次，这种文学创造的地理认同本质上还是一种地域文化认同。如果说农民身份认同将人地关系牢固地连接了起来，那么对地域文化的多方汲取则确立起了贾平凹作品的空间特质与意象系

---

① 贾平凹：《我是农民》，安徽文艺出版社2010年版，第90页。
② ［德］费迪南·费尔曼：《生命哲学》，李健鸣译，华夏出版社2000年版，第33页。
③ 贾平凹：《我是农民》，安徽文艺出版社2010年版，第135页。

统。迈克·克朗指出:"文学作品或多或少揭示了地理空间的结构,以及其中的关系如何规范社会行为。"① 贾平凹乃是一位带有鲜明的"地理环境决定论"色彩的作家,他曾以"文学与地理"为题两次著文阐述自己的"地学美学"思想,并将他对水土的重视概括为一句话,即"什么样的地理出什么样的作家"。② 这使他的文学创作与自然地理之间产生了某种对称或对应关系。一是审美空间呈现雄浑灵秀的艺术风格。贾平凹的文学王国崛起于商州,它隶属陕南,地处陕西、河南和湖北三省交界地,背靠秦岭,比邻长江与黄河,多山多水多雾,是中原文化与楚文化交汇过渡地,历史悠久,有秦头楚尾之誉,还是关中平原通往东南的要道,地理位置优越,四方气脉汇聚,融汉唐文化的雄浑与楚地文化的妩媚为一体,深深地影响了贾平凹疏放灵秀文风的形成。二是文学世界氤氲神秘幻魅的精神气质。陕南属山地景观,贾平凹的家乡因处于秦岭的一个小盆地里,山深雾大,更显偏僻封闭,因而巫鬼氛围浓郁,这是作者接受神秘主义文化并热衷书写神秘现象的地理学诱因。三是文化维度上凸显传统及现代各种文化杂处并置的格局。有论者指出:"商州既南又北,既非南又非北,独特的地理环境造就商州显著的过渡性、交汇性和融合性空间气质与人文气息。"③ 贾平凹的文化人格深得这种地域文化的浸浴,呈现出在

---

① [英]迈克·克朗:《文化地理学》,杨淑华、宋慧敏译,南京大学出版社2005年版,第45页。
② 贾平凹:《文学与地理——在香港贾平凹文学作品国际研讨会上的发言》,《东吴学术》2016年第3期。
③ 王华伟:《基于文学地理学的"风水空间"研究——以贾平凹小说为例》,《延安大学学报》(社会科学版)2017年第3期。

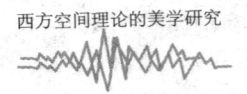

现代性视域下广泛吸收传统文化诸体系,并与当代生活与现代文化融为一体的特点,这使他的文学空间别具一种多姿多彩的文化魅力与复杂景观,更使他对中国现代性特点的思考具有了本土意义上的考量。

最后,这种地理认同更是一种文学生产的动力机制认同。贾平凹在地理与文学之间找到了最简洁的表达,并借助个人创作经验的阐发,达到了与西方空间理论家类似的认识高度,这可以从以下两点进行阐释。一是对文学创作而言,地理定位既是条件又是源泉,既作为动因出现,也作为推动力出现,套用列斐伏尔的话说就是地理空间具有文学的生产性。贾平凹认为,地理在文学中并非一般性问题,它其实是作品的根源与构成力量,作品的特点与味道不是凭空产生的,而是开始于作品的地理与空间,就像人的着装与举止,一旦裤带确定了,其他如裤子、上衣、帽子,出行坐的车,见什么人以及说什么话就会随之一一确定。而且,他的地理概念还极具包容性。从宏观上讲,时代与社会就是大的地理;从微观角度讲,地理则具体指作品中真实的地理环境。这种认知意在表明地理是历史、文化的基础。二是文学创作要进行社会历史的地理学转化,即创作的诀窍是要以熟知的一个具体地理作为故事的环境,有了这个坚实的生活底子再开始"以实写虚"的扩展、改造工作。在这一点上,贾平凹又与列斐伏尔的观点有了某种可比性,后者曾言:"社会现实不是偶然成为空间的,不是存在'于'空间的,它在先决条件上和本体论上就是空间的。不存在没有空间化的社会现实,也不存在非空间的社会过程。

即使在纯抽象领域，在意识形态和再现领域，也存在普遍的、相关的虽然常常是隐秘的空间维度。"① 当然，贾平凹对这个问题的诠释是从创作入手的，他举例说《秦腔》写到的地理位置、《废都》中的十多个古旧街巷都实有其地，甚或实有其名，这种对真实地理的沉迷令他即便取材于别处，也仍要将之改造后拉回故乡来写。换言之，贾平凹是在一个真实的地理环境中创造文学的"第二自然"的，即故事的虚构建立在地理的非虚构之上，他认为遵循这一创作规律的好处就是，"写作时作家不至于游离，故事如孤魂野鬼它得有个依附处，写出来的作品，能给人一种真实感，更容易让读者相信，而进入它的故事中"②。正是在这个意义上，贾平凹确信地理的选择与运用，不仅能标示出一个作家的类型与审美个性，还能够看出作品内容的隐秘。

（二）现代社会的异化向度与空间症候

贾平凹文学叙事的"空间"视角大致有两个方向：一个是文本形式与空间美学方面的探索，这以《商州》《怀念狼》《老生》《极花》等作品为代表；另一个则体现为对社会文化空间的关注，这以《浮躁》《废都》《秦腔》《古炉》等作品为代表。由于贾平凹本质上是一位具有深沉的现实关怀、流露出明显的写实倾向的作家，这使他前一个方向的空间探索总是附着在后一个方向的明

---

① 黄大军：《元空间的解码与新空间的探寻——当代西方空间理论的主题研究》，《湖北民族学院学报》（哲学社会科学版）2018年第1期。
② 贾平凹：《文学与地理——在香港贾平凹文学作品国际研讨会上的发言》，《东吴学术》2016年第3期。

确选择与定位之中，呈现出非独立性的文本面貌。这是贾平凹的"空间转向"之所以不通向西方式的现代主义文学与后现代性文学，而呈现出地道的中国精神与民族格调的根本原因。莫雷蒂在《欧洲小说地图》一书中曾指出："空间不是叙事的外部，而是一种内在力量，它从内部决定叙事的发展。"① 显然，通读贾平凹的长篇小说，他对空间与地理元素的大规模征用留给我们的就是这个印象。在中国当代城镇化进程摧枯拉朽的席卷之下，贾平凹以"回到空间本身"的姿态直面乡土与城市两种文明形态的困境与出路问题，不仅以"废都—废乡"为地理轴线书写了一卷卷现代文明的"病相报告"，而且借助这种对现代社会的异化批判与症候分析实现了文学观念的重大变化。总体上看，对地理、现实与具体空间的依赖，使贾平凹避免了概念化写作，并有助于他从"空间生产的对抗"与"空间权力的异化"两个维度诠释现代社会的面孔与命运。

从"空间生产的对抗"角度看，贾平凹长篇小说的当代性在于写出了城乡迁转的不平衡地理发展，及其所规约下的深度空间断裂与人性异变。在城市化大行其道的今天，农村书写离不开城市参照，城市书写同样也离不开农村的发掘。在贾平凹笔下，我们既看到了城乡之间"中心与边缘"的等级差异，又看到了城市对乡村的"剥夺性积累"，还看到了城市形象的崩塌。如果说从1979年到1989年的十年间，借着中国农村社会改革的东风，农民

---

① 马汉广：《论文学叙事的"空间"视角》，《学习与探索》2015年第11期。

的现实处境大为改善，贾平凹据实写出了对美好城市的向往，从而构成从《商州》到《浮躁》一系列作品的总体基调；那么，随着20世纪90年代乡村文化场域的转型，工业文明与城市文化获得了绝对意义上的空间占有与支配，失去20世纪80年代无限风光的农村不可挽回地没落下去，在此现实语境下，他写作了《废都》，尽情倾吐了自己的城市悲情与知识者苦闷，为他的乡土写作划下了一道分水岭，于是自《土门》以后，曾经是多产的、丰富的和有生命力的乡村，被一个僵死的、刻板的、静止的和缺乏活力的"废乡"所取代。

这是一条沿着《土门》《秦腔》到《极花》的渐进之路。《土门》描写的是城市与乡村的二元对立，以及乡村的权利在"城市的胜利"面前荡然无存的噩梦；《怀念狼》关注了空间隔离造成的山民的赤贫与沉沦；《秦腔》悲悼了家族文化的解体、地方剧种的衰亡以及劳力离开村落后的萧条与凄惨；《带灯》呈现了工业文明的汹涌与残暴，一边是大矿区将矽肺病和死亡抛给了农民工，一边是人们欢庆大工厂在樱镇安家落户；《极花》则控诉了城市夺去农村的财富、劳力与女人之后，山村满目疮痍、惨不忍睹的废墟景象。农村书写既需要摹写地理与空间，也需要观照最具空间活力的元素——人。因为二者之间是一种不分彼此的同一关系而非二元对立关系，所以，我们说外部空间的冲突与分裂，其实表征的是人类精神世界的问题与症结。在商业文明与城市飓风的裹挟下，作者痛心地发现一些农民已彻底堕落。同时，这些作品中的主人公也不再高高矗立，而是饱受对立空间的排挤，处

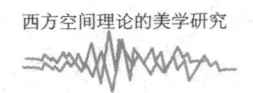

境荒诞、反抗无力,沦为被时代巨轮碾碎的"多余人"。《秦腔》中的夏天义就是这样一位悲剧角色。这部小说从一开始就将农耕文明与现代文明的较量推到前台,老村干部夏天义与新村干部夏君亭分别代表新旧两种文化类型,他们因治村理念不同各自为战,夏天义领人锲而不舍地干着淤地造田的事业,而君亭则领人排除万难筹办农贸市场,依靠交通便利带动村人发家致富,执拗的夏天义在亲人的误解与身体的衰弱中,不幸在一次山体滑坡中遇难,至死都生活在过去的荣光里,成为小说终结乡土传统的一个文化符号。然而,即便君亭代表了现代理念指引下的乡土走向,即便乡村在努力向城市靠拢,自身的解体似乎也是必然的,因为就整个清风街来说,大都市的诱惑甚至让任何乡村的改造与振兴方案都难以付诸实践。正如夏天义曾感叹的:"这些孩子为什么不踏踏实实在土地上干活,天底下最不亏人的就是土地啊,土地却留不住了他们!""后辈人都不爱了土地,都离开了清风街,而他们又不是国家干部,农不农,工不工,乡不乡,城不城,一生就没根没底地像池塘里的浮萍吗?"① 显然,《土门》以来,作者在这个向度上的反复发问是令人深思的。

从"空间权力的异化"角度看,贾平凹的十六部长篇主要书写了政治权力空间的异化与文化空间权力的异化两种类型,前者以《浮躁》《古炉》《带灯》为代表,后者以《废都》《秦腔》为典型。空间不是中性的,"空间的占有与划割就是政治经济地位的

---

① 贾平凹:《秦腔》,人民文学出版社 2008 年版,第 367—368 页。

体现，继而形成自己独有的文化和社会形态"，① 它具有意识形态性。

在空间批判方面，《浮躁》《古炉》《带灯》各有千秋。这三部文本从不同角度、不同层面立体地、多元地呈现了对乡村文化的批判与反思。《浮躁》的家族政治解剖立足于革命历史记忆，田家和巩家作为州城地界的革命功勋，形成分庭抗礼的局面，韩家出了一个战天斗地的记者金狗，打破了龙争虎斗的二元格局，形成三足鼎立的空间关系，他在田、巩两家的家族政治体系中撕出一道裂缝，成为新时代"二次革命"的斗争英雄，作者高扬了主人公的个人英雄主义，也让读者透过故事"看到中国落后的东西，看到封建残余势力多么根深蒂固，也看到新一代在成长，他们是中国的曙光"②。《古炉》对空间的解码建立在封闭的日常乡土空间之上，作者以古炉村民情风俗、经济往来、生老病死、街谈巷议、恩怨纠葛、男欢女爱、吃喝拉撒等日常场景作为空间构形，指向古炉村群体心态结构的生命图解，以不为人明确察觉的节奏翻转出民族文化心态中的幽暗一面，最后以夜霸槽为空间构形的主体，"在以他为核心的一系列空间建构、疏离和争夺中，古炉村以生产生活为主体的日常生活逐步政治化、阶级化、权力化，空间政治与日常生活的复杂纠结也进一步凸显出来"，③ 达到了空间叙事的一个新高度。

---

① 吴冶平：《空间理论与文学的再现》，甘肃人民出版社2008年版，第9页。
② 孙见喜、孙立盎：《贾平凹传》，陕西人民出版社2017年版，第79—80页。
③ 李静：《〈古炉〉的空间构形与心态结构》，《文艺争鸣》2012年第7期。

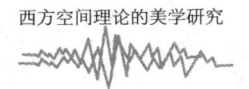

在文化空间权力的批判方面,贾平凹痛悼精英文化与民间文化的溃败。"精神和道德领导"的形式①,即作用于群体和社会成员心理—观念层面的文化领导权,它提供了社会健康发展所必备的基础,所以,当下文化空间中商品文化对精英文化与民间文化的挤压与排斥,以及后两种文化严重边缘化,对社会而言都是弊大于利的。因为在一个由消费文化、娱乐文化主宰的单向度空间中,人类就会丧失对自己的历史价值的理解,丧失对自己在生活中的职能的理解,丧失对自己的权利与义务的理解。《废都》是知识分子灵魂自虐的告白书。该书在人物关系的布展上以西京四大文化名人为轴心,既书写了精英文化的普遍衰败,又以庄之蝶为文化主体,写了他被官司纠缠,被女人围困的种种不堪及放纵。这是20世纪90年代社会空间中商品文化上浮、精英文化跌落的人格显影。文化生态的商品化转型,使文学不再是构成人的一种本源性力量,不再是对现实世界的一种超越性认识。庄之蝶在书中的所作所为完全与一位文化名人的形象背道而驰,他在世俗文化空间中的大撤退,只能为20世纪90年代的文学天空留下一个苍凉的手势。《秦腔》则奏响了民间艺术的挽歌。在流行文化甚嚣尘上的今天,陈星唱的流行歌曲能够吸引清风街一大批老少人等驻足围观,而"台上一分钟,台下十年功"的秦腔表演却门可罗雀,剧团几度分崩离析,人才四散凋零。作为这片土地上曾有的主要娱乐形式,缺乏政策扶持、群众基础与时代精神的古老艺

---

① 于文秀:《"文化研究"思潮导论》,人民出版社2002年版,第93页。

术只能渐行渐远，而老票友和老艺人也只能希望借自费出书、自费录制唱片的形式为其保留一抹淡淡的印痕。

（三）地方经验的价值探寻与空间返魅

整体上看，贾平凹的长篇系列构造了一个个关于中国社会与文化生态的疾病空间，在他那里，疾病隐喻是与其现实主义的写作立场、关切社会问题的价值取向、个体历史创伤记忆及现实体验密切结合的，同时也是与拯救联系在一起的。面对现代化进程中出现的种种负面现象，贾平凹从创作伊始就力图寻找拯救之道，并为此做出了不懈努力与艰难求索。马克思说，人的本质在现实性上是一切社会关系的总和。卡西尔也认为："人之为人的特性就在于他的本性的丰富性、微妙性、多样性和多面性。"① 从这个意义上说，人的生活空间从来就不应该是单向性的，而是异质性的。20世纪以来，人类进入了一个空间的时代，一切社会问题几乎都可以化约为空间问题，而一切解决之道又几乎都可以还原为如何让非正义的空间走向正义空间。贾平凹寻求空间正义的路径与他的农民身份认同密切相关，也与他的城市经验不可分离，同时还与他对救赎问题的思考以及社会语境的变化有着关联，正是在这样的向度上，他的救赎美学经历了一个由"空间憧憬"到"空间返魅"的流变过程，并最终以地方精神为基础实现着这种价值的重构与寻找。

---

① ［德］卡西尔：《人论》，甘阳译，上海译文出版社2003年版，第19页。

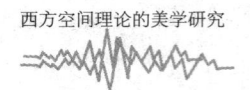

贾平凹有着根深蒂固的农民情结，这是他的自我认同与作家归属，因为农村生活的十九年不仅让他长大成人，更塑造了他的性格。而走上文学之路后，为了建立自己的文学王国，他于20世纪80年代曾三次大规模地踏足商州，一个村镇一个村镇地走，一个县一个县地走，借此开始了此后一发而不可收的乡土写作，此后每年又多次回去，因为故乡的人和事让他魂牵梦萦，故乡的山和水让他灵魂安妥，故乡的兴与废让他牵肠挂肚；另一方面，贾平凹又是一个自十九岁以后就生活于城市的城里人，城市是他学习、工作、生活、娱乐的居所，这就说城市经验与城市文化在建构他的文化人格方面也同样重要。从贾平凹的创作来看，他既对城市有激烈批判，又对乡土不无质疑，也就是说，他的文学书写视角是交互性的、相对性的：既不是单一的城市视角也不是单一的乡土视角，而是一种以乡土视角为主导的开放视角。对于这一点他有着明确表白："我是站在西安的角度上回望商州，也更了解商州，而又站在商州的角度上观察中国，认识中国。"[①] 在此，商州这个地方是作为作家的文学根据地出现的，其所承载的深厚情感价值是不言而喻的。于是，立足于文化与空间的理解，他的救赎理念呈现出扎根乡土的强烈色彩。这在他的第一部长篇小说《商州》中就定下了基调。该书在开篇就以议论性的文字探讨了城市化的进步性、乡土中国的传统性以及二者发生碰撞后产生的种种负面后果，并开出药方说"'文明'的省城应该注入商州地

[①] 贾平凹：《文学与地理——在香港贾平凹文学作品国际研讨会上的发言》，《东吴学术》2016年第3期。

面上的一种力,或许可以称作是'野蛮'的一种东西"。① 这是作者在长篇领域直接从地理角度谈及社会救赎的开始,并在随后几十年的创作中与之展开了漫长的争论与对话。

作为一种自觉的思想追求,贾平凹的救赎美学经历了一个由"空间憧憬"到"空间返魅"的递嬗过程。其中,"空间憧憬"指的是对一种健全空间、美好家园与生活环境的构想与期盼,"空间返魅"指的是在一个去除了大自然神性、灵性与生命活力的理性与世俗的空间中重新召回这一切,从而使得空间变得"丰富""全面"和令人敬畏。换句话说,"空间憧憬"指向乌托邦的建构,"空间返魅"指向异托邦的建构。大致上说,以《秦腔》为界,此前的创作更显乌托邦色彩,此后(包括《秦腔》)的创作更见异托邦倾向,从救赎美学的乌托邦书写到异托邦书写,反映了作者现实主义探索的深化以及对地方经验的深切理解与把握,并使其乡土创作真正从思想到艺术臻至独立与完善之境。

在"空间憧憬"的乌托邦阶段,作者的救赎构想大体上分为两类。一是文化(审美)乌托邦的建构。在这方面,贾平凹体现出对文化活力的寻求与对乡土力量的更多肯定。他向往"秦汉强盛之气",追求田园梦想,但随着改革的深化,城乡发展的不平衡不断彰显以及各种新矛盾的不断产生,纯粹的田园之梦已不合时宜,他就把这种对土地和野性的认同融入了对一种强健有力的文化精神的打捞与寻找之中。其中,《商州》《高老庄》《怀念狼》

---

① 贾平凹:《商州》,安徽文艺出版社 2010 年版,第 5 页。

等作品就记录着作者再造乡土中国与文化中国的努力与探索。《商州》抵抗现代文明痼疾的策略是：以野性的商州改造理性的城市，从而达到文化的互补与融合。《高老庄》则相反，有着借异质文化的活力重塑乡土文化精神的明显意图。《怀念狼》则从环境衰变与狼的消失中，看到了没有对抗和竞争就没有了生命力与创造力的可怕，"怀念狼是怀念着勃发的生命，怀念英雄，怀念着世界的平衡"①。作品还认为外部世界中狼的溃败与狼性的消失，正是激发人类内在的狼性因子向外释放和发生转变的开始，小说中人在狼消失后变为"人狼"的隐喻就有着对现代文明自我更新能力的某种认同。此外，在《带灯》中还出现了审美与情爱乌托邦的建构，一封封自恋式地写给梦想情人元天亮的信笺支撑了带灯在艰难的工作环境中精神饱满地履行岗位职责的信念。二是现实乌托邦的建构。《土门》是作者在激烈的城乡空间矛盾的背景下，辩证思考二者关系及出路的一次尝试。小说力图以超越城乡文化之弊的整合视角，综合城市与乡村优点，主张建立"神禾塬"式的新型城乡区，以理想的城乡规划理念解决社会问题与社会矛盾。显然，"神禾塬"的出场在小说中只是概念化的，这个乌托邦仅仅是西方 19 世纪末 20 世纪初有关"花园城市""广亩城市"等规划理念在当下中国的回响，没有多少实质性的思想创新，同时，就这个新乌托邦的演绎来看，与西方 19 世纪末孕育的城市乌托邦小说如贝拉米的《回顾》与莫里斯

---

① 廖增湖:《贾平凹访谈录——关于〈怀念狼〉》,《当代作家评论》2000 年第 4 期。

的《乌有乡消息》等也不能相提并论。从这个意义上说，"神禾塬"的设计与其说是一种解决方案，不如说仍旧只是作者对现代文明立场的一种文化选择。

如果说，"空间憧憬"的救赎力量多来自空间之外，体现为一种"生活在别处"的外位性思考的话，那么，随着这种文化主义的救赎策略在现实沉浮中的覆灭，作者乌托邦式的理想主义冲动渐渐冷却，于是《秦腔》之后，一种原本一直活跃在其作品中的空间精神逐渐上浮到救赎的视野中来。这就是作者在小说中对异托邦的自觉建构。异托邦是与乌托邦相对而言的，两者的差异在于，乌托邦（文学中的）是"作家构建的虚无存在之所，正是通过这种想象的虚无之所，作家表达了他对现实的不满、批判和对理想的憧憬"①。而异托邦是社会空间中的一种真实存在，它是社会生活预设的组成部分，是一个植根于现实的不确定、非连续、差异性的空间，它以微观形式组织社会领域，在社会的褶皱、罅隙与毛细血管的层面上形成微观权力，构成对宏观权力与常规空间的解构与抵抗。在这样的空间中，"现实不是同质的，而是异质的；不是和谐的，而是戏剧性的；不是统一的，而是各具形态的。"② 以《古炉》《老生》《极花》等为代表的作品就折射出这样的文化深意。此类作品充满奇人异人、巫觋谶纬、神秘事物、神鬼信仰、万物有灵、民间艺术等异质元素，它们不仅建构着具

---

① 陈国和：《1990 年代以来乡村小说的当代性——以贾平凹、阎连科和陈应松为个案》，中国社会科学出版社 2008 年版，第 70 页。
② [德] 沃尔夫冈·韦尔施：《重构美学》，陆扬、张岩冰译，上海译文出版社 2006 年版，第 124 页。

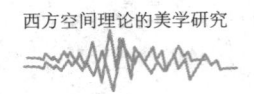

体的社会空间,更促成着人的选择与空间的转化。可以说,贾平凹笔下的文学空间大都属于这类空间,它不仅文化维度林立,尤其是有着神秘主义文化氤氲其间,在这个"返魅"的空间中,总是存在着一定的异见、不同与可能。

二 空间与地方:莫言剧本《锦衣》的文化政治解读

莫言新作《锦衣》是一部融汇民族传统与现代元素的戏曲文学剧本。它将晚清山东留日学生回乡图谋举事、苦命女子与革命志士终成眷属,以及官绅鹰犬横行乡里、鱼肉百姓等故事有机缀合,以文学的方式凸显了"事件"与"空间"特有的建构力量,"再度深入探究和处理了近代中国的革命与社会问题,既生动再现了近代中国社会的各种弊病,披露了人性的致命缺陷,又从文化、制度、伦理甚至文明的层面,深入揭示了历史、社会变革的深层次原因"①。

(一)理解空间:社会历史的解码

《锦衣》是莫言解码晚清社会历史图景的一部文学文本。借助革命暴力事件的突发性与断裂性所引发的社会危机与空间转向,莫言洞悉了晚清社会的历史脉动及其裹挟其间的人性光芒与生动场景,并向人们昭示了传统社会下地方的生产及其现代性境遇。这在《锦衣》中主要表现为空间政治的显现与文学空间的新变。

---

① 张清华:《说不尽锦衣夜行警世真幻——莫言新作〈锦衣〉读记》,《光明日报》2017年9月4日第12版。

前者在剧中体现为故事发生和上演的地点呈现出多面性与多重符码化的特征，即空间不再是中立的与空洞的，而是与政治联系在一起，具有了改变阶级关系与人物命运的能动力量。《锦衣》全剧主要涉及桥头（集市）、盐铺、县衙、洞房、坟墓、道路、卧室、祠堂等地点。这些地点如同福柯所说的"异托邦"，展现出多元文化共存、多样空间并置、包罗万象等空间活力，承载着解构绝对空间（传统社会空间）、生产另类空间的双重功能。剧中的桥边集市就是这样一个场所。在此，新旧势力并置，否定与肯定结合。大烟鬼宋老三桥边卖女，无疑是一桩苦难、不幸与绝望的事件，但他们与两位革命党人的巧遇，不仅为苦命女的人生反转埋下了伏笔，而且让英雄救美的行为带上了鲜明的启蒙色彩与政治理性。坟墓也是一个具有二重性的意象。在丈夫墓前，季王氏被告知儿子已然暴病身亡，实则其子依旧龙精虎猛，从事着摧毁旧社会、旧制度的秘密工作，所以坟墓意象不仅是死亡的表征，它还潜含着转化与拯救的意蕴。剧中的其他空间，如盐铺、县衙、洞房等也一律呈现出空间的多面性与复杂性，预示着莫言已经由对空间中人事的关怀转向对空间本身的关怀。

再看文学空间的新变。这主要包括两个方面。其一是悲剧空间向喜剧空间的转化。人是空间中最具动态性的因素，空间的转换与人物命运的嬗变息息相关。莫言看到，辛亥革命前夕的社会下层空间是一个非人空间、悲剧空间：穷人卖儿鬻女、官绅巧取豪夺、流氓地痞横行、百姓苦大仇深……但革命的到来，让官方空间与下层空间的秩序发生了动摇，一个"希望的空间"正在历

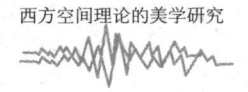

史的阵痛中艰难分娩。这使莫言有坚定的理由赋予笔下的人物以命运的突转与美满的归宿。该剧的悲剧主体是两个女人的悲剧。一是宋春莲被卖，与公鸡成亲独守空房，婆媳不睦尽遭冷遇，后被垂涎其美色的官府纨绔百般羞辱、纠缠的人生苦楚。二是独自支撑盐铺的寡母季王氏因儿子季星官留学在外，遭受各路地方势力一再讹诈与凌辱的悲惨境遇。因为季星官的存在，两个女人结成了婆媳关系，又因为季星官的革命者身份，二人最终有了改变生存困境的可能，致使故事由悲剧向喜剧突转。其二是写实空间向写意空间的转化。这是该剧最值得称道的空间设计。宋春莲与公鸡成亲这是实写，而季公子幻化公鸡与春莲两情缱绻则是写意。承载这个情节的空间是春莲卧室，在这个给人以庇护、梦想、记忆与激情，具有诗意深度与内心价值的存在领域，日常生活中公鸡对她的护佑，夫君客死他乡的传闻，夜色的遮掩，情思恍惚中的希冀，传统迷信鬼神观念的萦绕，季星官身披锦衣的公鸡扮相以及他作为革命者的神秘身份与行为，都促成了卧室这一现实空间与梦幻空间的叠加，在这个"第三空间"中人物灵魂的深度与生命的深度得到揭秘，进而成就了全篇中这一亦真亦幻、至情至性的华美乐章。

（二）想象地方：民间视角的还原

剧本《锦衣》的创作灵感来自莫言童年时听母亲讲的一个故事，大致情节是：一个待字闺中的地主家小姐，总是在深夜与一个漂亮公子幽会，这一怪异的举止被她母亲瞧在眼里，于是赶紧跑去探问究竟，女儿道出实情，说与她相会的是一位身穿锦衣的偶傥公子。母亲疑心是妖，于是嘱咐那位公子再来时藏起他的衣服，小姐依计行事，失去锦衣的公子在天明时分无奈离去，当这位小姐打开藏锦衣的柜子时，却发现里面只有一地鸡毛。莫言十分钟爱这个民间故事，为了让其具有现代意义，他以辛亥革命前期为故事背景，以推翻清朝统治、建立民主共和为立意，让旧瓶装上了新酒，达到了化腐朽为神奇的艺术至境。如上所述，可知莫言创作此剧的民间文化认同根深蒂固，这也决定了该剧总体的艺术追求与审美品格。

莫言想象地方的第一种方式是，利用民间诙谐文化中和底层悲烈的生活场景。张清华留意到《锦衣》有如下个性："在我看来，莫言一直在刻意地用'障眼法'或者喜剧性，来处理或者中和其作品的批判力与悲剧性。"① 倘若稍事深究，莫言与民间诙谐文化的渊源就会浮出水面。莫言喜欢蒲松龄、善写民间节庆活动、对民间艺术情有独钟、爱用不拘形迹的广场言语（如脏话）等，都让我们看到了他对民间诙谐文化的深刻理解与自觉传承。民间诙谐文化和笑文化对现实的否定与对自由的肯定，与严肃文学大异其趣，诙谐和笑既是对自由的追求，同时也是对专制禁忌和恐吓的挑战。从这个意义上说，悲剧喜唱、寓庄于谐、插科打诨、怪诞变形等审美策略不是弱化了主体爱憎，反倒是激发了作品内在的批判力量与反抗精神。这正是《锦衣》所承载的民间谐谑文

---

① 张清华：《说不尽锦衣夜行警世真幻——莫言新作〈锦衣〉读记》，《光明日报》2017年9月4日第12版。

化的深层指向。在莫言笔下，民间既是一个压迫与反抗的斗争之地，又是一个藏污纳垢、亟待启蒙的沉默之地。在此，首先暴露的是官方文化的窳败与丑陋。知县庄有理与其子庄雄才的一手遮天、胡作非为，王婆、王豹姑侄的巧取豪夺与助纣为虐，混世青皮的耍赖与刁难，让寡母、"孤孀"呼天抢地、以命相搏，二人几乎将旧社会女性的一切不幸遭遇都集于一身，成为作者揭露晚清糜烂政局与权力运作的典型样本。同时，作者也看到不仅外部的强权与威压造成了弱小者的悲苦命运，他们自身的文化劣根性也是罪魁祸首之一，如保媒拉纤的王婆，成为婆婆的季王氏等都曾是受害者，但腐败的社会环境与封建认同又使她们转变为害人者，最终异化为封建文化的帮凶与同谋。"笑是一面胜利的旗帜"，莫言正是以形式的喜剧性来达到悲剧的批判效果，在笑声中将没落阶级与反动伦理一并送进了坟墓。

  莫言想象地方的第二种方式是，利用民间狂欢文化升华鬼怪文化的诗性品格。作为一种文化精神的狂欢特指在一切狂欢节式的庆贺、礼仪形式中所渗透和体现出的一种狂欢节的世界观，它主要含纳着"自由平等的对话精神和交替与变更的精神"[①]。而鬼怪文化则一直构成中国文学经验中最富活力的有机组成部分，寄托着人们解决现实矛盾与痛苦、追求个性解放、张扬性爱伦理等理想情愫。《锦衣》中的洞房就是一个充满狂欢化潜力的非日常空间，它的空间活力虽然被延迟了，但其所特有的随便、平等、

[①] 程正民：《巴赫金的文化诗学》，北京师范大学出版社2001年版，第80页。

亲昵、自由、欢乐、解放、创造等生活含义并没有消失，而是以超越现实原则的理想形式（如幻想和乌托邦）被保存了起来，并随时准备焕发出蓬勃的改造力量与向上的生命意志。在剧中，这一上升路线是由"公鸡变人"的鬼怪传奇开启的，因为鬼怪故事的怪诞、夸张与变形，与民间狂欢化文化解构权威、摧毁等级、破除凝固、追求解放的颠覆机制与感性冲动一体两面、相得益彰。《锦衣》对此前的鬼怪审美传统都有杂取，如汲取了蒲松龄鬼怪书写的人性经验，以及现代作家以理性与传奇之笔重构鬼怪母题（譬如徐訏小说《鬼恋》）等审美经验，同时又利用民间狂欢文化精神对鬼怪题材的诗性内涵与人性理想加以拓展，再借用现代文化对其神魔外壳加以改造，从而在现代革命故事的框架内谱写了一曲"人鬼恋"的绝美颂歌。这种对鬼怪经验的现代探求及其亦真亦幻的文学处理堪称莫言"借鬼事说人事"的神来之笔。

（三）面向现代：身份认同的困境

在思想主题上，《锦衣》揭示了沉重的乡土中国完成现代性转型的可能及困境问题。这部以家族命运的"秘史"形态回归正史的剧作，有着消解主流意识形态史、革命斗争史的强烈意向，从历史中寻找被压抑的他异声音，发现隐蔽在一个民族风起云涌般的历史事件之下的民族文化心态与生活状况。这是通过一个具有突发性与断裂性的特殊事件——反清暴动来实现的。在《锦衣》中，由事件发生所导致的时间开裂，展现给我们一个泥沙俱下的"过渡空间"，它表现为现代空间的崛起与传统空间的衰落，

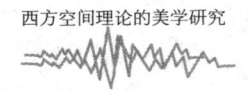

正是它所带来的空间混合与身份认同困境，让我们醒悟到没有空间变革就没有社会变革，而一场激进的暴力革命只能促进前者的开启，却无法保证后者的胜利与完成。由此，中国近代革命经验在《锦衣》中得到了探寻与浓缩。

　　首先，传统空间的瓦解带来了社会各阶层的身份认同危机。在历史转型前夕，传统空间解体的大幕已经拉开，身份认同的瓦解与重建成为一个不可回避的生存话题。《锦衣》正是在这个维度上，从文化心理层面对这一历史趋势做出了深层解码，叙述了传统空间面临的多方挑战及其旧体制"幸存"的严重性问题。一类是以知县父子及其鹰犬为代表，他们的累累暴行令人发指，季星官回乡造反夺权严重威胁了他们的既得利益与社会身份认同，为了让政权稳定与长久，他们组织洋枪队，多方镇压，但大势已去之际，又有部分人迅速反水，窃取了革命果实。另外一类是以被侮辱与被损害的季母及其儿媳春莲为代表，季星官的革命党身份，致使作为至亲的她们深陷想做奴隶而不得的身份认同危机。季母之所以落入王婆姑侄说媒骗钱的圈套，被人再三讹诈，就是因为把柄被人攥在手里，而要想重回原来的认同空间，只能忍气吞声、听人摆布。然而，身份认同危机同时也带来了身份改变的契机。剧中的季母就是因为吃尽官府爪牙的苦楚，而容易促成其身份认同的转向，坚定地站在儿子的一边、革命党的一边。还有一类是以季星官为代表的革命反叛者。他的身份认同危机表现在为了听从领袖"革命事大，情感事小"的教导，在反动势力仍旧气焰嚣张、困兽犹斗之际，为保守秘密，在妻子面前带上了厚厚的身份面具，以致真相大白之际，却在妻子那里出现了新的认同危机。这种始料不及，也从一个侧面说明了空间解体所带来的身份危机的普遍性与复杂性。

其次，现代空间的崛起伴随着身份转换的滞重。《锦衣》主要写了两个故事，一个是革命党攻打县城的历史传奇，一个是人鸡幻化的传闻。借助两个故事的创造性糅合，莫言透视了革命势力在一个封闭县城的微观渗透与影响效果，考察了革命的民众基础以及空间的身份属性问题。春莲是传统社会中的一个弱女子，但在命运的不公面前，她柔中带刚、敢作敢当，能够挺起腰杆与命运抗争，在父亲卖女、婆婆威压、纨绔纠缠、撞墙救鸡等情节中都扮演了积极角色，凸显了传统女性的纯美灵魂与坚强性格。公鸡是民间斗争力量的化身，在保卫寡母遗孀不受地痞流氓、鹰犬爪牙欺凌的搏斗中，它孤军奋战、英勇顽强，让弱小者有所依恃，让强梁者有所忌惮。当革命者季星官得知与公鸡拜堂的妻子就是自己日思夜念的桥头女时，为了保守革命秘密，同时适应春莲的文化认同，他以民间化的思维和举止与之交往，并以鸡精的身份赢得了春莲的信任与感情。然而，当革命党攻进县城后，从鬼怪空间脱身而出的季星官再喊"娘子！"时，等待他的却是"（嗔怒）哪个是你的娘子？""我是鸡精的娘子……你是革命党的首领……"[①] 这说明，春莲的精神空间易与鬼怪空间共存，却难与革命空间融合，这从侧面说

---

① 莫言：《锦衣》，《人民文学》2017年第9期，第39页。

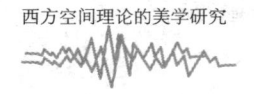

明革命并没有生产出自己的文化政治空间，旧意识形态依然凭借经济、文化、伦理等的支撑顽固存在，因而，反封建的民主革命仍旧在路上，仍旧任重道远。

第三节 中国当代影视剧的空间想象与身份认同

一 《一九四二》：历史指谬与空间想象

《一九四二》是昭示冯小刚商业电影探索的又一重要作品。该片通过展现1942年河南发生的旷古罕见的大饥荒以及当时各级政府的丑陋表演，对历史政治与国民性格做出了多维探讨，发掘了我们民族的正史与秘史、刚性与奴性、屈辱与自尊。在影片中，一九四二是一个充满空间权力与空间差异的历史符码，交错着政治空间、战争空间、社会空间、流动空间、私人空间、家族空间、生活空间、精神空间、女性空间、国家空间等多种空间类型，这些位于社会政治视域中的空间实践，已不仅仅是揭示人物命运的舞台与背景，相反，它们就是剧中种种政治现象、文化现象与社会现象的化身。所以我们看到，《一九四二》拒绝僵死、空洞、静止的空间设置，并极大地凸显了空间的批判与指意功能。

(一) 空间与政治

在当代西方空间理论中,空间不再是传统意义上学术知识建构的抽象物与经验物,"空间的概念与精神的和文化的、社会的和历史的空间纠缠在一起"①,"对空间的分析和对阶级和政治的分析相互衔接"②。在影片结构上,《一九四二》采用了分线叙事方式,一写政府,一叙灾民,两线经纬交织,共同构筑了影片空间政治的显在维度与隐性维度。

在《一九四二》中,面对河南发生的大旱灾、大饥荒,身居高位的蒋介石为了维系集权政治的空间生产,以令人发指的政治权谋对一方民众实施了惨绝人寰的空间区隔与空间放逐。这一灾难事件充分戳穿了极权主义国家的兽性、政治的伪善以及歪曲历史的罪行。影片中,蒋介石非但不救灾,还一度压制舆论,照旧摊派军粮、盘剥百姓,蒙在鼓里的下属误认为蒋委员长不体察民情,不了解河南遭灾的严重性,都将最后的冀盼寄托于委员长能够明察秋毫。殊不知,问题的症结在彼不在此。在蒋心中,军情、政情总比民情更重大,饿死几百万子民不影响中国历史方向,而处理不好国际与国内的各种势力纷争则要动摇他的政权,出于权力诉求,面对消耗国力的救灾重任,蒋处心积虑谋算的只是如何甩掉饥民这个庞大"包袱"。从阶级角度看,蒋介石的虚伪与残

---

① [法] 亨利·列斐伏尔:《〈空间的生产〉新版序言(1986)》,刘怀玉译,载张一兵主编《社会批判理论纪事》第1辑,中央编译出版社2006年版,第181页。
② [英] 莱姆克等:《马克思与福柯》,陈元等译,华东师范大学出版社2007年版,第204页。

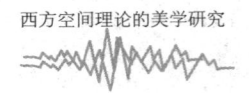

暴不仅仅是个人意义上的，更是集团利益的需要，是由"是否（和如何）在具体背景下服务于建立和支持统治关系"① 决定的。这就是《一九四二》向观众展现的上层政治空间，它除了反映统治集团的特殊利益外毫无空间正义可言。然而，历史的荒谬恰恰表明，正是被当局政府视作异质与垃圾的灾民，在得到日本军队的赈济后，竟成为帮日本人打仗的可怕力量，这不仅为蒋介石所始料未及，更不啻是对其阶级特权的莫大讽刺！

在太平盛世，芸芸众生牢牢地扎根在日常生活空间，但空前的战乱与饥荒却将河南几千万民众推入了垂死挣扎的非日常空间。透过逃荒躲难的流亡，影片向观众呈现了如下一幅幅可悯可叹的艰困画面：广大灾民颠沛流离，政府听之任之不去解救；县衙伙夫担任战区巡回法庭庭长，满脑子却是如何在难民身上捞取油水；国军抗日无能、全线崩溃，却在败退途中烧杀抢掠、无恶不作；政府不但赈灾不力，而且政策荒谬，竟发生了不以灾情论灾民的人间闹剧；历尽千辛万劫逃至陕西的大批难民，反遭当地政府的武力驱逐、流落荒野……列斐伏尔曾言，空间"是某种'行走在大地上'的现实，即在某种被生产出的社会空间之中的现实，是社会关系的生产和再生产"②。从这种空间与社会的融通关系上看，《一九四二》的难民空间表征着政治在下层群体间的微观运作，在这个匿名空间中，集中了政治矛盾、民族矛盾、世界矛盾、

---

① ［英］约翰·B. 汤普森：《意识形态与现代文化》，高铦等译，译林出版社2005年版，第7页。
② ［法］亨利·列斐伏尔：《〈空间的生产〉新版序言（1986）》，刘怀玉译，载张一兵主编《社会批判理论纪事》第1辑，中央编译出版社2006年版，第180页。

地方矛盾、政权内部矛盾以及统治与被统治的矛盾，它们共同构成了规训灾民的多维政治空间，并以极尖锐、极激化的方式侵袭着底层生活空间。然而，下层空间并不是一个永远被驯服了的空间，强权政治也不是维持永久统治的灵丹妙药，正如影片所呈现的，当饥民无法生存时，他们会去抢财主、吃大户；当官兵祸害百姓时，他们也会奋起反抗；当政府在救荒问题上一再出尔反尔、食言而肥时，他们就会对当局彻底失去信任……福柯曾言："哪里有权力关系，哪里就可能会有抵抗。"① 这就是集权政治的矛盾与悖谬之处：它既生产统治，又生产抵抗。

（二）空间与伦理

人类与空间（环境）不是分离割裂而是共存同一的关系。从古代开始，就不断有学者论及地理景观与地理环境对人种体质、民族性格、社会生活，乃至国家形式的影响与建构价值。毫无疑问，在社会生活中断言"环境决定一切"是偏颇的，但不可否认的是，不断变换与更新的空间状况时刻都在左右我们的性格、参与我们的抉择。《一九四二》通过对自然灾难、人为灾祸、暴力、痛苦、幻灭的多重叙事，见证了个体在极限情境下的沦陷与突围，是我们探究人性、感知生命、审视民族性格的一个典型样本。

自古以来，我们就不是一个宗教型的民族，而是一个道德

---

① ［美］道格拉斯·凯尔纳、斯蒂文·贝斯特：《后现代理论——批判性的质疑》，张志斌译，中央编译出版社1999年版，第63页。

伦理型的民族，阶级与门第、礼教与习俗一直支配着我们的制度文化与生活文化。然而，在社会溃烂、生存恶化的大悲大苦中，这一切是否还能一如既往地提供我们民族生存的正当理由呢？世界上的每一场大灾难都具有双重的道德含义，它既可能导向更大的善，更可能制造无边的恶。《一九四二》对大荒之年的人性发问就包含了对恶与丑的逼视。在逃难之前，村妇花枝宁可不要两升小米，也不愿遭少东家侮辱，但逃荒途中的匮乏使她放下了廉耻与自尊，为了吃两块饼干，她主动向栓柱投怀送抱；在饥饿与穷困的迫压下，可怜的瞎鹿想的只是如何将女儿多卖一些粮食；而曾经不可一世的战区巡回法庭庭长老马为了活命，更是退化成了猥琐的汉奸……然而，《一九四二》绝不是一部纯粹展览人类之恶的作品，它通过书写苦难而超越苦难，通过鞭挞丑陋而超越丑陋，从而实现了对人性的甄别与彰显，最终让该片在悲剧与救赎中迸射出人性的高贵与庄严。斯丹纳认为，"哪里的灾难缘由是世俗的，哪里的冲突就能通过技术和社会的方式得以解决"①。所以我们看到，当天灾、人祸纷至沓来时，共同的苦难土壤之上就会结成新的社会共同体，并使个体受难与群体受难升华为道德上的自由与崇高。在片中，深重的苦难逐渐夷平了阶级与世俗差别，乡邻关系、情感关系、男女关系与道德关系重新上升为生活的主导：老东家在一连串的苦难打磨中，焕发了人性的良知与自觉；花枝、星星用出卖自

---

① 陈振华：《斯丹纳的悲剧终结论》，《四川戏剧》2012年第2期，第40页。

己的方式，换取亲人、孩子与自己的活命；栓柱不惜在鬼子屠刀面前血溅当场，也要兑现成婚一天的老婆留下的嘱托……他们的大爱与牺牲鲜红地展现在观众面前，"显示着中国的一份和全部，现在和未来，死路与活路"①。

此外，这个流动空间与伦理空间还是一个被凝视的空间。其中贯穿了美国《时代》周刊记者白修德对河南灾情的人道主义探访，交织了中国政府坐视不管的"看"与拒绝被"看"。面对河南发生特大旱灾的消息，重庆的要员要么轻描淡写，要么归罪于日本侵略，带着疑问亲临灾区的白修德看到的实况却并非如此，这让他感到无法理解。更让他无法理解的是从灾区归来后，竟难以将真相告知中国政府，他凭借良知与执着，得以面见蒋介石，蒋被逼无奈宣布救灾。从该事件的意义上看，白修德对灾民的人道主义关注及干预，瓦解了国民党政府的空间霸权，暴露了国民党政治的非人性与非理性，从而在一个复杂的政治环境与社会环境中实现了有限的空间批判与空间正义，这使他的伦理救助转化为了空间实践，并深印上了普世化与政治化的鲜明意向。同时，透过白修德的道德实践，及其所串联起的多重空间关系——国家之间的政治较量、道德与政治的冲突、媒体自由与强权政治的矛盾、民众诉求与政府权益的错位……我们又可以从中窥见那一段历史时空所特有的空间特征与历史悖谬。

---

① 鲁迅：《田军作〈八月的乡村〉序》，《鲁迅杂文全集》，河南人民出版社1994年版，第793页。

(三) 空间与奇观

当代社会是一个景观社会与类象社会。景观不仅是现实表现，亦构成我们的文化象征。在将当代电影建构为一个影像奇观的制胜方略中，冯小刚是一个不可绕过的能指与意义丰富的存在。《一九四二》是一部集战争、政治、灾难、伦理、奇观于一体的史诗性大片，该片在电影空间的奇观化建构方面，代表了冯小刚电影空间图式的最新探索。

《一九四二》寓景观于叙事，做到了奇观展示与叙事表意的贯通合一。陈旭光在肯定中国大片美学的正面价值的同时，曾如此评价其奇观化弊端："在大片中，传统的时间性叙事美学变成了空间性造型美学，叙事的时间性线性逻辑常常被空间性的'景观'（包括作为武侠类型电影重要元素的打斗场面）所割断，意义和深度也被表象的形式感所取代。"① 面对此种技术/叙事、快感/意义、商业/美学、表层/深层所导致的分离与背反，国产大片如何突围，就成了摆在中国电影人面前的严峻课题。从《集结号》《唐山大地震》到《一九四二》，冯小刚均能利用奇观元素获得票房与口碑的双赢，其中的经验与探索不能不值得业界人士深思。《一九四二》中的奇观影像层出不穷，令人目不暇接：赤地千里、满目萧瑟的乡土大野，盗贼四起、民不聊生的险恶生态，日寇轰炸、兵荒马乱的战火场面，背井离乡、餐风

---

① 陈旭光：《论中国电影大片》，《浙江师范大学学报》（社会科学版）2009 年第 6 期，第 9 页。

宿露的艰辛辗转，饥寒交迫、卖儿卖女的血泪图景，人山人海、攀爬火车的逃窜画面……可以说，这里的空间景观不仅具有展示性，亦具有叙事性，它本身就是人物命运的一部分，也是故事情节的构筑者与推动者。正如有论者所言："电影空间叙事功能体现了空间在电影发展中所起的作用，它既包括空间作为影片的叙事的结构与线索，也包括作为叙事性的空间因为本身所传达出的内容意义而渗透到故事情节之中。"① 同时，奇观空间的设置又是对影片节奏的一种有效调控，这对一部缺少高潮的影片而言也有某种叙事补偿功能。

《一九四二》的奇观空间还是一个快感空间。从初做电影导演伊始，冯小刚就踏上了商业化的电影之路，由于他尊重电影市场规律、注重商业运作，故能在风云变幻的电影市场中独占鳌头，不断刷新国产电影的票房纪录。《一九四二》是讲述民族历史与苦难的影片，它打开了被历史与时间所尘封的集体记忆，复现了我们民族生存史上的一段秘史、一场浩劫，见证着民族苦难的深度、广度与长度，这样一部极具批判性的作品在贺岁档上映，难免会因题材的过于压抑而造成观众流失。而在信息娱乐社会，对商业电影而言重要的不是人文主义的呼唤，也不是对主流价值观的回应，而是对受众观影诉求的揣摩与满足。因而，单就文本生产而言，如何通过历史场景与苦难叙事建立"召唤结构"，愉悦市民大众，就成了关乎影片生存的头等大事。在这方面，《一九四

---

① 杨蕾：《论〈雨果〉的空间叙事》，《电影新作》2012 年第 4 期，第 34 页。

二》的奇观叙事及其所建构的震惊美学、苦难美学，满足着一般大众猎奇怀旧的欲望体验与休闲享乐的行为心理，凸显了娱乐时代特有的文化逻辑，于是，一个曲高和寡的历史题材，借助电影文本的多维诠释，就实现了影像消费的空间增值。

二 《鬼吹灯之精绝古城》：日常空间、奇观空间与身份认同空间

由企鹅影业、梦想者电影、正午阳光影业联合出品的 21 集超级网剧《鬼吹灯之精绝古城》（以下简称《精绝古城》），自 2016 年 12 月 19 日在腾讯视频上线以来口碑爆棚，豆瓣评分一度高达 8.8 分，成为继 2015 年同类题材季播剧《盗墓笔记》（第一季）雄起之后的又一现象级 IP。该剧改编自天下霸唱所著同名盗墓题材小说，讲述了 20 世纪 80 年代曾当过知青的胡八一与王胖子因生活所迫下斗盗墓，先是在野人沟盗墓死里逃生，后又跟着考古队去西域的精绝古城一路所发生的惊险故事。作为一部着力凸显奇观美学与视觉消费理念的吸睛"神剧"，《精绝古城》在日常生活空间、奇幻景观空间与身份认同空间三个层面上对原作进行了高度还原，既注重三种空间类型的有机联系与各自特点，又突出了奇幻景观与各种另类空间的主体地位，其空间处理上的成功经验不仅对引领盗墓类网剧的发展具有重要意义，而且对整个网络自制剧以及当代影视剧的制作都有促动作用。

（一）日常生活空间：氤氲情感，浓化生活

如果把人的生活世界划分为日常与非日常两种空间形态，那么盗墓类文本无疑指向后者。这不仅是因为它需要服膺于奇观化时代的视觉法则，同时也与它对自身类型的建构密不可分。然而，这种对异境异象的开发一旦不加节制，又极易导致剧中关于非日常空间与日常空间的处理畸重畸轻，其后果不仅无益于审美效果的达成，反而将盗墓文本的生产引向了奇观堆聚的歧途。实际上，在盗墓故事中，日常与非日常空间既各司其职又相得益彰，叙事时只有充分调动前者的结构功能，才能令后者的影像潜能得到充分释放，并使该类网剧真正获得类型优化。《精绝古城》通过日常生活空间的巧妙设置，不仅传达出特定的时代律动与人心走向，更让作品弥漫着一缕缕浓馥的生活气息与温馨的情感力量。

首先，该剧通过对20世纪80年代北京日常生活空间的精准还原，让人物与剧情在特定年代的浸润下潜滋暗长，再度拨动了"集体记忆"这根敏感的受众神经。人类是空间性的存在者，空间与人的同构性表明要认识人亦离不开对空间的理解。20世纪80年代的中国，冰雪消融、江河入海，既生机无限又矛盾重重。该剧对这个年代的北京城市空间给予了高度还原，小到衣饰风物，大到城市景观，再到社会关系与生存压力，可谓一丝不苟、细腻传神。然而，时代的伟大并不能遮掩个体的渺小。主人公胡八一与王胖子在北京这一正在崛起的大都市面前并没有空间位置，谋生的压力、古玩市场的巨大需求以及盗墓掘宝的强烈诱惑，都构成了身怀盗墓绝技的人穷极思变的坚定理由。胡八一甫一回京，就面临着这种生活空间的适应与转向问题。在城市的高消费与激烈的生存竞争面前，物质的强大势不可当。可胡八一与王胖子的现实处境却是，王胖子骑板车卖磁带的小生意已到穷途末路，不仅自顾不暇，更别提关照哥们儿，而胡八一的复员费也仅够吃几顿涮羊肉，除此别无长物。就此而言，二人有着摆脱身份危机与生存困境的强烈渴望。因为一块玉，二人与潘家园的古玩掮客大金牙不打不相识，在大金牙的"启蒙"下，他们一方面见识了古玩与盗墓的商业暴利，另一方面又难以做到不为其所动。于是，在捍卫传统伦理与臣服金钱逻辑的两难中，在急于摆脱米珠薪桂、物力维艰的生存困境中，同时也是在投机暴富、铤而走险的欲望刺激下，二人经过一番心理斗争决定下水。这种以回望的视角所展开的行为解读与心理分析，深刻地揭示了中国20世纪80年代社会空间生产的商品化特征，以及道德自律在物质主义面前不堪一击的文化窘境，这对经历过那个特定年代以及渴望了解那个年代的观众而言，都能引起情感记忆的拨动与精神还乡的满足，所以，诸如此类的怀旧画面有利于激活汉民族的原型文化心理结构而为广大受众所认同。

其次，该剧让日常空间与非日常空间交叉互现，有效地拓展了剧中人物的情感关系，让剧情更为饱满，有助于全剧形成张弛有致的叙事节奏。"不同于（大部分但不是全部）动物，人类是文化的存在。"① 而文化的基础层次又是生活文化，所以容纳人们的惯例和感受的日常生活空间就具有了最能揭示人际关系属性与人物性格心理特征的独特价值。剧中胡八一和王胖子惊喜相逢的情景，二人与大金牙不打不相识的插曲，二人去知青插队时待过的牛心山与老乡欢聚的场景，胡八一为 shirley 杨吹眼中的沙子的细节，以及二人沙暴夜促膝谈心的画面，等等，都体现了日常空间在凸显时代氛围、引发剧情冲突、揭示人物性格、透露男女灵犀等方面所起的多重指喻功能。比如，去牛心山小试牛刀那场戏，就体现了日常空间的多重叙事内涵。其一，这里面展现了知青与老乡们之间的深情厚谊。胡八一和王胖子之所以选定牛心山下手，不仅仅是因为那里有古墓，其中还包含着不忘乡亲们的当年照顾以及想带领他们一起致富等情感因素。具体表现在，他们变卖所有值钱的东西买成礼品送给老乡，同时也受到老支书及村人们的热情款待，为了帮助乡亲们脱贫，他们还真诚地提出要收购其手中的古董，卖了钱对半分，凡此都能见出这份知青情结的牢固与深厚，以及二人知恩图报、重情重义的性格特点。其二，增加了剧情的千折百绕与峰回路转。二人的乡下之行原本有两个主要目的——盗墓与收购古董，因为考古队的进驻，牛心山盗墓成为泡影，又因为考古队的动员，老乡们手中的瓶瓶罐罐都已上交国家，这一事态的反转虽使二人陷入了进退维谷之境，但从叙事角度却堪称"等闲平地起波澜"，同时也为剧情的再次反转酿就了足够

---

① ［英］英格利斯：《文化与日常生活》，周书亚译，中央编译出版社 2010 年版，第 6 页。

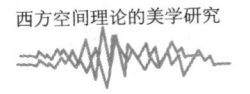

的审美落差。此外，该剧之所以波澜起伏、引人入胜，还在于驾驭日常空间与非日常空间时，做到了激烈紧张的情节与浪漫柔和的场面交相辉映、相得益彰。

（二）奇幻景观空间：驰骋想象，演绎奇观

作为一部以奇观展示为主体的作品，《精绝古城》对日常生活空间的诠释固然不俗，但真正让其大放异彩的还是该剧对非日常空间的倾力打造。近几年以《鬼吹灯》与《盗墓笔记》两大力作为范本，已经有多部影视作品陆续出炉，且在残酷的资本市场捷报频传，但在万头攒动的人气背后，收获的却是一堆差评。究其原因，主要在于这些作品在影像奇观化方面的处理大多不尽如人意。而该剧成功逆袭的经验则是，立足地理位置与地下墓穴两个奇观维度，游走于科学与传奇之间，融文化精神、审美境界与人文情怀于一体，借助实景和特效高度还原原著的精髓，以契合接受主体的审美取向与情感诉求。

《精绝古城》的盗墓之旅有三个重要节点，依次是野人沟的宋代古墓与关东军地下要塞、昆仑冰山中的九层妖塔、塔克拉玛干沙漠中的精绝古城遗址。由此铺展开来的第一类影像奇观就是自然景观，包括谷深林密的野人沟、巍峨壮丽的昆仑冰山、广袤无垠的大沙漠、来势迅猛的暴风雪、遮天蔽日的大沙暴等。相对于城市人而言，这些异地空间令人折服与震撼，是一种极美与死亡之境的混合，其广阔与规模让人体验着无限的狂喜或绝望，触及着人类最深层次的价值观和生命信仰。根源于人们对边陲僻野的这份审美需求,该剧"对这些地方的自然环境极尽神奇、神秘渲染之能事,营造一出出的地理环境的奇观,极大地满足了满天被困于城市水泥钢筋丛林中的读者探幽异域的心理"①。其中,考古队一行人穿行塔克拉玛干大沙漠的情节最为典型,它向人们展示了沙漠原始、神秘、辽阔、恐怖而又充满生机的自然性格。当众人刚涉足沙漠时,久居城市的队员们不禁为完全不同的美景所吸引,情不自禁地唱起了歌,向导还告诉他们远处圣墓山上面全是风蚀蘑菇。但狂风之下的沙漠与腹地深处的沙漠则显现出了迥然有别的一面,如果找不到避风之所无边的沙暴会将人活埋,而行走于沙漠腹地一旦缺水就会被渴死、晒死,要是不幸迷失方向最终也难逃覆灭的命运,更遑论其间还有若干毒蛇、行军蚁让人九死一生……《精绝古城》在这方面的打造堪称中国版的《荒野求生》,让人欲罢不能。

该剧带给人们的第二类影像奇观是墓穴景观与地下奇境,这是一个个人化与人造的神秘空间,是由无数鬼神蛮妖与未知生物盘踞其中的凶险之境,也是该剧最具视觉冲击力的奇观想象。例如剧中宏伟阴森的九层妖塔,作为古代魔国历代君王的殡葬形式,它矗立于曲折幽深的地底,众多死尸悬垂其上,无数可怖的火瓢虫栖隐其间,放射着忽明忽暗的诡异蓝光,和墓主一道监控、驱除着任何侵入者……不仅如此,在这个风云谲幻的地下世界中,墓室造型林林总总,历史文化掩映其间,神话传说流云漫卷,文

---

① 张健平:《文物与奇观、空间与权力——文物意识与盗墓小说的互文性研究》,《当代文坛》2016 年第 6 期,第 55 页。

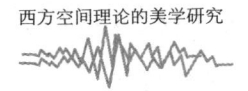

物古玩堆积如山，同时又机关重重、杀机四起，还有毒虫、尸变、异花、神木隐身其后，既让人望而却步，又诱人前仆后继、铤而走险。有人说："在'奇观'影像的接受视野中，影像视觉形式即是审美的主体内容，人们在跟进超常进展的情节节奏同时，接受更多的是声音和画面的强刺激。"① 可以说，正是凭借对地下奇观世界的瑰丽想象，该剧让人们充分领略了一个个令人叹为观止的奇境、空间与动植物意象，充分诠释了视觉文化时代特有的图像生产与观看之道。

另外，该剧的奇观空间不只限于上述实体性空间，还包括与之相对的虚数空间、幻象空间，此种更为开放的空间构思让全剧披上了智性与哲学的外衣，深化了剧作的主旨与意境。考古队一行人在寻找精绝古城、印证鬼洞传说时，从鬼洞族的图腾崇拜与历史遗迹中解读出了令人震惊的空间真相，即该族是一个来自地下的民族，他们守护的鬼洞通往一个虚数空间（异界），甚至连精绝女王的眼睛都是连接这个超空间的一个通道。这个神秘的鬼洞最终在精绝女王陵墓被发现，它晦暗幽深、阴森恐怖，让人望而生畏！如果说鬼洞空间已如此骇人听闻，那么由尸香魔芋所掌控的精绝女王陵寝更是神秘莫测、扑朔迷离，让人沉溺其间、真假莫辨，而且，随着情节的发展，总在 shirley 杨梦中浮现的神秘之地与现实中的精绝女王墓地惊人地重合了，这使整个故事愈加显得匪夷所思。而更令人不寒而栗的是，当诡异的尸香魔芋让人

---

① 杜娟：《论"奇观"影像艺术的主体性接受》，《贵州大学学报》（艺术版）2005 年第 4 期，第 68 页。

心智迷狂时，人类的自我与超我荡然无存，黑暗的本我横空出世，队员们陷入相互打杀、人人自危的崩溃边缘，不知不觉中被这株植物所同化、所驱役……借助另类空间所展开的这一透视可谓蕴意深长：它一方面彰显了死亡空间隐秘的震慑与活力，另一方面又内化为人性自我救赎的复归之境与炼狱空间，这种对人之存在困境的揭示使该剧获得了特有的空间力量，其附着的价值符码更是有力地弥合了奇观与内涵之间的叙述裂缝。如是观之，《精绝古城》的奇幻景观空间乃是一个充满张力、饶有意味的象征领地。

（三）身份认同空间：身负污名，求真向善

虽然盗墓类文本不以人物塑造与理性思考见长，但这并不是说它对优化盗墓类文体并不重要，相反，一旦离开性格鲜明、形神兼备的盗墓"英雄"，再华美震撼的视觉场景也会一盘散沙毫无情味。《精绝古城》可谓深谙此道。该剧人物形象的有血有肉、相互关系的耐人琢磨，常常不是在大战红犼、斩杀怪蛇、逃离尸香魔芋等极限情境下加以建构的，而是围绕盗墓者的身份认同问题而娓娓道来的。由于人是各种社会关系的焦点，所以身份问题在社会学理论中更强调认同的社会制约性。也就是说，"社会认同的界定是与个体对从属于某一特定社会群体的认知以及这一群体认同所带来的情感和价值意义相关联的"[①]。又因为盗墓在全世界自古及今都是一种禁忌，这必然会给盗墓者带来身份认同困境，

---

① 孙频捷：《身份认同研究浅析》，《前沿》2010年第2期，第69页。

甚而导致其行为与心理的种种伪饰与异常。胡八一、王胖子以及shirley杨在虚拟的与真实的社会身份之间的游走，就凸显了盗墓者在身份认同上的困境与执守。大体上说，要澄清如上复杂的身份认同情感，至少有如下两方面的理解路径。

其一，身份认同兼具选择性与流动性。身份认同拥有理性的多元选择空间，这源自个体与世界、与他人之间可以建立多种认同关系，如个体认同、集体认同、自我认同和社会认同等。① 但这些认同又并非等价的，个体在特定的社会文化体系中以何种认同倾向为主导，取决于社会力量、文化价值与自我体验等多种因素的综合考量，这是身份认同具有选择性的原因所在。所谓身份认同具有流动性，是说身份定义不是先天的、固定的与完成的，无论是主动追求还是被迫塑造，它始终处于建构、生成以及流变的过程中，任何本质主义的、单一属性的身份解释都是对活生生的社会关系的一种扭曲，都是对人的本性的丰富性、微妙性、多样性和多面性的一种芟夷。盗墓之初，胡八一曾是知青、军人，王胖子则先是知青后做小贩。二人为何没有在城市谋求发展，而是干起了"摸金校尉"的行当，除了有二人的落魄处境作内因外，更大的动力则出自人对财富的贪婪与占有。当过兵的胡八一虽对挖坟掘墓不无排斥，也曾直言"倒斗这种缺德事我不打算干"，但出身摸金世家、通晓盗墓奇术的他很快就转变思想，在盗墓的险途上铿锵举步了。为了掩人耳目和占据道德制高点，二人前后

---

① 陶家俊：《身份认同导论》，《外国文学》2004年第2期，第37页。

两次摸金都是打着带领乡亲们一起致富的旗号。这种欲盖弥彰之举实则凸显了二人的身份认同危机。而主人公战胜污名的"精神胜利法",除了高尚化盗墓动机外,另一途径就是英雄化自己的盗墓行为,即在活人与死人的空间争夺中扮演"地下英雄"的高大形象。这一此消彼长的身份建构过程甚至与主人公们的盗墓经历相始终。由此,盗墓者去除身份污名的努力部分完成,而该剧确立自身叙事合法性的任务则圆满实现。

其二,身份认同兼有虚拟性与真实性。无论如何自我标榜和粉饰,盗墓终究是见不得阳光的"地下工作",胡八一们心知肚明。因此,他们总是游走在虚拟的社会身份与真实的社会身份之间,其中,虚拟的社会身份是他们想向世人昭示的社会角色("常人")——如下乡收古董的、被考古队招募的专门人才等;而真实的社会身份则是他们"拥有的能被事实证明的类型和特征"①(即盗墓贼)。这种身份认同的双重性无时无刻不在撕扯着他们的灵魂,并让原本简单的社会交际变得微妙而复杂,这都在一定程度上增加了剧情的繁复与曲折。例如新疆之行,由摸金校尉、考古队员、出资人 shirley 杨、当地老向导组成的这支考古队伍,看似兵强马壮、勠力同心,实则出发伊始就潜伏着各种由身份认同引起的矛盾与纠纷,有动机层面的、信仰领域的、民族情绪上的以及官方/民间权力认同方面的等,这使考古队每前进一步,都可能出现意想不到的挫折与分歧,尤其是围绕胡八一、王

---

① [美]戈夫曼:《污名:受损身份管理札记》,宋立宏译,商务印书馆 2009 年版,第 3 页。

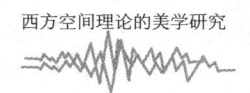

胖子与女一号 shirley 杨（她是隐藏更深的盗墓者）的身份认同而搅起的水面，更是一波未平一波又起。胡王二人名为考古队重金雇用的特殊人才，实为令人所不齿的盗墓贼，他们一方面要扮演堂而皇之地科研工作者角色，另一方面又要避免露出马脚，该剧的喜剧性与生活气息恰恰在这种身份的错位中开花结果，而且，这种类似"戏中戏"的结构模式还在生发、拓展主题意蕴，推动甚至直接辖制剧情的发展演变，以及彰显人物的性格特征等方面屡建奇功。① 而在胡、王与 shirley 杨之间，同样的猜忌与反猜忌也在不动声色或单刀直入中趋于白热化。不仅如此，这三位各怀鬼胎的"摸金校尉"又与考古队其他队员之间构成了另一个瞒与骗的"连环套"。于是，本无甚看点的考古队这一人际关系空间，就因汇聚了不同的身份认同与价值立场而好戏不断，成为活跃和支撑整台盗墓大戏的又一亮点。

本章小结

本章选择"西方城市理论的空间批评""中国当代文学中的地方与空间"以及"中国当代影视剧的空间想象与身份认同"三个论题展开批评实践，以此展现空间理论研究的多元维度与应用

---

① 方小缇：《试论"戏中戏"在剧作中的审美作用》，《戏剧文学》2008 年第 4 期，第 88—90 页。

空间。在西方城市理论研究领域，空间问题一直是贯穿城市学与城市理论的主导线索：一方面，理解空间是认识城市、认识人类自我的前提与基础；另一方面，城市的视角则丰富了人们"保卫空间"、分享空间以及寻求空间正义的具体内涵。西方空间理论的生命活力还在于它作为一种批评资源和批评方法能够在文学艺术领域得到广泛应用，空间批评已经成为当下学界公认的一种重要的文艺批评方法，它不仅拓展了空间理论的自身畛域，而且对于文艺作品的魅力呈现也功莫大焉。

结　　论

　　当代西方空间理论不是一个孤立的存在，它不仅直接起源于西方现代空间理论，而且与西方传统空间理论也存在着遥远的呼应。作为一条奔涌不息的空间理论长河，每一理论阶段都有其不可比拟的特色与风景，当然也免不了带有特定历史与文化刻写下的局限与创伤。古代如此，近现代如此，当代其实也难以挣脱这一被否定、被超越的文化宿命。就前现代空间观的建设性而言，它形成了自己独有的空间认知模式，即面对空间，要么从客体的或直观的角度去理解，要么从能动的、主体的方面进行抽象，确立了科学化空间与人本化空间相对峙的格局，凸显了美学及形而上学与传统空间观之间互为条件、不可分割的建构、生成关系，实现了空间观由古代向近代的理论位移，同时也彰显了美学观由客观主义向主观主义的运动及逻辑转换。就前现代空间观的理论困境而言，该时期的空间二元论倾向（科学与人本的对立）及形而上学特征，不仅导致客体空间长期得势而主体空间备受压抑的不对称局面，而且严重地阻碍了

结 论

空间向人、向社会的现实生成与精神回归，这是前现代空间观之所以呈现单向性、非人化与非辩证性的重要原因。随着空间问题在现代及后现代社会中日益凸显，新理论家们相继扬弃前现代空间观的认识偏颇，并针对大都市崛起、全球化浪潮以及技术与商品重构人类社会现实的新境遇，由马克思、齐美尔、本雅明等现代理论家发端，后经列斐伏尔、福柯、大卫·哈维、卡斯特、詹姆逊、爱德华·苏贾等当代空间理论家的积极建构，最终让空间成为一种显学并占据了人文社会科学研究的中心地位。可以说，无论是齐美尔对大都市空间的凝视、本雅明对巴黎拱廊街的怀旧，还是大卫·哈维关于"时空压缩"的论断、爱德华·苏贾对"第三空间"的构想，无不以辩证与审美的观看方式，将人化（历史）空间与社会（城市）空间作为分析重点，并以超越现实空间的审美乌托邦、异托邦为引领，以空间的人性化维度为目标，通过构建各种形式的抵抗空间、另类空间与审美空间，以消除资本主义社会的空间异化，重建其空间正义与生存根基，从而使人类真正进入充满无限可能与生机的生活世界。显然，人类为了生活在世界上就必须建造世界，而人类为了更好地生活在世界上，就必须不断地按照美学的规律对现存世界进行改造和创造，这是人作为空间性存在物的生存使命。也许在重塑我们的空间的道路上，我们的文化、我们的努力、我们的梦想、我们的目标都渴望有一个"空间的终结"，但空间的生产本性则使这一历史目标趋于无限，只要人的生产不停止，空间的生产就会永远运转，而人类关于美好空间的设想永存，人类解放自身、赢得自由的可能就永在。

参考文献

一 中文著作类

[1]《马克思恩格斯文集》(第1—6卷),人民出版社2009年版。

[2] 唐纳德·帕尔玛:《西方哲学导论:中心保持不变吗?》,杨洋译,上海社会科学院出版社2009年版。

[3] G. 希尔贝克、N. 伊耶:《西方哲学史——从古希腊到二十世纪》,童世骏、郁振华、刘进译,上海译文出版社2004年版。

[4] 梯利、伍德:《西方哲学史》(增补修订版),葛力译,商务印书馆1995年版。

[5] 罗杰·斯克拉顿:《现代哲学简史》,陈四海、王增福译,南京大学出版社2013年版。

[6] 伊·拉卡托斯:《科学研究纲领方法论》,兰征译,上海译文出版社1999年版。

［7］阿瑟·赫尔曼：《文明衰落论——西方文化悲观主义的形成与演变》，张爱平等译，上海人民出版社 2007 年版。

［8］乔治·索雷尔：《进步的幻象》，吕文江译，中国社会科学出版社 2013 年版。

［9］张康之：《总体性与乌托邦：人本主义马克思主义的总体范畴》，吉林出版集团有限责任公司 2007 年版。

［10］亨利希·库诺：《马克思的历史、社会和国家学说：马克思的社会学的基本要点》，袁志英译，上海译文出版社 2006 年版。

［11］安东尼·吉登斯：《资本主义与现代社会理论：对马克思、涂尔干和韦伯著作的分析》，郭忠华、潘华凌译，上海译文出版社 2013 年版。

［12］佩里·安德森：《当代西方马克思主义》，余文烈译，东方出版社 1989 年版。

［13］劳埃德：《早期希腊科学：从泰勒斯到亚里士多德》，孙小淳译，上海科技教育出版社 2004 年版。

［14］托马斯·库恩：《哥白尼革命：西方思想发展中的行星天文学》，吴国盛、张东林、李立译，北京大学出版社 2003 年版。

［15］柏拉图：《柏拉图全集》（第 3 卷），王晓朝译，人民出版社 2003 年版。

［16］亚里士多德：《亚里士多德全集》（第 2 卷），徐开来

译,中国人民大学出版社 1991 年版。

[17] 吴国盛:《希腊空间概念》,中国人民大学出版社 2010 年版。

[18] 亚历山大·柯瓦雷:《从封闭世界到无限宇宙》,张卜天译,北京大学出版社 2008 年版。

[19] 牛顿:《自然哲学的数学原理》,赵振江译,商务印书馆 2006 年版。

[20] 休谟:《人性论》(上册),关文运译,商务印书馆 1980 年版。

[21] 康德:《纯粹理性批判》(注释本),李秋零译注,中国人民大学出版社 2011 年版。

[22] 黑格尔:《自然哲学》,梁志学、薛华、钱广华、沈真译,商务印书馆 1980 年版。

[23] 乔治·马尔库什:《马克思主义与人类学:马克思哲学关于"人的本质"的概念》,李斌玉、孙建茵译,黑龙江大学出版社 2011 年版。

[24] 彭茨等编:《空间》,马光亭、章邵增译,华夏出版社 2011 年版。

[25] 沃尔弗雷斯编:《21 世纪批评述介》,张琼、张冲译,南京大学出版社 2009 年版。

[26] 布赖恩·特纳:《Blackwell 社会理论指南》,李康译,上海人民出版社 2003 年版。

[27] 夏铸九、王志弘编译:《空间的文化形式与社会理论读

本》，台大建筑与城乡研究所、明文书局 1993 年版。

[28] 西蒙·帕克：《遇见都市：理论与经验》，王志弘等译，群学出版有限公司 2007 年版。

[29] 扬·盖尔：《交往与空间》（第四版），何人可译，中国建筑工业出版社 2002 年版。

[30] 爱莲心：《时间、空间与伦理学基础》，高永旺、李孟国译，江苏人民出版社 2015 年版。

[31] 段义孚：《空间与地方：经验的视角》，王志标译，中国人民大学出版社 2017 年版。

[32] 丹尼斯·谢尔曼、乔伊斯·索尔兹伯里：《全球视野下的西方文明史：从古代城邦到现代都市》，陈恒、洪庆明、钱克锦等译，上海三联书店 2011 年版。

[33] 奥斯瓦尔德·斯宾格勒：《西方的没落》（第一、二卷），吴琼译，上海三联书店 2006 年版。

[34] 莎朗·佐京：《城市文化》，张廷佺等译，上海教育出版社 2006 年版。

[35] 汉涅根：《梦幻之城》，张怡译，上海书店出版社 2011 年版。

[36] 乔尔·科特金：《全球城市史》（修订本），王旭等译，社会科学文献出版社 2010 年版。

[37] 萨斯基亚·萨森：《全球化及其不满》，李纯一译，上海书店出版社 2011 年版。

[38] 丝奇雅·沙森：《全球城市：纽约、伦敦、东京》，周

振华译，上海社会科学院出版社2005年版。

[39] 利罕：《文学中的城市：知识与文化的历史》，吴子枫译，上海人民出版社2009年版。

[40] 肖特：《城市秩序：城市、文化与权力导论》，郑娟、梁捷译，上海人民出版社2011年版。

[41] 彼得·纽曼、安迪·索恩利：《规划世界城市——全球化与城市政治》，刘晔、汪洋俊、杜晓鑫译，上海人民出版社2012年版。

[42] 彼得·比林汉姆：《透过电视了解城市——电视剧里的城市特性》，宋莉华、王田译，上海人民出版社2012年版。

[43] 文丘里等：《向拉斯维加斯学习》（修订版），徐怡芳、王健译，知识产权出版社、中国水利水电出版社2006年版。

[44] 帕克等：《城市社会学——芝加哥学派城市研究文集》，宋俊岭、吴建华、王登斌译，华夏出版社1987年版。

[45] 马克·戈特迪纳、雷·哈奇森：《新城市社会学》（第三版），黄怡译，上海译文出版社2011年版。

[46] 丹尼尔·约瑟夫·蒙蒂等：《城市的人和地方：城市、市郊和城镇的社会学》，杨春丽译，江苏凤凰教育出版社2017年版。

[47] 韦伯：《非正当性的支配——城市的类型学（韦伯作品集Ⅵ）》，简惠美译，广西师范大学出版社2005年版。

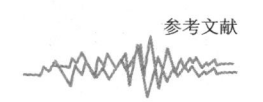

[48] 布赖恩·贝利：《比较城市化：20世纪的不同道路》，顾朝林等译，商务印书馆2010年版。

[49] 刘易斯·芒福德：《城市发展史——起源、演变和前景》，宋俊岭、倪文彦译，中国建筑工业出版社2005年版。

[50] 刘易斯·芒福德：《城市文化》，宋俊岭等译，中国建筑工业出版社2009年版。

[51] 霍恩伯格、利斯：《都市欧洲的形成（1000—1994年）》，阮岳湘译，商务印书馆2009年版。

[52] 伊利尔·沙里宁：《城市：它的发展、衰败与未来》，顾启源译，中国建筑工业出版社1986年版。

[53] 乔万尼·波特若：《论城市伟大至尊之因由》，刘晨光译，华东师范大学出版社2006年版。

[54] 理查德·桑内特：《肉体与石头——西方文明中的身体与城市》，黄煜文译，上海译文出版社2011年版。

[55] 马克·吉罗德：《城市与人：一部社会与建筑的历史》，郑炘、周琦译，中国建筑工业出版社2008年版。

[56] 詹姆斯·E.万斯：《延伸的城市：西方文明中的城市形态学》，凌霓、潘荣译，中国建筑工业出版社2007年版。

[57] 保罗·诺克斯：《城市化》，顾朝林等译，科学出版社2009年版。

[58] 荷兰根特城市研究小组：《城市状态：当代大都市的空

间、社区和本质》,敬东译,中国水利水电出版社、知识产权出版社 2005 年版。

[59] 安东尼·奥罗姆、陈向明:《城市的世界——对地点的比较分析和历史分析》,曾茂娟等译,上海人民出版社 2005 年版。

[60] 杰布·布鲁格曼:《城变》,董云峰译,中国人民大学出版社 2011 年版。

[61] 凯文·林奇:《城市形态》,林庆怡、陈朝晖、邓华译,华夏出版社 2001 年版。

[62] 凯文·林奇:《城市意象》,方益萍、何晓军译,华夏出版社 2001 年版。

[63] 陈李波:《城市美学四题》,中国电力出版社 2009 年版。

[64] 周膺、吴晶:《生态城市美学》,浙江大学出版社 2009 年版。

[65] 巴内翰等:《城市街区的解体——从奥斯曼到勒·柯布西耶》,魏羽力等译,中国建筑工业出版社 2012 年版。

[66] 迪特马尔·赖因博恩:《19 世纪与 20 世纪的城市规划》,虞龙发等译,中国建筑工业出版社 2007 年版。

[67] 彼得·霍尔:《明日之城:一部关于 20 世纪城市规划与设计的思想史》,童明译,同济大学出版社 2009 年版。

[68] 曼弗雷多·塔夫里、弗朗切斯科·达尔科:《现代建

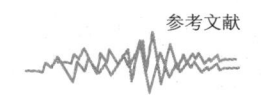

筑》，刘先觉等译，中国建筑工业出版社2000年版。

[69] 罗杰·特兰西克：《寻找失落空间——城市设计的理论》，朱子瑜等译，中国建筑工业出版社2008年版。

[70] 尼格尔·泰勒：《1945年后西方城市规划理论的流变》，李白玉、陈贞译，中国建筑工业出版社2006年版。

[71] 诺伯舒兹：《场所精神：迈向建筑现象学》，施植明译，华中科技大学出版社2012年版。

[72] 彼得·霍尔、科林·沃德：《社会城市：埃比尼泽·霍华德的遗产》，黄怡译，中国建筑工业出版社2009年版。

[73] 菲茨杰拉德：《翡翠城市：欧美城市发展启示录》，温莹莹、乔坤译，中国商业出版社2011年版。

[74] 理查德·瑞吉斯特：《生态城市：重建与自然平衡的城市》（修订本），王如松、于占杰译，社会科学文献出版社2010年版。

[75] 詹姆斯·特拉菲尔：《未来城》，赖慈芸译，中国社会科学出版社2000年版。

[76] 勒·柯布西耶：《走向新建筑》，陈志华译，陕西师范大学出版社2004年版。

[77] 勒·柯布西耶：《明日之城市》，李浩译，中国建筑工业出版社2009年版。

[78] 尼克斯·A. 萨林加罗斯：《反建筑与解构主义新论》（原著第三版），李春青等译，中国建筑工业出版社2010年版。

[79] 莫什·萨夫迪：《后汽车时代的城市》，吴越译，人民文学出版社 2001 年版。

[80] 简·雅各布斯：《美国大城市的死与生》（第 2 版），金衡山译，译林出版社 2006 年版。

[81] 简·M. 雅各布斯：《帝国的边缘：后殖民主义与城市》，何文郁译，江苏凤凰教育出版社 2016 年版。

[82] 李建军：《从先锋派到先锋文化：美学批判语境中的当代西方先锋主义建筑》，东南大学出版社 2010 年版。

[83] 艾拉·卡茨纳尔逊：《马克思主义与城市》，王爱松译，江苏教育出版社 2013 年版。

[84] 多琳·马西：《保卫空间》，王爱松译，江苏教育出版社 2013 年版。

[85] 马克·戈特迪纳：《城市空间的社会生产》，任晖译，江苏凤凰教育出版社 2014 年版。

[86] 阿德里安·富兰克林：《城市生活》，何文郁译，江苏教育出版社 2013 年版。

[87] 斯蒂芬·迈尔斯：《消费空间》，孙民乐译，江苏教育出版社 2013 年版。

[88] 罗伯·希尔兹：《空间问题：文化拓扑学和社会空间化》，谢文娟、张顺生译，江苏凤凰教育出版社 2017 年版。

[89] 阿什·阿明、奈杰尔·斯里夫特：《城市的视角》，川江译，江苏凤凰教育出版社 2018 年版。

[90] 迈克·克朗：《文化地理学》（修订版），杨淑华、宋慧敏译，南京大学出版社2005年版。

[91] 保罗·诺克斯、史蒂文·平奇：《城市社会地理学导论》，柴彦威等译，商务印书馆2005年版。

[92] 安德森等主编：《文化地理学手册》，李蕾蕾、张景秋译，商务印书馆2009年版。

[93] 理查德·P.格林、詹姆斯·B.皮克：《城市地理学》，中国地理学会城市地理专业委员会译校，商务印书馆2011年版。

[94] 蔡运龙等编著：《地理学思想经典解读》，商务印书馆2011年版。

[95] R.J.约翰斯顿：《哲学与人文地理学》，蔡运龙、江涛译，商务印书馆2000年版。

[96] 萨拉·L.霍洛韦等：《当代地理学要义：概念、思维与方法》，黄润华、孙颖译，商务印书馆2008年版。

[97] 彼得·丹尼尔斯等：《人文地理学导论：21世纪的议题》，邹劲风、顾露雯译，南京大学出版社2014年版。

[98] 苏珊·斯坦福·弗里德曼：《图绘：女性主义与文化交往地理学》，陈丽译，译林出版社2014年版。

[99] 道格拉斯·凯尔纳：《媒体文化——介于现代与后现代之间的文化研究、认同性与政治》，丁宁译，商务印书馆2004年版。

[100] 尼克·史蒂文森：《认识媒介文化——社会理论与大

众传播》，王文斌译，商务印书馆2001年版。

[101] 戴安娜·克兰：《文化生产：媒体与都市艺术》，赵国新译，译林出版社2001年版。

[102] 威廉·J. 米切尔：《伊托邦——数字时代的城市生活》，吴启迪等译，上海科技教育出版社2001年版。

[103] 威廉·J. 米切尔：《我＋＋——电子自我和互联城市》，刘小虎等译，中国建筑工业出版社2006年版。

[104] 约斯·德·穆尔：《赛博空间的奥德赛——走向虚拟本体论与人类学》，麦永雄译，广西师范大学出版社2007年版。

[105] 文森特·莫斯可：《数字化崇拜：迷思、权力与赛博空间》，黄典林译，北京大学出版社2010年版。

[106] 莫利、罗宾斯：《认同的空间：全球媒介、电子世界景观和文化边界》，司艳译，南京大学出版社2001年版。

[107] 本雅明：《巴黎，19世纪的首都》，刘北成译，上海人民出版社2006年版。

[108] 本雅明著，陈永国、马海良编：《本雅明文选》，中国社会科学出版社1999年版。

[109] 本雅明：《单行道》，王才勇译，江苏人民出版社2006年版。

[110] 王才勇：《现代性批判与救赎：本雅明思想研究》，学林出版社2012年版。

[111] 海德格尔：《存在与时间》（修订译本），陈嘉映、王庆节译，生活·读书·新知三联书店1999年版。

[112] 海德格尔：《演讲与论文集》，孙周兴译，生活·读书·新知三联书店2011年版。

[113] 陈嘉映：《海德格尔哲学概论》，商务印书馆2014年版。

[114] G. 齐美尔：《货币哲学》，许泽民译，贵州人民出版社2009年版。

[115] G. 齐美尔：《社会学——关于社会化形式的研究》，林荣远译，华夏出版社2002年版。

[116] G. 齐美尔：《桥与门——齐美尔随笔集》，涯鸿、宇声等译，上海三联书店1991年版。

[117] 爱德华·苏贾：《后现代地理学——重申批判社会理论中的空间》，王文斌译，商务印书馆2004年版。

[118] 爱德华·苏贾：《第三空间：去往洛杉矶和其他真实和想象地方的旅程》，陆扬等译，上海教育出版社2005年版。

[119] 爱德华·苏贾：《后大都市》，李均等译，上海教育出版社2006年版。

[120] 哈维：《巴黎城记：现代性之都的诞生》，黄煜文译，广西师范大学出版社2010年版。

[121] 哈维：《希望的空间》，胡大平译，南京大学出版社2006年版。

[122] 哈维：《正义、自然和差异地理学》，胡大平译，上海人民出版社 2010 年版。

[123] 哈维：《后现代的状况：对文化变迁之缘起的探究》，阎嘉译，商务印书馆 2003 年版。

[124] 张佳：《大卫·哈维的历史—地理唯物主义理论研究》，人民出版社 2014 年版。

[125] 曼纽尔·卡斯特：《网络社会的崛起》（第 3 版），夏铸九等译，社会科学文献出版社 2006 年版。

[126] 曼纽尔·卡斯泰尔：《信息化城市》，崔保国等译，江苏人民出版社 2001 年版。

[127] 居伊·德波：《景观社会》，王昭凤译，南京大学出版社 2007 年版。

[128] 刘扬：《媒介·景观·社会》，重庆大学出版社 2010 年版。

[129] 詹明信著，张旭东编：《晚期资本主义的文化逻辑：詹明信批评理论文选》，陈清侨等译，生活·读书·新知三联书店 1997 年版。

[130] 李世涛：《重构全球的文化抵抗空间——詹姆逊文化理论与批评研究》，社会科学文献出版社 2008 年版。

[131] 迪尔：《后现代都市状况》，李小科等译，上海教育出版社 2004 年版。

[132] 让·波德里亚：《美国》，张生译，南京大学出版社 2011 年版。

［133］让·波德里亚：《消费社会》（第 2 版），刘成富、全志钢译，南京大学出版社 2006 年版。

［134］陈永国编译：《游牧思想：吉尔·德勒兹 弗利克斯·瓜塔里读本》（第 2 版），吉林人民出版社 2011 年版。

［135］勒菲弗：《空间与政治》（第 2 版），李春译，上海人民出版社 2008 年版。

［136］刘怀玉：《现代性的平庸与神奇：列斐伏尔日常生活批判哲学的文本学解读》，中央编译出版社 2006 年版。

［137］吴宁：《日常生活批判——列斐伏尔哲学思想研究》，人民出版社 2007 年版。

［138］米歇尔·德·塞托：《日常生活实践 1. 实践的艺术》，方琳琳、黄春柳译，南京大学出版社 2009 年版。

［139］赵福生：《福柯微观政治哲学研究》，黑龙江大学出版社、中央编译出版社 2011 年版。

［140］戴维斯：《水晶之城——窥探洛杉矶的未来》，林鹤译，上海人民出版社 2010 年版。

［141］戴维斯：《死城》，李均等译，上海书店出版社 2011 年版。

［142］莫里斯·梅洛-庞蒂：《知觉现象学》，姜志辉译，商务印书馆 2001 年版。

［143］莫里斯·布朗肖：《文学空间》，顾嘉琛译，商务印书馆 2003 年版。

[144] 毛姆·布罗德森：《本雅明传》，国荣、唐盈、宋泽宁译，敦煌文艺出版社2000年版。

[145] 理查德·沃林、瓦尔特·本雅明：《救赎美学》，吴勇立等译，江苏人民出版社2008年版。

[146] 北川东子：《齐美尔——生存形式》，赵玉婷译，河北教育出版社2002年版。

[147] 道格拉斯·凯尔纳编：《波德里亚：一个批判性读本》（第2版），陈维振等译，江苏人民出版社2008年版。

[148] 肖恩·霍默：《弗雷德里克·詹姆森》，孙斌等译，上海人民出版社2004年版。

[149] 鲍桑葵：《美学史》，彭盛译，当代世界出版社2008年版。

[150] 埃克伯特·法阿斯：《美学谱系学》，阎嘉译，商务印书馆2011年版。

[151] 伊格尔顿：《美学意识形态》（修订版），王杰、付德根、麦永雄译，中央编译出版社2013年版。

[152] 沃尔夫冈·韦尔施：《重构美学》，陆扬、张岩冰译，上海译文出版社2006年版。

[153] 傅松雪：《时间美学导论》，山东人民出版社2009年版。

[154] 阿莱斯·艾尔雅维茨：《全球化的美学与艺术》，刘悦笛、许中云译，四川人民出版社2010年版。

[155] 黄力之：《颠覆与拯救：现代性审美文化批判》，上海

人民出版社2014年版。

［156］李健：《审美乌托邦的想象——从韦伯到法兰克福学派的审美救赎之路》，社会科学文献出版社2009年版。

［157］黄应全：《西方马克思主义艺术观研究》，北京大学出版社2009年版。

［158］波德莱尔：《波德莱尔美学论文选》（第2版），郭宏安译，人民文学出版社2008年版。

［159］李建盛：《后现代转向中的美学》，江西教育出版社2004年版。

［160］理查德·舒斯特曼：《身体意识与身体美学》，程相占译，商务印书馆2011年版。

［161］理查德·舒斯特曼：《生活即审美：审美经验和生活艺术》，彭锋等译，北京大学出版社2007年版。

［162］史蒂文·C. 布拉萨：《景观美学》，彭锋译，北京大学出版社2008年版。

［163］诺埃尔·卡罗尔编著：《今日艺术理论》，殷曼楟、郑从容译，南京大学出版社2010年版。

［164］奥斯汀·哈灵顿：《艺术与社会理论——美学中的社会学论争》，周计武、周雪娉译，南京大学出版社2010年版。

［165］肖恩·库比特：《数字美学》，赵文书、王玉括译，商务印书馆2007年版。

［166］衣俊卿：《现代性的维度》，黑龙江大学出版社、中央

编译出版社 2011 年版。

[167] 伯曼：《一切坚固的东西都烟消云散了——现代性体验》，徐大建、张辑译，商务印书馆 2003 年版。

[168] 戴维·弗里斯比：《现代性的碎片——齐美尔、克拉考尔和本雅明作品中的现代性理论》，卢晖临等译，商务印书馆 2003 年版。

[169] 霍克海默、阿道尔诺：《启蒙辩证法·哲学断片》，渠敬东、曹卫东译，上海人民出版社 2003 年版。

[170] 彼得·奥斯本：《时间的政治：现代性与先锋》，王志宏译，商务印书馆 2004 年版。

[171] 托马斯·奥斯本：《启蒙面面观：社会理论与真理伦理学》，郑丹丹译，商务印书馆 2007 年版。

[172] 道格拉斯·凯尔纳、斯蒂文·贝斯特：《后现代理论：批判性的质疑》，张志斌译，中央编译出版社 2011 年版。

[173] 查尔斯·詹克斯：《现代主义的临界点：后现代主义向何处去？》，丁宁等译，北京大学出版社 2011 年版。

[174] 史蒂文·康纳：《后现代主义文化：当代理论导引》，严忠志译，商务印书馆 2002 年版。

[175] 马泰·卡琳内斯库：《现代主义的五副面孔》，顾爱彬、李瑞华译，商务印书馆 2002 年版。

[176] 约翰·多克：《后现代主义与大众文化》，吴松江、张天飞译，辽宁教育出版社 2001 年版。

[177] 迈克·费瑟斯通：《消费文化与后现代主义》，刘精明译，译林出版社 2000 年版。

[178] 让-弗朗索瓦·利奥塔尔：《后现代状态：关于知识的报告》，车槿山译，南京大学出版社 2011 年版。

[179] 佩里·安德森：《后现代性的起源》，紫辰、合章译，中国社会科学出版社 2008 年版。

[180] 王治河：《后现代哲学思潮研究》（增补本），北京大学出版社 2006 年版。

[181] 玛丽·格拉克：《流行的波希米亚——十九世纪巴黎的现代主义与都市文化》，罗靓译，安徽教育出版社 2009 年版。

[182] 戴维·佩珀：《生态社会主义：从深生态学到社会正义》（第 2 版），刘颖译，山东大学出版社 2012 年版。

[183] 纳什：《大自然的权利：环境伦理学史》（第 2 版），杨通进译，青岛出版社 2005 年版。

[184] 薛毅主编：《西方都市文化研究读本》（第 1—4 卷），广西师范大学出版社 2008 年版。

[185] 汪民安等主编：《城市文化读本》，北京大学出版社 2008 年版。

[186] 孙逊主编：《都市文化史：回顾与展望》（《都市文化研究》第 1 辑），上海三联书店 2005 年版。

[187] 孙逊、杨剑龙主编：《都市文化研究》（第 3 辑），上海三联书店 2005 年版。

[188] 孙逊、杨剑龙主编：《都市文化研究》（第 5 辑），上海三联书店 2008 年版。

[189] 孙逊、杨剑龙主编：《都市文化研究》（第 6 辑），上海三联书店 2010 年版。

[190] 包亚明主编：《都市与文化》（第 1 辑），上海教育出版社 2001 年版。

[191] 包亚明主编：《都市与文化》（第 2 辑），上海教育出版社 2003 年版。

[192] 包亚明主编：《都市与文化》（第 3 辑），上海教育出版社 2005 年版。

[193] 张一兵主编：《社会批判理论纪事》（第 1 辑），中央编译出版社 2006 年版。

[194] 高鉴国：《新马克思主义城市理论》，商务印书馆 2006 年版。

[195] 詹和平编著：《空间》，东南大学出版社 2006 年版。

[196] 孙江：《"空间生产"——从马克思到当代》，人民出版社 2008 年版。

[197] 吴冶平：《空间理论与文学的再现》，甘肃人民出版社 2008 年版。

[198] 冯雷：《理解空间：现代空间观念的批判与重构》，中央编译出版社 2008 年版。

[199] 黄凤祝：《城市与社会》，同济大学出版社 2009 年版。

[200] 汪原：《边缘空间——当代建筑学与哲学话语》，中国

建筑工业出版社 2010 年版。

［201］谢纳：《空间生产与文化表征——空间转向视阈中的文学研究》，中国人民大学出版社 2010 年版。

［202］李春敏：《马克思的社会空间理论研究》，上海人民出版社 2012 年版。

［203］潘可礼：《社会空间论》，中央编译出版社 2013 年版。

［204］王晓磊：《社会空间论》，中国社会科学出版社 2014 年版。

［205］张笑夷：《列斐伏尔空间批判理论研究》，社会科学文献出版社 2014 年版。

［206］景天魁、何健、邓万春、顾金土：《时空社会学：理论和方法》，北京师范大学出版社 2012 年版。

［207］汪民安：《身体、空间与后现代性》，江苏人民出版社 2006 年版。

［208］包亚明主编：《现代性与都市文化理论》，上海社会科学院出版社 2008 年版。

［209］汪民安、陈永国编：《后身体：文化、权力和生命政治学》，吉林人民出版社 2011 年版。

［210］刘进、李长生：《"空间转向"与当代西方马克思主义文学批评研究》，社会科学文献出版社 2015 年版。

［211］尹保红：《西方马克思主义空间理论建构及其当代价值》，光明日报出版社 2016 年版。

［212］张荣军：《马克思主义空间理论及其当代价值研究》，

中国社会科学出版社 2016 年版。

[213] 马汉广：《论福柯的启蒙批判》，黑龙江大学出版社 2014 年版。

[214] 张政文：《西方审美现代性的确立与转向》，黑龙江大学出版社 2008 年版。

[215] 张政文：《现代性思想之思：德国美学论稿》，中国社会科学出版社 2013 年版。

[216] 于文秀：《"文化研究"思潮导论》，人民出版社 2002 年版。

[217] 于文秀等：《物化时代的文学生存》，中国社会科学出版社 2013 年版。

二　论文类

[1] 文军、黄锐：《"空间"的思想谱系与理想图景：一种开放性实践空间的建构》，《社会学研究》2012 年第 2 期。

[2] 苏尚锋：《空间理论的三次论争与"空间转向"》，《人文杂志》2008 年第 4 期。

[3] 王晓磊：《论西方哲学空间概念的双重演进逻辑——从亚里士多德到海德格尔》，《北京理工大学学报》（社会科学版）2010 年第 2 期。

[4] 朱耀平：《空间本性问题上的虚实之辨及其后现代转向》，《广西师范大学学报》（哲学社会科学版）2012 年第 6 期。

［5］刘进：《20世纪中后期以来的西方空间理论与文学观念》，《文艺理论研究》2007年第6期。

［6］崔丽华：《传统空间理论的困境及当代"空间转向"》，《马克思主义与现实》2014年第6期。

［7］杨怀中、邱海英：《库恩范式理论的三大功能及其人文意义》，《湖北社会科学》2008年第6期。

［8］吴红涛：《作为方法的空间》，《自然辩证法研究》2014年第11期。

［9］吴红涛：《空间的观看之道——兼论人类空间观的时代位移》，《华中科技大学学报》（社会科学版）2013年第4期。

［10］吴红涛：《空间伦理：问题、范畴与方法》，《深圳大学学报》（人文社会科学版）2017年第4期。

［11］邹诗鹏：《空间转向的生存论阐释》，《哲学动态》2012年第4期。

［12］张文辉、张琳：《现代性转向——西方现代城市规划思想转变的哲学背景》，《城市规划》2008年第2期。

［13］刘胜利：《空间观的"哥白尼革命"——康德对传统空间观的继承与批判》，《科学文化评论》2010年第3期。

［14］叶汝贤、王晓升：《马克思的哲学观与马克思哲学的核心主题》，《现代哲学》2007年第4期。

［15］贺来：《形而上学的社会历史批判——马克思开辟的形而上学批判的独特样式》，《马克思主义与现实》2009

年第 3 期。

[16] 倪志安、冯文平:《论马克思"实践的空间"思想》,《黑龙江社会科学》2014 年第 4 期。

[17] 任平:《论空间生产与马克思主义的出场路径》,《江海学刊》2007 年第 2 期。

[18] 庄友刚:《空间生产与当代马克思主义哲学范式转型》,《学习论坛》2012 年第 8 期。

[19] 胡大平:《马克思主义与空间理论》,《哲学动态》2011 年第 11 期。

[20] 车玉玲:《空间变迁的文化表达与生存焦虑》,《苏州大学学报》(哲学社会科学版)2013 年第 4 期。

[21] 李春敏:《城市与空间的生产——马克思恩格斯城市思想新探》,《中共福建省委党校学报》2009 年第 6 期。

[22] 刘红雨:《论马克思恩格斯空间正义思想的三个维度》,《西北师大学报》(社会科学版)2013 年第 1 期。

[23] 王刚:《回归原初话语:经典马克思主义的空间地理学探析》,《西北农林科技大学学报》(社会科学版)2013 年第 6 期。

[24] 戴维·哈维:《马克思的空间转移理论——〈共产党宣言〉的地理学》,郇建立编译,《马克思主义与现实》2005 年第 4 期。

[25] 耿波、李东瑶:《马克思主义的空间转向与都市空间美学》,《社会科学》2013 年第 4 期。

［26］李长成：《论现代性视域下马克思实践哲学的超越向度》，《社会科学战线》2013年第5期。

［27］张奎良：《马克思人的本质概念的演绎程序》，《马克思主义研究》2014年第11期。

［28］王熙恩：《对象化的内在悖反及其生态维度——关于〈1844年经济学哲学手稿〉对象化理论的深层解读》，《学术交流》2005年第11期。

［29］元晋秋：《〈1844年经济学哲学手稿〉与〈资本论〉之间的人学关联考辨》，《武汉理工大学学报》（社会科学版）2014年第5期。

［30］赵红梅：《客观主义：古希腊美学的方法论原则》，《湖北大学学报》（哲学社会科学版）1999年第1期。

［31］王国有：《从美与真、善的关系看近现代哲学的审美自觉》，《学习与探索》2009年第6期。

［32］杨道宇：《体验：人类生命的存在方式——基于体验的实践性与时间性分析》，《北方论丛》2012年第4期。

［33］王晓华：《西方美学身体转向的现象学路径》，《湖北社会科学》2015年第5期。

［34］林国兵：《生存美学：现代审美伦理的身体实践》，《湖北大学学报》（哲学社会科学版）2015年第1期。

［35］马宇飞：《西方审美救赎思想的历史流变与当下反思》，《学术交流》2014年第6期。

［36］杨春时：《现代性空间与审美乌托邦》，《南京大学学

报》（哲学·人文科学·社会科学版）2011年第1期。

［37］延永刚：《论审美现代性的双重自反性》，《保定学院学报》2012年第3期。

［38］郭玉生：《"观看"与"倾听"：西方的两种深层审美范式》，《武汉理工大学学报》（哲学社会科学版）2015年第1期。

［39］赵闯、秦龙：《西方自然价值观念的历史流变与时代挑战》，《烟台大学学报》（哲学社会科学版）2014年第3期。

［40］牛庆燕：《一种生态觉悟：从自然之"附魅""祛魅"到"返魅"》，《学术交流》2010年第12期。

［41］胡萌萌、张雷刚、吕军利：《从生态学到人类生态学：人类生态觉醒的历史考察》，《西北农林科技大学学报》（社会科学版）2014年第4期。

［42］李庆霞：《现代性的反思性与自反性的现代化》，《求是学刊》2011年第6期。

［43］李庆霞：《福斯特的生态危机理论研究》，《北方论丛》2014年第6期。

［44］周来顺：《文化危机与双重救赎——齐美尔视域中的现代性危机理论研究》，《学海》2013年第2期。

［45］教佳怡：《本雅明"辩证意象"概念的美学情境》，《学习与探索》2013年第9期。

［46］刘琳：《废墟上的英雄主义：论本雅明思想中的现代立

场》,《哲学研究》2014 年第 5 期。

[47] 纪逗:《本雅明对马克思唯物史观的独特阐释》,《哲学研究》2014 年第 6 期。

[48] 谢兆树:《神学与马克思主义之间的张力——本雅明历史批判思想的检视与反思》,《学术界》2014 年第 12 期。

[49] 王涌:《现代性,先锋派与大众文化——由本雅明引发的思考》,《文艺理论研究》2013 年第 6 期。

[50] 张浩军:《回到空间本身——论海德格尔的空间观念》,《西南科技大学学报》(哲学社会科学版)2008 年第 1 期。

[51] 韩淑梅:《资本逻辑的空间化批判——大卫·哈维空间生产理论实质评析》,《山西师范大学学报》(社会科学版)2015 年第 3 期。

[52] 李健:《审美乌托邦的现代想象:从韦伯到法兰克福学派》,《天津社会科学》2010 年第 3 期。

[53] 郑佰青:《西方文论关键词:空间》,《外国文学》2016 年第 1 期。

[54] 裴萱:《空间美学的建构及其后现代文化表征实践》,《郑州大学学报》(哲学社会科学版)2014 年第 2 期。

[55] 裴萱:《空间生态正义与生态美学的理论关照》,《内蒙古社会科学》(汉文版)2017 年第 6 期。

[56] 爱德华·W. 苏贾:《以空间书写城市》,强乃社译,《苏州大学学报》(哲学社会科学版)2012 年第 1 期。

[57] 李晓乐：《后现代地理学与历史唯物主义的空间化——测绘爱德华·索亚的空间解释学》，《内蒙古社会科学》（汉文版）2014年第4期。

[58] 张政文：《感性的思想谱系与审美现代性的转换》，《中国社会科学》2014年第11期。

[59] 马汉广：《福柯的异托邦思想与后现代文学的空间艺术》，《文艺理论研究》2011年第6期。

[60] 马汉广：《论文学叙事的"空间"视角》，《学习与探索》2015年第11期。

[61] 黄继刚：《空间美学思想的现代演进及其理论面向》，《西南民族大学学报》（人文社会科学版）2015年第12期。

[62] 李红章：《空间下沉的隐喻与逻各斯的重建——论马克思意识形态的批判叙事》，《人文杂志》2015年第10期。

[63] 刘扬：《列斐伏尔空间文化批判理论的再认识》，《文艺理论与批评》2016年第3期。

[64] 王志刚：《马克思主义空间正义的问题谱系及当代建构》，《哲学研究》2017年第11期。

[65] 张佳：《新马克思主义城市空间理论的核心论题及其理论贡献》，《江汉论坛》2017年第9期。

[66] 卓承芳：《空间社会理论与西方马克思主义的当代发展》，《北京行政学院学报》2017年第1期。

［67］赫曦滢：《马克思主义空间理论语境中的当代城市权利研究》，《广西师范大学学报》（哲学社会科学版）2018年第2期。

［68］于文秀：《生态后现代主义：一种崭新的生态世界观》，《学术月刊》2007年第6期。

［69］于文秀：《第三种大众文化理论——波德里亚大众文化批判理论》，《文艺研究》2010年第12期。

三 外文类

［1］Henri Lefebvre, *The Production of Space*, Oxford: Blackwell Publishers, 1991.

［2］Henri Lefebvre, *The Survival of Capitalism*, London: Allison & Busby, 1976.

［3］Rob Shields, *Lefebvre, Love, and Struggle: Spatial Dialectics*, London and New York: Routledge, 1999.

［4］Henri Lefebvre, *Rhythmanalysis*, London and New York: Continuum, 2004.

［5］Lukasz Stanek, *Henri Lefebvre on Space: Architecture, Urban Research, and the Production of Theory*, London: University of Minnesota Press, 2011.

［6］Stuart Elden, *Understanding Henri Lefebvre: Theory and the Possible*, New York: Continuum, 2004.

［7］Georges Benko & Ulf Strohmayer, *Space and Social Theory*:

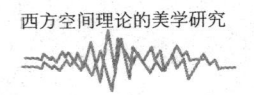

Interpreting Modernity and Postmodernity, Oxford: Blackwell, 1997.

[8] Kanishka Goonewardena, *Space, Difference, Everyday Life: Reading Henri Lefebvre*, London and New York: Routledge, 2008.

[9] Stuart Elden, *Mapping the Present: Heidegger, Foucault and the Project of a Spatial History*, New York: Continuum, 2001.

[10] Jeremy Crampton & Stuart Elden, *Space, Knowledge and Power: Foucault and Geography*, Hampshire: Ashgate Publishing Limited, 2007.

[11] Noel Castree & Derek Gregory, *David Harvey: A Critical Reader*, London: Blackwell, 2006.

[12] David Frisby, *Simmel and Since: Essays on Georg Simmel's Social Theory*, London: Routledge, 1992.

[13] Sean Homer, *Fredric Jameson: Hermeneutics, Postmodernism*, London and New York: Routledge, 1998.

[14] John L. Paterson, *David Harvey's Geography*, Totowa: New Jersey, 1984.

[15] Ian Buchanan, *Michel De Certeau: Cultural Theorist*, London: SAGE Publications Ltd, 2001.

[16] Walter Benjamin, *Illumination*, New York: Shochenbooks, 1969.

[17] Dereck Gregory, *Idelology, Science and Human Geography*, London: Hutchinson, 1978.

[18] Andy Merrifield, Henri Lefebvre, *A Critical Introduction*, New York and London: Routledge, Taylor & Francis Group, 2006.

[19] Donn Welton, *The Body: Classic and Contemporary Readings*, Oxford: Blackwell Publishing, 1999.

[20] Scott McQuire, *The Media City: Media, Architecture and Urban Space*, London: SAGE Publications Ltd., 2008.

[21] Smith, Michael Peter, *The City and Social Theory*, Oxford: Blackwell, 1980.

[22] David Bell, *Manuel Castells and Donna Haraway*, London and New York: Routledge, 2007.

[23] Noel Castree, Derek Gregory, *David Harvey: A Critical Reader*, Oxford: Blackwell Publishing Ltd, 2006.

[24] Peter Saunders, *Social Theory and the Urban Question*, London and New York: Routledge, 1986.

[25] Mike Grang and Nigel Thrift, *Thinking Space*, London: Routledge, 2000.

[26] Barney Warf & Santa Arias, *The Spatial Turn: Interdisciplinary Perspectives*, New York: Routledge, 2008.

[27] Rob Kitchin and Phil Hubbard, *Key Thinkers on Space and Place*, London: Sage Publications Ltd., 2004.

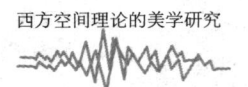

[28] Erving Goffman, *The Presentation of Self in Everyday Life*, New York: The Overlook Press, 1959.

[29] Nikos Papastergiadis, *Spatial Aesthetics: Art, Place and the Everyday*, London: Rivers Oram, 2006.

[30] Yi-Fu Tuan, *Space and Place: The Perspective of Experience*, London: University of Minnesota Press, 1977.

[31] Susan Kollin, *Postwestern Cultures: Literature, Theory, Space, Place and the Everyday*, Lincoln and London: University of Nebraska Press, 2007.

后 记

本书是在我博士学位论文的基础上修改而成的。书稿整理接近尾声,首先最想感谢的就是我的恩师于文秀教授。读博期间,在于老师的精心点拨与指引下,我阅读了大量的后现代主义与当代审美文化方面的著作,进而转向了城市哲学、空间理论与都市文化研究。关于博士学位论文的选题,我一直举棋不定,于老师当机立断建议我干脆研究空间理论或空间美学,她认为这是当前学术研究的新方向。这是我与空间理论研究结缘的开始,并且这一研究兴趣至今依旧浓厚。博士学位论文的写作很艰难,光是论文提纲就反复修改了多次,但于老师始终春风化雨般地耐心点拨、适时启发,其循循善诱的指导风格缓解了我莫大的心理压力,让我心中倍感温暖,让我能够有信心向空间理论的腹地突进。每当思维陷入困顿之际,我就去阅读恩师的论文和著作,从中寻找灵感,在博士学位论文写作期间这差不多都快成了我的救命稻草。因为在牡丹江工作,离学校比较远,这种阅读实际上更多地成为

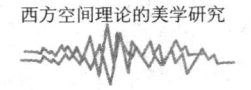

和恩师交流的媒介。由此我觉得写作博士学位论文不仅仅需要知识，也需要一种精神的支持与感召。谢谢您，我最最敬爱的女神老师！

在读博岁月中，给我以另一种深刻影响的就是张政文教授。当年张教授正是黑龙江大学校长，那时我们的课一般是安排在周末，张老师豪气干云的气魄，谈古论今的从容，对知识反复拷问、大胆质疑的精神，"文献、文本、文化"三位一体的治学理念，以及那种特有的爱护学生的方式，都成为学生们津津乐道的美谈。正是在张老师的课上，我形成了对古希腊哲学与德国古典哲学的浓厚兴趣。而张老师一直对我的工作、学业的格外关注也让做学生的永生难忘！

博士学位论文的写作与答辩，曾得到张奎志、马汉广、郑永旺、孙麾、鉴传今、郭玉生、王宏宇、贾媛媛、王晓东、李金辉、王国有、李庆霞等诸位老师的宝贵指点，这对本论文的写作及个人学术成长都具有不可估量的影响，在此，向老师们的辛苦付出致以深深谢意！

读博不仅是一次知识的提升，更是一段宝贵的生命经验，真的感谢这段人生旅程，让我遇到了那么多德高望重、诲人不倦的学者、老师，那么多给我以美好记忆、支持和鼓励的同门、同学、同窗——王丙珍、马宇飞、田刚健、吴铁柱、高雪洁、张知博、丁万华、岳凤、尹文雯……在此向给我以教诲与指导的老师送上深深祝福，向已经毕业的学兄学姐学弟学妹表示衷心祝贺，向依然"在路上"跋涉、在天空翱翔的寻觅者送去美好祝愿！

后　记

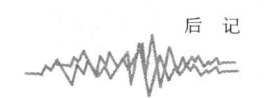

此外，为了令本书的体系更为完整，经我的爱人伊彩霞老师同意，该书"路易斯·沃斯都市生活理论的空间思想"章节直接录入，她也是我主持的黑龙江省哲学社会科学研究规划项目《西方现代城市哲学的文化动向研究》（13E077）的参与人之一，特此向伊老师致谢！

该书相关章节已在《当代文坛》、《内蒙古社会科学》（汉文版）、《天府新论》、《河北师范大学学报》（哲学社会科学版）、《广西师范大学学报》（哲学社会科学版）、《湖北民族学院学报》（哲学社会科学版）、《都市文化研究》、《电影新作》等杂志上发表。在此，谨向编发拙文的各位编辑老师表示由衷感谢！更感谢他们对于文章修改所提出的宝贵意见！

最后，感谢我的家人和亲人对我学术研究的理解和支持！